자연스러운 단어 연결을 위한

영어회화
콜로케이션
활용 사전

영어회화 콜로케이션 활용 사전

지은이 이창수
펴낸이 임상진
펴낸곳 (주)넥서스

초판 1쇄 인쇄 2023년 8월 25일
초판 1쇄 발행 2023년 9월 5일

출판신고 1992년 4월 3일 제311-2002-2호
주소 10880 경기도 파주시 지목로 5
전화 (02)330-5500 팩스 (02)330-5555

ISBN 979-11-6683-632-9 13740

www.nexusbook.com

자연스러운
단어 연결을 위한

이창수 지음

영어회화
콜로케이션
활용 사전

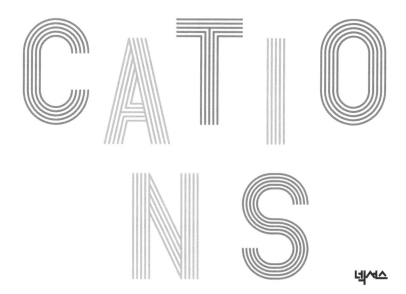

넥서스

원어민식 영어회화를 하고 싶은데 자꾸 콩글리시가 나온다?
나의 영어는 원어민들이 쓰는 영어에 비해
매우 제한된 느낌이 든다?

영어회화 학습의 최대 난제 '콜로케이션(Collocation)'

우리말이나 영어나 모든 문장의 기초는 동사와 명사이다. 그리고 모든 영어 문장은 '주어+
동사' 또는 '주어+동사+목적어' 이 두 가지 문장 형태 중 하나에 기초한다. 문법적으로는 매
우 간단해 보이지만, 여기에는 우리나라 영어 학습자들이 정복하기 가장 어려운 난제가 숨
겨져 있다. 바로 '명사'와 '동사' 간의 궁합이다. 우리말도 마찬가지이지만, 영어에는 의미에
따라 특정 동사와 어울리는 명사의 종류가 정해져 있다. 이렇게 정해진 형태로 어울리는 동
사와 명사 조합을 '콜로케이션(Collocation)'이라고 한다. co-는 '함께', locate는 '위치하
다'라는 뜻이니까 '함께 짝을 이뤄 사용되는 조합'으로 이해하면 된다.

영어 동사 fail과 우리말의 '실패하다'는 다르다

영어 동사 fail을 보자. 우리나라 영어 학습자 대부분은 뜻을 '실패하다' 정도로 알고 있을 것
이다. "The experiment failed.(실험이 실패했다.)", "The plan failed.(계획이 실패했다.)",
"Our marriage failed.(우리 결혼 생활이 실패했다.)"처럼, 언뜻 보면 '실패하다=fail'과 같
은 등가 관계가 성립되는 것처럼 보인다. 그런데 바로 여기에 영어 공부의 큰 함정이 있다.
fail은 '실패하다' 외에 다양한 다른 의미로도 사용된다. 가령, 우리말의 "그의 심장이 멈
췄다."를 영어로 "His heart failed."라고 하고, "브레이크가 작동하지 않았다."도 "The
brakes failed."라고 한다. fail을 '실패하다'로만 알고 있다면 원어민들이 쓰는 폭넓은

'fail+명사' 조합을 쓰지 못하게 된다. 물론 반대의 경우도 있을 수 있다. 따라서 영어 동사의 콜로케이션을 우리말식으로 접근하면 '콩글리시'가 발생하고, 실제 원어민들이 사용하는 영어에는 접근하지 못하는 미완성 영어가 된다.

왜 콜로케이션이 영어회화 학습의 최대 난제인가?

콜로케이션 조합은 법칙이 없고 언어마다 다르다. 왜 fail이 heart와 짝을 이루는지 논리적으로 설명되지 않는다. 그냥 그렇게 쓰니까 쓰는 거다. 즉, 콜로케이션 조합은 인위적(arbitrary)이다. 문법처럼 기본 원리와 원칙을 익혀 응용할 수가 없다. 원어민들은 태어날 때부터 이 지식이 자연스럽게 체득되지만, 비원어민 영어 학습자는 콜로케이션 조합을 일일이 개별적으로 익혀야 하니까 어려울 수밖에 없다. 그 때문에 어떤 사람이 사용하는 콜로케이션이 얼마나 정확하고 풍부한가를 보면 그 사람이 원어민인지 아닌지를 구분할 수 있다.

빅데이터로 '효율성'과 '실용성' 두 마리 토끼를 잡는다!

콜로케이션 학습에는 왕도가 없다. 앞서 말했듯이 각 동사마다 어떤 의미를 갖고 어떤 종류의 명사와 어울리는지를 개별적으로 익혀야 한다. 그 수많은 동사와 명사 조합들을 언제 다 익힐 것인가? 콜로케이션 사전이란 것들이 있지만, 백과사전처럼 잡다하고 방대하다. 핵심은 '효율성'이다. 먼저, 영어회화에서 가장 많이 쓰이는 동사들부터 공부해야 한다. 그리고 각 동사별로 영어회화에서 가장 많이 사용되는 조합을 찾아 공부해야 한다. 그래야 익힌 것을 바로 사용할 수 있다.

이 책은 기본동사를 중심으로 방대한 구어 영어 데이터베이스를 통계·분석하여 영어회화, 미드에서 가장 많이 쓰이는 조합을 선별하였다. 미드에서 흔히 들을 수 있고 실생활에서 바로 쓸 수 있는 생생한 예문을 제공하여, 원어민식 영어회화를 익히는 데 최대 걸림돌인 콜로케이션 문제를 시원하게 해결해 준다.

저자 이창수

26 have fun
즐겁게 놀다, 즐거운 시간을 보내다

; a blast, a great time...

우리말에서는 '즐거움'이나 '재미'를 '갖는다'라고 하지 않지만, 영어에서는 'have fun'이라고 해서 '재미있게 놀다'라는 의미를 표현한다. fun 대신에 'a great time(좋은 시간)' 또는 좀 더 구어적으로 a blast를 써도 좋다. 무엇을 하며 즐거웠는지는 'have fun' 뒤에 -ing를 붙여서 표현한다.

예시
We booked the pottery-making class on a whim, and it was beyond expectations. We **had a lot of fun** making pottery there.
즉흥적으로 도자기 만들기 프로그램을 예약했는데, 기대 이상이었습니다. 그곳에서 도자기를 만들면서 매우 즐거운 시간을 보냈습니다.

The waterpark is small but very fun for young kids. Whenever I take my two sons there, they always **have a blast**.
그 워터파크는 규모는 작지만 어린 아이들에게는 매우 재미있는 곳입니다. 내 아들 둘을 거기에 데려갈 때마
다 항상 아이들이 신나게 놀거든요.

기본동사 42개와 착 붙는 영어회화 전용 콜로케이션들만 모았습니다. 단어와 단어를 연결하여 자연스럽게 말할 수 있는 원어민식 영어 사고를 익혀 보세요. 콜로케이션에 대한 상세한 설명과 영어회화에 유용한 예문들을 엄선했습니다. 콜로케이션 옆에는 동사와 연결될 수 있는 대체 단어들도 제시하였습니다.

어색한 콜로케이션

**(큰 소리로)
~을 부르다**

call someone (X)
give a yell / give a holler (O)

어떤 사람을 큰 소리로 부르는 것에 동사 call을 쓰면 전화를 거는 것과 혼동할 수 있다. 이런 경우 원어민들은 call 대신 yell이나 holler라는 동사를 쓰거나, 이 단어들을 명사로 써서 'give a yell', 'give a holler'라고 한다. 둘 다 '소리지르다'라는 뜻이다.

ex
I'll be downstairs. **Give a yell**[=holler] if you need anything.
난 아래층에 내려가 있을게요. 필요한 것이 있으면 불러요.

우리말로 직역하면 콩글리시가 되는 어색한 콜로케이션을 확인해 보세요. 그동안 내가 알던 표현이 맞는지, 아니라면 맞는 표현은 무엇인지 한눈에 볼 수 있게 정리했습니다.

❶ 스마트폰에서 MP3 바로 듣기

MP3

스마트폰으로 QR코드를 인식하면
MP3를 바로 들을 수 있습니다.

❷ 컴퓨터에서 MP3 다운받기

넥서스 홈페이지(www.nexusbook.com)에서
도서명으로 검색하시면, 회원 가입 없이 바로
무료로 다운받을 수 있습니다.

차 례

Collocations

BEAT

동사 beat는 대부분 '때리다' 정도로만 알고 있다. 그렇지만 원어민들은 beat를 '때리다'라는 기본 의미 외에 다른 용도로도 자주 사용한다. 누구를 '때리다'라는 의미가 누구에게 '이기다'라는 의미로 발전하고, 이것이 다시 무엇보다 '낫다', 누구보다 먼저 '선수치다'라는 비교의 의미로 확장된다. 이와 같은 동사 beat의 다양한 용법을 알아보자.

MP3 듣기

01 one's heart beats
심장이 뛰다

---

beat는 자동사로 심장이 '뛰다'라는 의미로도 사용된다.

예시 **Heart** is still **beating**! Pulse steady!
[응급 수술실에서] 아직 심장이 뛰고 있습니다! 맥박도 안정적입니다!

My heart's **beating** like it's going to burst.
심장이 터질 듯 뛰고 있어요.

02 beat someone (up)
~을 때리다, 패다
; one's sister, him...

---

beat의 가장 기본적인 의미는 '때리다', '치다'이다. 'beat a drum(드럼을 치다)'처럼 목적어로 사물이 올 때도 있지만, 일반적인 경우는 사람을 '때리다'라는 의미로 사용된다. 뒤에 up을 붙여서 'beat ~ up'의 형태로 쓰면 '마구 때리다', '패다'로 폭력 정도가 강조된다. 미드에서 보면 흔히 마구 때리는 것을 'beat the crap out of ~(몸에서 똥이 나오게 ~을 때리다)'로 표현하는 것도 들을 수 있다. 이것은 약간 상스러운 속어 표현이고, the crap 대신에 the daylights를 넣은 순화된 표현도 있다. 또 'beat oneself up(자신을 마구 때리다)'으로 표현하면 '자책하다'라는 뜻이 된다. 참고로 hit은 한 번 때리는 것이고, beat 은 연달아 때리는 것을 의미한다.

예시 I grew up with a father who **beat me**.
저는 어릴 때부터 아버지에게 맞고 자랐습니다.

You **beat up my sister**, and you think you could get away with that?
내 여동생을 패 놓고 네가 무사할 줄 알았냐?
★ get away with ~ ~한 범죄나 잘못을 저지르고 벌을 받지 않다

You want to **beat the daylights out of him** and end up in jail?
그 사람을 늘씬하게 패 주고 감옥에 가겠다고?
★ end up in ~ 결국[그 결과로] ~에 가다

Look, there's really no point in **beating yourself up** over something you have no control over.
이것 봐요, 당신이 어떻게 할 수 없었던 일로 자책하는 것은 의미가 없어요.
★ there is no point in -ing ~해도 소용없다 / have no control over ~ ~을 통제할 수 없다

12

03 beat someone
~을 이기다

; you, the competition, a full house...

beat는 누구에게 '이기다', 누구를 '물리치다'라는 뜻으로 자주 사용된다. 이 경우 beat 뒤에 오는 목적어는 me, you와 같은 사람, the competition(경쟁자들, 경쟁 업체들)과 같은 기업 등이 된다. 가령 "내가 골프 게임에서 그를 이겼다."는 "I beat him at golf." 라고 한다. 미드에 보면 도박 장면에서 'beat the house'라는 표현이 나오는데, 여기서 the house는 '도박장 운영 업체', 즉 casino를 뜻한다. 따라서 'beat the house'는 '카지노에게 이기다'라는 뜻이 된다. 카드 놀이에서는 어떤 카드 패(hand)가 다른 카드 패에 대하여 '이기다'라는 뜻으로도 쓴다. 참고로 beat는 현재와 과거형은 형태가 같고, 과거분사형은 beaten이다.

예시

We played cards, and Judy beat me three times in a row.

우리가 카드 게임을 했는데 주디가 내리 세 번 나에게 이겼어요.

Go ahead. Sue me. I'd love to have a chance to beat you in court.

좋아. 고소할 테면 해 봐. 법정에서 너에게 이길 기회가 생기면 나도 좋지.

When you plan to start a business, there's an important question to keep in mind. How are you going to beat the competition?

사업을 시작하고자 계획할 때 염두에 둬야 할 중요한 질문이 있습니다. 경쟁 업체에 어떻게 이길 것인가?

★ keep ~ in mind ~을 염두에 두다

I've got four of a kind. Four sevens. It beats a full house.

나는 같은 종류의 카드가 네 장이야. 숫자 7 네 장. 풀하우스를 이기는 패지.

04 beat ~ to it[to the punch]
~보다 선수를 치다

앞에서 beat가 누구에게 '이기다'라는 뜻으로 쓰인다고 설명했는데, 뒤에 to it이나 to the punch를 붙여서 'beat ~ to it', 'beat ~ to the punch'라고 하면 '~보다 먼저 선수를 치다'라는 뜻이 된다.

예시

"Why are you looking at me like that? Is that 'yes' or 'no'?" – "Yes, yes! It's just that I was going to ask you to marry me today, but you beat me to it."

"왜 그런 얼굴로 쳐다봐요? (내 청혼에 대하여) '예스'예요, '노'예요?" – "예스, 물론 예스죠! 내가 오늘 당신에게 청혼을 하려고 했는데 당신이 선수를 쳐 버렸어요."

I went to put money down on the house today, but someone **beat me to the punch**.

오늘 그 집에 계약금을 걸려고 갔었는데, 다른 사람이 선수를 쳤어요.

★ put ~ down (on ~) (~한 물건에) ~의 계약금을 걸다

05 beat a disease

병을 이기다, 병에서 낫다

; cancer, a cold...

우리말에서도 병(disease)을 '이기다'라고 하는데, 잘못하면 영어에서 동사 win(이기다)을 쓰기 쉽지만 beat를 써야 정확한 표현이 된다. 병을 '이기다'는 'survive ~(~을 극복하고 생존하다)'라는 동사를 써도 좋다. beat는 leukemia(백혈병), cancer(암) 같은 중병 외에도 a cold(감기) 같은 가벼운 병명과도 어울려 쓴다. 감기의 경우 문맥에 따라 '예방하다'라는 뜻도 된다.

예시

"I wish I could **beat this disease**, but I can't. It's impossible."
– "You can't give up hope. You have to stay strong for your kids."

"나도 이 병이 나았으면 좋겠는데 그럴 수가 없어요. 불가능하다고요." – "희망을 포기해선 안 돼요. 아이들을 생각해서라도 마음을 강하게 먹어야지."

★ give ~ up ~을 포기하다

You **beat cancer** once. You can beat it again.

한 번 암을 이겨냈잖아. 이번에도 너도 할 수 있을 거야.

Washing your hands often is the most effective way to **beat a cold**.

손을 자주 씻는 것은 감기를 예방하는 가장 효과적인 방법입니다.

06 beat the odds

비관적 예상을 깨고 성공하다, 승리하다, 죽을 고비를 넘기다

beat의 목적어로 the odds(확률)를 쓰면 확률적으로 어렵거나 불가능한 일을 '해내다'라는 의미가 된다. 경기에서 약팀이 이기거나, 실패할 확률이 높은 수술에서 생존하거나, 어려운 상황을 극복하고 어떤 일을 성취하는 상황에서 쓴다.

예시

Helen and Jason had a lot going against them when they started dating. But they **beat the odds** and got married.

헬렌과 제이슨이 데이트를 시작했을 때 (관계를 이어가기에) 어려운 점이 많았습니다. 그런데 두 사람은 그런 어려움을 극복하고 결혼에 성공했습니다.

★ have a lot going against ~ ~에게 불리한 점이 많다

He was considered the underdog from the start, but he **beat the odds** and won the election.

그는 (선거) 초반부터 약자로 평가되었지만, 그런 부정적 평가를 깨고 선거에서 승리했습니다.

★ underdog (이기거나 성공할 가능성이 적은) 약자, 약체

07 beat charges
혐의를 벗고 무죄 판결을 받다

; the rap, the system...

영어에서는 beat의 이기는 대상으로 charges가 등장하기도 한다. charges는 '범죄 혐의', '기소된 혐의 내용'이라는 뜻으로, 이런 혐의에 대하여 '이긴다'는 것은 '혐의를 벗고 풀려나다'라는 뜻이다. 미드에서는 흔히 charges를 뜻하는 the rap을 써서 'beat the rap'이라고 하거나, 사법 시스템을 뜻하는 the system을 써서 'beat the system'이라고 하기도 한다.

예시 If the pastor agrees to testify to your character, you'll have a better chance of **beating these charges**.

목사님이 당신의 인성에 대하여 증언을 해 주시면 재판에서 혐의를 벗고 풀려날 가능성이 더 커질 겁니다.

Your son has got a real good chance of **beating the rap**. He may even avoid a trial.

아드님이 재판에서 무죄 선고를 받을 가능성이 높습니다. 심지어 재판을 안 받을 수도 있어요.

She's a smart woman. She'll figure out a way to **beat the system**, even if it means pleading insanity.

그녀는 영리한 사람이에요. 정신 이상이었다는 주장을 해서라도 어떻게든 무죄 판결을 받을 방법을 생각해낼 겁니다.

★ figure – out (방법, 해결책 등을) 생각해내다, 이해하다

08 beat the traffic
러시아워를 피하다

; a storm, the lunch rush...

영어에서는 러시아워의 교통 체증을 피해 가는 것도 'beat the traffic(교통 흐름에 대하여 이기다)'이라고 한다. 비슷한 맥락에서 'beat a storm'이라고 하면 '태풍이 오기 전에 장소를 떠나다', 'beat the lunch rush'라고 하면 '점심 시간에 사람이 몰리는 시간을 피하다'가 된다. 이는 'beat the lunch crowd'라고도 한다.

예시 We'd better head out if we're going to **beat the traffic**.

교통 체증에 안 걸리려면 지금 출발하는 것이 낫겠어요.

★ head out(= leave) 출발하다

If we get on the road now, we may be able to **beat the storm**.
지금 출발하면 태풍이 오기 전에 빠져나갈 수 있을지도 몰라요.

★ get on the road 자동차로 여행을 떠나다, 출발하다

"You want to meet for lunch today?" – "Sure, where and what time?" – "Red Onion Grill. At eleven-thirty. We'll **beat the lunch rush.**"
"오늘 점심에 만나서 같이 식사할래요?" – "좋죠, 어디서 몇 시예요?" – "레드 어니언 그릴에서요. 11시 반에. 점심 손님들이 몰려오기 전에 가자고요."

09 A beats B
A가 B보다 낫다

영어에서 'A beats B(A가 B를 이기다)'는 'A가 B보다 낫다'라는 의미로 쓰이기도 한다. 이때 비교의 대상인 A와 B는 명사가 되기도 하고, 동명사(-ing)가 되기도 한다. 또 'A beats B' 뒤에 'hands down'이나 'any day'를 붙이면 'A가 B보다 비교가 안 될 정도로 훨씬 낫다'라는 강조 표현이 된다. 마지막으로 'Nothing beats ~(어떤 것도 ~보다 낫지 않다)'라고 하면 '~이 최고다', '~이 제일이다'라는 의미가 된다.

예시

I've been to many barbecue places in town, but this place **beats all of them** hands down.
이 동네에 많은 바비큐 집을 가 봤는데, 여기가 어느 집보다 훨씬 나아.

"Do you enjoy working outdoors?" – "Well, it's just a job, and I've never thought it that way. But it sure **beats working in an office** any day."
"야외에서 일하는 것을 좋아하시나 봐요?" – "글쎄요. 직업이니까요. 그런 식으로 생각해 본 적은 없어요. 그래도 하루 종일 사무실에 갇혀 일하는 것보다는 분명히 낫지요."

"You're working late again?" – "Yeah. It **beats going home** and channel-surfing."
"또 늦게까지 일해?" – "응. 집에 가서 TV 채널 돌리고 있는 것보다는 나아."

Nothing beats a hot cup of tea to warm yourself on a cold day like this.
오늘처럼 추운 날에는 몸을 녹이는 데 뜨거운 차 한 잔이 제일이죠.

10 beat a price

가격보다 싸게 팔다, 가격보다 높게 주다

; their offer...

우리말의 '때리다'와 달리 영어 beat는 가격(price)을 목적어로 취할 수 있다. 이 경우 beat는 그 가격에 비교하여 '더 싸게 팔다', '더 높게 주다'라는 의미가 된다. 미국의 가전제품 판매점의 광고를 보면 "We beat all competitors' prices." 같은 문구가 자주 등장하는데, "모든 경쟁 업체의 가격보다 싸게 판다."라는 뜻이다. 무언가를 사는 상황에서 다른 사람이 제시한 offer(가격)보다 높은 가격을 주고 사겠다고 할 때는 "I'll beat their offer."라고 하면 된다.

예시

If you find a lower price elsewhere, we'll **beat it** by 10%.

다른 매장에서 더 낮은 가격을 발견하셨다면 저희는 그 가격보다 10% 더 싸게 드립니다.

The owner has agreed to sell the house to another buyer, but it can be yours if you **beat their offer** and get here fast with a down payment.

집주인이 다른 사람에게 집을 팔기로 약속했지만, 선생님이 더 높은 가격을 제시하고 더 빨리 계약금을 갖고 오시면 선생님 집이 될 수 있습니다.

11 beat the truth out of ~

(강압적 방법으로) ~가 사실을 말하게 하다

; a confession...

beat가 우리말의 '때리다'와 같은 의미로 쓰이면서도 우리말과 다른 목적어 명사를 쓰는 경우가 있다. 우리말에서는 '진실(truth)'을 '때리다'라고 하지 않지만, 영어에서는 'beat the truth out of ~(~로부터 진실을 때려내다)'라고 하면 강요나 압박을 통해 '~가 사실을 말하게 하다'가 된다. the truth 대신에 a confession(자백)을 쓰면 '강요로 자백을 받아 내다'가 된다.

예시

Let me do the questioning. I know how to handle people like her. I'll **beat the truth out of** her.

취조는 내가 맡을게. 저 여자 같은 사람들을 다루는 법을 알지. 사실을 말하지 않고는 못 견디게 만들 테니까.

Even if we **beat a confession out of** him, it won't hold up in court.

우리가 그 사람에게서 억지로 자백을 받아 내도 법정에서는 증거로 효력이 없어요.

★ hold up （증거나 증언이) 법정에서 효력이 있다

Collocations

BREAK

동사 break의 기본 의미는 자동사일 때는 '깨지다', '부러지다'이고, 타동사일 때는 '깨뜨리다', '부러뜨리다'이다. 이때 주어나 목적어 자리에는 glass(컵), window(유리창) 같은 물건들이 온다. 그렇지만 break는 '깨지다' 외에 여러 다른 의미로 사용되기 때문에 같이 어울리는 명사의 종류도 훨씬 다양하다. break를 '깨지다', '깨뜨리다'로만 알고 있으면 절대 접근할 수 없는 원어민식 'break+명사' 조합을 알아보자.

MP3 듣기

01 glass break
유리가 깨지다

자동사로서 break의 의미는 '깨지다'이다. 가령, "유리가 깨졌다."는 "The glass broke."라고 한다. 지금 깨진 상태를 말하는 거라면 "The glass is broken."이라고 해야 하는데, 이 경우 broken은 타동사로 쓰인 break의 과거분사이다. 우리말에서 무엇이 '깨졌다'라고 하면 후자인 경우가 많기 때문에 쓰임에 주의가 필요하다.

예시

I dropped the frame, and the glass broke.

사진 앨범을 떨어뜨려 유리가 깨졌습니다.

I think the ice broke, and he fell in.

얼음이 깨져서 그가 빠진 것 같습니다.

02 break one's trust
신뢰를 깨다, 깨뜨리다
; promise, a record, a deal, a lease, ties...

타동사로서 break의 기본적인 의미는 '깨다', '깨뜨리다'이다. 이 의미의 break 뒤에 흔히 사용되는 명사를 보면 promise/word(약속), marriage vows(결혼 서약), record(기록), deal(거래 계약), lease(임대 계약), pattern(패턴), ties(관계) 등이 있다. 같은 '관계'라는 의미이지만 relationship이나 engagement(약혼) 같은 경우는 'break ~ off'라는 구동사를 쓴다.

위에서 설명했듯이 목적어가 주어 자리로 가서 'be broken(깨져 있다)'의 수동태 형태로도 쓰이는 경우가 많다. 가령, '신뢰(trust)를 깨다'는 'break the trust'인데, '신뢰'를 주어로 해서 "신뢰가 깨졌다."는 "The trust is broken."이 된다.

> ▶ 'break the ice'의 직역은 '얼음을 깨다'이지만, 관용적으로는 '처음 서먹서먹한 분위기를 깨기 위하여 어떤 말을 하다'라는 뜻으로 쓰인다.

예시

You've earned my trust. Breaking it would be a big mistake.

당신은 내 신뢰를 얻었잖아요. 그 신뢰를 깨는 것은 큰 실수가 될 거예요.

She has broken every promise she's made to me. So, don't blame me for not trusting her.

그녀는 나에게 한 모든 약속을 다 깼어요. 그러니 내가 그녀를 믿지 못한다고 뭐라고 하지 마세요.

I'm not the one who broke our marriage vows. It's you.

우리 결혼 서약을 깬 사람은 내가 아니에요. 당신이라고요.

Hey, slow down. Are you trying to break some speed record or what?

야, 속도 좀 줄여. 지금 무슨 속도 기록이라도 깨려고 하는 거야?

We need to find a way to **break this deal** without any legal or financial liability.

법적이나 금전적인 책임 없이 이 거래 계약을 깨는 방법을 찾아야 해요.

Is there a way we can **break the lease** without losing our security deposit?

보증금을 잃지 않고 임대 계약을 깨는 방법이 있을까요?

This forces me to **break ties** with people I've been doing business with for a long time. Many of these people are now my friends. I can't do that to them.

이 조항에 따르면 제가 오랫동안 거래해 왔던 사람들과 관계를 끊어야 하는데요. 그중 여러 명은 지금은 제 친구예요. 그분들에게 그럴 수는 없습니다.

03 a clasp breaks 고리가 부러지다
break a nail 손톱을 부러뜨리다

; arm, leg, rib, nail, heart...

break는 자동사로는 '부러지다', 타동사로서 '부러뜨리다'라는 기본 의미를 갖고 있다. 대화에서는 흔히 arm(팔), leg(다리), rib(갈비뼈), nose(코), nail(손톱) 등의 '(신체 부위가) 부러지다'라는 맥락에서 사용된다.

우리말과 달리 영어에서는 heart(마음)도 'break one's heart'처럼 부러뜨릴 수 있는 것으로 본다. '~을 가슴 아프게 하다', 이성 간에는 '실연의 아픔을 주다'는 뜻이다.

한 가지 재미있는 점은 우리말의 "다리가 부러졌다."는 직역해서 "My leg broke."라고 자동사로 써야 할 것 같지만, 원어민들은 타동사로 써서 "I broke my leg."라고 한다. 우리말처럼 my leg를 주어로 하려면 "My leg is broken."이라고 수동태로 표현한다.

예시

The clasp on my necklace **is broken**.

목걸이 고리가 부러졌어요.

I'm gonna **break his arm** if he **breaks your heart**.

만약 그가 네 마음을 아프게 한다면 내가 그의 팔을 부러뜨릴 거야.

The bottle is hard to open. I **broke a nail** trying to open it.

그 병뚜껑은 열기가 어려워요. 그걸 열려다가 손톱이 부러졌어요.

My grandmother fell out of her bed and **broke her pelvis**.

할머니께서 침대에서 떨어지셔서 골반뼈가 부러지셨어요.

04 break one's spirit
사기를 꺾다

; branches...

break는 '꺾다'라는 뜻으로도 쓰인다. branches(나뭇가지)뿐만 아니라 투지나 사기 (fighting spirit)를 꺾는다고 할 때도 break를 쓴다. fighting spirit은 줄여서 spirit이라고 해도 된다.

예시
The wind was strong enough to break some branches.
바람이 나뭇가지를 꺾을 정도로 강했습니다.

They're using scare tactics, but they have another thing coming if they think that's going to break our spirit.
그들은 겁주기 전략을 쓰고 있지만, 그렇게 해서 우리 사기를 꺾을 수 있다고 생각하면 오산이죠.

★ have another thing coming 오판하다, 오산이다

05 the weather breaks
날씨가 좋아지다

자동사로 쓰이는 break이다. "날씨가 좋아지고 있다."를 직역으로 하면 "The weather is getting better."라고 할 수 있다. 그런데 break를 써서 "The weather is breaking."이라고 할 수도 있다. 우리말에서는 "날씨가 깨진다."라고 하지 않으니 생각하기 어려운 표현 방식이다. 여기서 break는 '어떤 날씨가 계속되는 패턴이 깨지다'로 이해하면 된다. 'the weather breaks'는 좋던 날씨가 나빠지는 경우보다는 반대로 비가 오던 날씨나 추위가 지속되다 좋아지는 경우에 주로 사용된다. 일반 대화보다는 신문 기사, 블로그, 소설 같은 글에서 좀 더 자주 볼 수 있다. 구어체에서는 <weather+break> 조합보다는 break를 명사로 써서 'a break in the weather'라는 표현이 더 자주 쓰인다.
일반 대화에서 날씨가 '좋아지다'는 위의 'get better'와 더불어 'clear (up)'이라는 표현을 쓰는 게 좋다.

예시
I look forward to eating outside on the patio when the weather breaks.
추위가 풀렸을 때 (식당) 야외 테라스에서 식사하는 것이 기다려집니다.

Finally, the weather broke the next day, and we had a wonderful day on the water.
마침내 다음 날 날씨가 개서, 바다에 나가 즐거운 하루를 보냈습니다.

Fortunately, there was a break in the weather, so we drove out to Cold Springs for lunch.
다행히 날씨가 좋아져서 차를 가지고 콜드 스프링스에 점심을 먹으러 갔습니다.

06   break (for lunch)
(점심 식사를 위해서) 잠시 휴식하다

자동사로 쓰이는 break이다. '휴식하다'라고 하면 영어에서는 rest가 떠오른다. 그런데 rest는 피곤을 풀기 위해 '쉬다'라는 의미로 쓰고, 일하다 쉬는 경우는 break를 쓴다.

학교가 방학에 들어가는 것도 break를 써서 "When school breaks for the summer, I'll go home for a visit.(학교가 여름 방학에 들어가면 집에 잠시 갔다 올 겁니다.)"처럼 쓸 수 있다. 다만, 문어체에서 주로 쓰인다. 일반 대화에서 '방학하다'는 "School is out for the summer.(학교가 방학 중입니다.)", "We're going to be out of school for the summer in two weeks.(2주만 있으면 여름 방학입니다.)" 식으로 표현한다.

예시   **Let's get down to the IT Department before they break for lunch.**
점심 식사하러 나가기 전에 IT 부서로 내려갑시다.

We'll break for a 15-minute recess to give Mr. Morgan time to confer with his client.
모건 씨가 의뢰인과 상의할 시간을 주기 위해 15분간 휴정하겠습니다.

Okay, everyone. We'll break for ten.
자, 여러분. 10분간 휴식하겠습니다.

07   a pipe breaks
파이프가 터지다

; one's water...

자동사로 쓰이는 break이다. 파이프가 '터지다'라는 뜻의 동사로 break와 더불어 burst 를 써도 좋다. 이 맥락에서 break와 가장 많이 어울리는 명사는 임산부의 '양수(water)' 로, "My water broke.(제 양수가 터졌어요.)"처럼 쓴다. 주의할 점은 '양수'의 경우는 burst를 쓰면 틀린다.

예시   **My water just broke.** I've got to get to the hospital.
지금 양수가 터졌어요. 병원에 가야 해요.

"What happened? Why are you still home?" - "**A water pipe broke**[=burst] in the kitchen, and I'm waiting for the plumber."
"어떻게 된 거야? 왜 아직 집에 있는 거야?" – "부엌 파이프가 터져서 지금 배관공이 오길 기다리는 중이야."

08   a car breaks down
차가 고장 나다

; system, truck, machine, elevator...

자동사로 쓰이는 break이다. 기계가 '고장 나다'라는 표현으로 fail(실패하다)을 써도 되지만, 일반 대화에서는 break를 주로 쓴다. 단, 뒤에 down을 붙여 break down이라는 구동사 형태로 쓴다. break down과 자주 쓰이는 명사는 car(차), system(시스템), machine(기계), elevator(엘리베이터), generator(발전기) 등이다. break down은 맥락에 따라 우리말에서 '다운되다', '작동하지 않다' 등으로도 해석된다. 참고로 협상이 '깨지다'도 'the negotiation break down'이라고 한다.

break down은 자동차나 크기가 큰 기계류에 사용하고 watch(시계), break light(브레이크 등), heater(히터), phone(전화) 같은 소형 가전 제품이나 부품류가 고장 났을 때는 '~ is broken'이라고 한다.

예시

Sorry for being late. My car broke down on the way over.
늦어서 죄송합니다. 오는 길에 차가 고장 났어요.

"Why do you think the security system broke down?" – "At this moment, we have no clue."
"보안 시스템이 왜 고장 났다고 보세요?" – "현 시점에서는 전혀 알 수 없습니다."

★ have no clue (아무런 단서를 갖고 있지 않다) 전혀 모르다

"Bill, can you go check the ice machine on the fifth floor? A guest just called down, saying it's not working." – **"It breaks down all the time. It needs to be replaced."**
"빌, 5층에 제빙기 좀 가서 봐 줄래요? 투숙객이 방금 전화해서 작동하지 않는다고 했어요." – "그거 매일 고장 나요. 새것으로 바꿔야 해요."

09   a necklace breaks 목걸이가 끊어지다
break a necklace 목걸이를 끊어뜨리다

; rope, line, cable...

우리말의 목걸이가 '끊어지다'는 영어로 cut을 생각하기 쉽다. 그런데 cut은 칼로 잘라 끊는 상황에서만 쓴다. 잡아당겨서 끊어지는 경우는 break나 snap이라는 동사를 쓴다. break는 necklace(목걸이)나 rope(밧줄)처럼 늘어나지 않는 것에 쓰고, snap은 cable(케이블), cord(줄)처럼 늘어나다 끊어지는 것에 주로 쓴다.

break는 '~을 끊다'라는 타동사로도 쓴다. 끊어져 있는 상태를 말할 때는 타동사 break의 과거분사형 broken을 써서 be broken으로 표현한다.

예시

The cable on the elevator broke[=snapped], and I was trapped inside.
엘리베이터 케이블이 끊어져서 안에 갇혀 있었어요.

This is a safety device in case **the rope breaks**.

이것은 로프가 끊어질 때를 대비한 안전 장치입니다.

I got a big bite, but the fish **broke the line**.

큰 물고기가 걸렸는데 낚싯줄을 끊고 도망갔어요.

My pearl necklace is **broken**. It's in the jewelry repair shop.

내 진주 목걸이가 끊어졌어. 지금 귀금속 수리점에 맡겨 놨어.

10 someone's fever breaks 열이 내리다
break someone's fever 열을 내리게 하다

; heat wave, cold spell...

신체의 '고열'은 fever라고 한다. 우리말에서는 열이 '내리다'라고 하는데, 직역식으로 go down을 써도 된다. 그런데 이 맥락에서 전형적으로 사용되는 동사는 break이다. break 는 상승세가 '꺾이다'라는 의미도 갖고 있다. break를 타동사로 쓰면 '~의 열을 내리게 하다'가 되며, 직역식으로 'bring ~ down'이라고 해도 된다. 더위(heat wave), 추위(cold spell)가 '꺾이다'도 break라고 한다. 열이 내린 상태는 be broken이라고 수동태형으로 표현한다.

예시 Her **fever broke** in the middle of the night. She's fine now.

어제 한밤중에 그녀의 열이 내렸어요. 지금은 괜찮아요.

We gave him some Tylenol to **break** his **fever**, and it seems to be working.

열을 내리기 위해 그에게 타이레놀을 줬는데, 효과가 있는 것 같아요.

Looks like the **heat wave** has finally **broken**. It isn't as hot as yesterday.

마침내 더위가 꺾인 것 같네요. 어제만큼 덥지 않아요.

11 a story breaks 소식이 처음 보도되다
break a story 소식을 처음 보도하다

신문이나 방송에 어떤 뉴스가 최초로 보도되거나 보도하는 것은 'a story break', 'break a story'라고 한다. 번역하자면 '뉴스가[소식이] 터지다', '뉴스를[소식을] 터뜨리다'에 해당한다. 여기서 a story는 그냥 '이야기'가 아니라 '신문/방송으로 보도되는 뉴스'를 말한다.

▶ story 대신에 news를 써도 된다. 다만 'break the news'는 언론보다는 개인 간에 '안 좋은 소식을 전하다'라는 의미로 더 많이 사용된다.

예시 He was being investigated for stock manipulation, and he fled the country the night before **the story broke** on CNN.

그는 주가 조작 혐의로 조사받고 있었는데, CNN에 특종 보도되기 전날 밤에 다른 나라로 도주했습니다.

This is a big **story**. I'll take it to my editor, and we'll **break it** tomorrow, prime time.

이건 엄청난 뉴스거리예요. 저희 편집장님께 전달해서 내일 프라임 타임 뉴스로 보도하겠습니다.

참고 I'm sorry to be the one to **break this news** to you, but we've decided to let you go.

내가 이런 소식을 전하게 되어 유감이지만, 자네를 내보내기로 했네.

★ let ~ go 해고하다

12 break a law
법을 위반하다

; a rule, a code of conduct, the speed limit...

우리말의 '위반하다'에 대응하는 영어 동사는 violate이지만, 일반 대화에서는 break를 더 많이 쓴다. 이런 의미로 break와 자주 어울리는 명사로는 law(법) 외에 rule(규칙), code of conduct(행동 강령), the speed limit(제한 속도) 등이 있다.

예시 Jack **broke the law**. He has to pay for it like everyone else. No one should be above the law.

잭은 법을 위반했어. 다른 사람과 마찬가지로 그 대가를 치러야지. 그 누구도 법 위에 있어서는 안 되지.

So, you're going to **break the rules** to get the results you want? Don't you have any qualms about it?

그러니까 네가 원하는 결과를 얻기 위해서 규정을 위반하겠다고? 거기에 대해 거리낌이 하나도 없어?

★ have qualms about ~ ~에 대하여 거리낌이 있다, 꺼림칙하게 느끼다

I might have to **break the speed limit** getting you to the airport in time.

제시간에 너를 공항까지 데려다주려면 제한 속도를 위반해야 할지도 몰라.

You signed **the code of conduct**, but you **broke it** over and over.

당신은 행동 강령을 지키겠다고 서명했지만, 여러 번 위반했어요.

13   break a case
(미궁에 빠진) 사건을 해결하다

경찰이 '사건(case)을 해결하다'는 우리말에 대응되는 영어 동사 solve를 써서 'solve a case'라고 한다. 그런데 난항을 겪던 사건을 해결했다고 할 때는 crack(금이 나게 하다)이나 break를 쓴다. 보통 crack이 좀 더 많이 사용된다.

예시

A Times reporter helped the police break[=crack] the case by providing them with a crucial lead.
타임즈 기자가 경찰에 중요한 단서를 제공해서 사건을 해결하는 데 도움을 줬다.

I wish I could say I can break[=crack] the case, but there's really nothing to break. Not much evidence to go on.
사건을 해결할 수 있다고 말하고 싶지만, 사실 해결이고 뭐고 할 것이 없습니다. 수사에 필요한 증거가 별로 없거든요.

★ go on ~ ~을 증거로 사용하다. 판단의 기초로 사용하다

14   break a code
암호를 풀다

; a password, encryption, an algorithm...

우리말의 '풀다'에 대응하는 영어 동사는 solve이지만, 암호를 푼다고 할 때는 solve를 쓰면 틀린다. 이 맥락에서는 crack이나 break를 쓴다. 주로 어울리는 명사로는 code(비밀 암호), password(비밀번호), encryption(암호), algorithm(알고리즘) 등이다. 'break a code'에서 나온 명사로 codebreaker(암호 해독자)가 있다.

예시

"Did you break[=crack] the code?" – "Yes. It's really not much of a code. The numbers are letters of the alphabet."
"암호를 풀었어?" – "그래. 암호라고 할 것도 없어. 숫자는 알파벳 글자를 뜻하니까."

I know a computer geek who can break[=crack] the password on this computer.
이 컴퓨터의 비밀번호를 풀 수 있는 컴퓨터 도사를 알고 있지.

★ geek 컴퓨터 등 기술적 분야에 뛰어난 사람

15 break a habit
(나쁜) 습관을 고치다, 버리다

우리말에서는 안 좋은 습관을 '버리다'나 '고치다'라고 한다. 이를 영어로 직역하면 abandon(버리다)이나 repair(고치다), change(바꾸다) 같은 동사를 생각할 수 있다. 여기서 'abandon a bad habit'은 틀린 영어는 아니지만 문어체라서 일반 대화에는 적합하지 않다. 'change one's habit(버릇을 바꾸다)'도 괜찮다. 그러나 repair를 쓰면 엉터리 영어가 된다. 이 경우 원어민들은 kick(발로 차다)이나 break를 주로 쓴다.

예시
I know I have a drinking problem. I've tried to **break**[=kick] **the habit**, but I keep falling off the wagon.
저에게 음주 문제가 있는 것을 알아요. 음주 습관을 고치려 했는데 매번 또 술을 마시게 되네요.

★ fall off the wagon 금주를 선언하고 다시 술을 마시다

I have **this habit** of running away from problems, and it's hard to **break**.
전 문제가 생기면 피하는 버릇이 있는데, 고치려고 해도 잘 안 돼요.

16 break one's fall
넘어지는 충격을 줄이다

넘어지거나 바닥에 떨어질 때 '충격을 줄이다'라는 말은 직역하면 'reduce the impact of the fall'이다. 뜻은 통하지만 일반 대화에서 거의 사용하지 않는 표현이다. 대신 원어민들은 'break the fall'이라고 한다. 넘어지거나 떨어지는 관성을 '깨다'라는 의미로 이해하면 된다.

예시
She's lucky that the snow **broke her fall**. Otherwise, she'd have been badly injured.
그녀는 운이 좋게도 눈 덕분에 떨어지는 충격이 완화되었어요. 안 그랬으면 큰 부상을 당할 뻔했어요.

I slipped in the bathtub. I tried to **break my fall** by grabbing the shower curtain, but I landed hard on my butt.
욕조에서 미끄러졌어요. 샤워 커튼을 잡고 넘어지는 충격을 줄이려 했지만 심하게 엉덩방아를 찧었습니다.

17 break ground
공사를 시작하다, 착공하다

'공사를 시작하다', '착공하다'는 영어로 'break ground'라고 한다. 땅을 깨면서 공사를 시작한다는 의미로 받아들이면 된다.

예시 **When are you breaking ground on the new concert hall?**
새로운 콘서트 홀 공사는 언제 시작하나요?

The new homeless shelter project is coming along fine. We already broke ground last week.
새로운 노숙자 쉼터 프로젝트는 잘 되어가고 있습니다. 지난주에 이미 공사가 시작되었습니다.

18 break the bank
비용이 많이 들다

무엇을 하거나 사는 데에 큰 비용이 들어갈 때, 관용적으로 'break the bank(은행을 부수다)'라고 한다.

예시 **We're planning to have a small wedding that won't break the bank.**
우리는 큰 비용이 들어가지 않는 소박한 결혼식을 계획하고 있습니다.

It's a great sushi place that won't break the bank.
그 초밥집은 가격이 엄청 비싸지 않으면서도 맛있는 식당입니다.

19 break bread
(다른 사람과) 식사를 같이 하다

성경에서 예수가 제자들과 식사를 하며 빵을 잘라 나눠주는 장면에 'break bread'라는 표현이 나온다. 당시 빵은 매우 딱딱해서 tear(뜯다) 대신에 break(부러뜨리다)를 썼다고 한다. 여기서 유래되어 'break bread (with ~)'는 '~와 같이 식사하다'라는 관용 표현으로 사용된다.

예시 **The last thing I want to do is break bread with John. He disgusts me.**
존과는 절대 같이 식사하고 싶지 않아. 밥맛 떨어지거든.

One of our department's traditions is for all of us to have drinks and break bread before the holidays.
우리 부서의 전통 중 하나는 연휴를 앞두고 모든 부서원이 술과 식사를 같이 하는 겁니다.

| 약혼을 깨다,
파혼하다 | break one's engagement (X)
break off one's engagement (O) |

우리말에서 약혼을 '깨다'라고 하듯이, 영어로도 break를 쓴다. 그런데 그냥 break만 쓰면 안 되고 off를 붙여 'break ~ off'라고 해야 한다.

ex I heard through the grapevine Stacy had **broken off her engagement to Mark.**

풍문에 따르면 스테이시가 마크와의 약혼을 깼다네요.

| 문을 부수다 | break a door (X)
break down a door (O) |

'창문을 부수다'는 'break a window'라고 할 수 있지만, '문을 부수다'는 'break down a door'라고 해야 한다. 문은 부숴(break) 넘어뜨리기(down) 때문이다.

ex You'd better let him in before he **breaks down the door.**

저 사람이 문을 부수기 전에 들어오게 하는 것이 나을 것 같다.

BULID

대부분의 학습자들은 동사 build를 '건물을 짓다', '건설하다'라는 의미로만 사용한다. 그렇다 보니 build와 함께 쓰는 명사는 대부분 a house(집), a building(건물) 같은 건축물이다. 그렇지만 원어민들은 build의 목적어로 a bomb(폭탄), a company(기업), a family(가정), confidence(자신감) 같은 명사들도 쓴다. '건물을 짓다', '건설하다' 정도로만 알고 있으면 쓸 수 없는 동사 build의 원어민 감각을 따라잡아 보자.

MP3 듣기

01 build a house

집을 짓다, 건설하다, 만들다

; a bridge, a city, an empire...

build의 가장 기본적인 의미는 건축물을 '짓다', '건설하다'이다. 이런 의미로 build와 어울리는 명사들은 a house(집), a bridge(다리), a city(도시), an empire(제국) 같은 것들이 있다. 이런 의미에서 build는 construct(건축하다)와 동의어이다.

예시

My grandfather **built this house** with his own hands in the 1920s. So, it's over 100 years old.

이 집은 저의 할아버지가 1920년대에 손수 지으셨어요. 그러니 100년도 넘은 집이죠.

These things take time. As they say, **Rome** wasn't **built** in a day.

이런 일은 시간이 걸리게 마련이에요. 왜 그런 말 있잖아요. 로마는 하루아침에 건설되지 않았다. ·

We haven't decided yet whether to upgrade the existing bridge or **build a new one** on the Redwood Highway.

레드우드 고속도로에 있는 기존 다리를 리모델링할지 아니면 새로운 다리를 지을지 아직 결정하지 않았어요.

His life has been known as a true 'rags-to-riches' story, but it was recently revealed that he **built his financial empire** on lies.

그동안 그의 인생은 진정으로 '개천에서 용이 난' 이야기로 회자되었지만, 최근에 그는 거짓말을 바탕으로 자신의 금융 왕국을 건설한 것으로 드러났습니다.

02 build a fortress

요새를 구축하다, 쌓다

; a career, one's reputation, a relationship

build는 문맥에 따라 '구축하다', '쌓다'라는 우리말 동사와도 일치한다. 이 경우 build는 a fortress(요새), a castle(성), a wall(벽) 같은 구조물 외에도 a career(경력), one's reputation(명성), trust(신뢰), a relationship(관계) 같은 추상 명사와도 어울린다. 이런 추상 명사의 경우에는 build 뒤에 up을 붙여 'build ~ up'의 형태를 쓸 수도 있다.

예시

You want to **build a sand castle** or play in the water?

모래성을 쌓을래, 아니면 물에 들어가서 놀래?

What's with you? Why are you so determined to **build a wall** between you and your father?

당신 왜 그래요? 왜 그렇게 완강하게 자신과 아버지 사이에 (마음의) 벽을 쌓으려고 하는 거예요?

★ be determined to ~   ~하려고 작심하다

I've worked so hard to **build (up) my career,** and now I'm about to lose it because of one stupid choice I made.

내 경력을 쌓기 위하여 정말 열심히 노력했는데, 바보 같은 결정 하나 때문에 그것을 잃게 되었어요.

It takes a long time to **build (up) trust,** but it can be broken in a heartbeat.

신뢰를 쌓는 것은 오래 걸리지만 무너지는 것은 한순간입니다.

★ in a heartbeat 당장에, 즉시 순식간에

I've spent my whole life **building (up) my reputation.** I won't jeopardize it over such a trivial matter.

내 평생에 걸쳐 명성을 쌓아 왔는데, 그렇게 사소한 일로 내 명성에 해가 될 일은 하지 않을 겁니다.

★ jeopardize ~ ~을 위태롭게 하다

He has tried so hard to **build a good relationship** with you. Don't throw it away because of one mistake.

그는 당신과 좋은 관계를 구축하고자 열심히 노력했잖아요. 한 번의 실수 때문에 그 관계를 포기하진 말아요.

03   build a bomb
폭탄을 만들다, 제조하다

우리말에서는 폭탄(bomb)을 '만들다', '제조하다'라고 한다. 이를 영어로 직역해서 'make a bomb', 'manufacture a bomb'이라고 해도 틀리지 않지만 manufacture(제조하다)는 거의 쓰이지 않는다. 원어민들은 make나 build를 주로 사용한다.

예시   There aren't many terrorist groups that have the knowledge and resources to **build a bomb** like this.

이런 폭탄을 제조할 수 있는 지식과 재원을 갖고 있는 테러 단체는 많지 않습니다.

04 build a company

기업을 일구다

; a business

우리말에서는 기업을 '일구다'라고 한다. 이를 영어로 표현할 때 제일 먼저 생각나는 동사는 grow(키우다)나 develop(발전시키다)일 것이다. 이 동사들을 써도 틀리지는 않지만 원어민들이 즐겨 쓰는 동사는 build이다.

예시 **My parents spent their entire lives building this company.**
저희 부모님은 이 기업을 일구는 데 평생을 바치셨습니다.

I've built this business with bare hands from the ground up.
저는 이 기업을 아무 것도 없는 상태에서 맨손으로 일궈 냈습니다.

★ from the ground up 밑바닥에서부터, 맨 처음부터

05 build a life (with ~)

(~와 함께) 인생을 가꾸다, 꾸리다

; a future, a family, a marriage...

우리말에서는 '인생(life)을 가꾸다', '가정(family)을 꾸리다'라고 한다. 그러다 보니 영어에서도 manage(관리하다), develop(개발하다) 같은 동사를 쓰기 쉽지만, 이런 동사를 쓰면 엉터리 영어가 된다. 이런 맥락에서 원어민들이 쓰는 동사는 build이고, a future(미래), a marriage(결혼 생활) 등의 명사와 자주 어울린다.

예시 **Will you marry me? I want to build a life with you. I want to build a family with you.**
나와 결혼해 줄래요? 나는 당신과 함께 인생을 가꾸고 싶어요. 당신과 가정을 꾸리고 싶고요.

Erick is your past. Let go of it. Move on and start building a future for yourself. Someday, another love will come along.
에릭은 이제 과거 일이야. 과거는 그만 놔 줘. 네 인생을 살면서 너의 미래를 가꾸기 시작해라. 언젠가는 또 다른 사랑이 찾아올 거야.

★ let go of ~ ~을 놔주다 / move on 과거사를 털어내고 자신의 인생을 살다

I'm telling you as a friend. You can't build a marriage on selfishness. You should be willing to put your spouse first.
친구로서 하는 말인데. 이기적인 태도로는 결혼 생활을 꾸려 나갈 수 없어. 상대방을 먼저 생각하려는 자세를 가져야 해.

★ spouse 배우자 / put ~ first ~을 가장 중시하다

06 build (up) strength
힘을 키우다, 강화하다   ; courage, endurance, fitness, confidence...

힘(strength)을 '키우다'라고 하면 영어로는 increase(증가시키다), strengthen(강화하다) 같은 동사가 먼저 생각나기 쉽다. 이런 동사들이 틀리다고는 할 수 없지만, 일상 대화에서 원어민들은 build를 쓴다. 이처럼 무엇을 천천히 증가시키거나 강화하는 맥락에서 build와 자주 어울리는 다른 명사로는 courage(용기), endurance(지구력), fitness(신체 건강), stamina(스태미나), self-esteem(자존심), confidence(자신감), hopes(기대감) 등이 있다. build 뒤에 up을 붙여 쓸 수도 있다.

예시

You need to eat well and do some gentle exercise every day to **build up your strength** for a full recovery.
완전히 건강을 회복하기 위해서 잘 먹고 매일 가벼운 운동을 해서 힘을 키워야 합니다.

It took me some time to **build up the courage** to come here to apologize to you.
여기에 와서 당신에게 사과를 할 용기를 내는 데는 시간이 좀 걸렸습니다.

This exercise is a great way to **build up your calves** and **endurance**.
이 운동은 종아리 근육과 지구력을 키우는 데 좋은 운동입니다.

I've been training in mixed martial arts. It's great for **building** not only **physical fitness** and **stamina**, but also **self-esteem**.
저는 격투기 훈련을 받고 있습니다. 격투기는 신체 건강뿐만 아니라 스태미나와 자존심을 키우는 데에도 좋은 운동이죠.

You led me on. You **built up my hopes** and crushed them.
당신은 나를 속였어요. 내 기대감만 잔뜩 부풀려 놓고 짓밟았어요.

★ lead – on (이성 관계에서) 실제는 안 그러면서 상대방에게 관심 있는 것처럼 믿게 하다

07 build a case (against ~)

(~에 대한) 범죄 혐의를 구성하다

미드를 보다 보면 매우 자주 접하는 표현이다. 여기서 a case는 '범죄 혐의'라는 의미로, 'build a case'는 증거를 모아서 '법적으로 범죄 혐의를 구성하다'라는 뜻이다.

예시

"The evidence is all circumstantial. That's not proof." – "It's enough for the cops to start **building a case against** you. We need to find a way to sink it."

"증거가 다 정황 증거뿐이에요. 그것은 증거가 아니에요." – "경찰들이 당신에 대한 범죄 혐의를 구성해 나가기에는 충분한 증거예요. 그걸 깰 수 있는 방법을 찾아야 해요."

★ sink ~ ~을 침몰시키다

Here's the deal. If you help us **build a case against** Diego, we'll let you off the hook.

이렇게 하기로 하죠. 디에고에 대한 범죄 혐의를 입증하는 데 도움을 주면 당신 죄는 묻지 않겠어요.

CALL

보통 영어 학습자들은 call의 의미를 '누구에게 전화하다' 또는 '누구를 부르다' 정도로 알고 있다. 그러나 일상 회화에서 call은 훨씬 다양한 의미로 사용된다. 원어민이 아니면 잘 사용하지 못하는 'call+명사' 조합의 비밀을 벗겨 보자.

MP3 듣기

01 I call 내가 전화하다
call me 나에게 전화하다

call의 기본적인 의미는 '누구에게 전화하다'이다. 이 경우 call의 목적어로 어울리는 명사는 me(나), Mom(엄마)과 같은 사람이거나 911(미국의 119)과 같은 기관 등의 전화번호를 포함한다. call은 목적어 없이 '전화를 걸다'라는 자동사로도 사용된다. 따라서 "내일 전화할게."는 "I'll call you tomorrow."나 "I'll call tomorrow." 둘 다 가능하다. 다만 후자의 경우 누구에게 전화하는지는 맥락에서 결정된다.

예시

Hi, it's me. **I'm just calling** to check in, to see how things are going at home. **Call me** back if you get this.

안녕. 나야. 어떻게 지내는지, 집안에는 별일 없는지 안부차 전화했어. 이 메시지 받으면 전화해 줘.

★ check in (on ~) (~의) 안부를 확인하다

"Have you **called Mom** and told her the good news?" – "Yes. She was overjoyed."

"엄마에게 전화해서 좋은 소식을 말씀드렸어?" – "응. 매우 좋아하시더라."

Somebody **call 911**! Get an ambulance!

누가 911에 전화해 주세요! 구급차를 불러 주세요!

Call this number and ask for Helen Porter. She'll put you in contact with someone who can help you.

이 번호로 전화해서 헬렌 포터를 찾으세요. 그녀가 당신에게 도움을 줄 수 있는 사람과 연결시켜 줄 겁니다.

★ ask for ~ ~와 통화를 요청하다 / put ~ in contact with - ~을 -와 연락이 되게 해 주다

02 call an Uber
우버를 부르다
; a taxi, the police, an ambulance, a witness...

call의 두 번째 기본 의미는 누구를 '오라고 부르다'이다. 사람을 오라고 부르거나, taxi(택시), ambulance(구급차)를 부르거나, witness(증인)를 부르거나 할 때 call을 쓴다.
쉬는 날에 '직장에 나오라고 부르다'는 'call ~ into work'라고 하고, 보통 수동태 'be/get called into work'의 형태로 '직장에 불려 나가다'라는 의미로 쓴다.

예시

"Do you need a ride home?" – "That's okay. I'll just **call an Uber**."

"집까지 차 태워 드릴까요?" – "괜찮아요. 우버 부르죠, 뭐."

"I want you to leave, or I'll **call the police**." – "Go ahead."

"나가 주세요. 아니면 경찰을 부를 거예요." – "할 테면 해 봐요."

Are you ready to **call your next witness**?

다음 증인을 부를 준비가 되었습니까?

"Where's Luke?" – "He was here, but **he got called** into work."

"루크는 어디 있어요?" – "여기 왔었는데, 직장에 일이 있어 불려 갔어요."

03 call someone A

~을 A라고 부르다

call의 세 번째 기본 의미는 'call someone A'의 형태로 '~을 A라고 부르다'이다. 여기서 A에는 사람 이름이 와서, 어떤 사람을 무슨 이름으로 부를지 말한다. 참고로 "She called me names.(그녀가 나를 여러 이름으로 불렀다.)"라고 하면 "그녀가 나에게 욕을 했다."라는 뜻이 된다.

예시

"Thank you for taking time to see me, Senator Manning." - "Just **call me Sam**."

"시간을 내어 만나 주셔서 감사합니다, 매닝 상원의원님." – "그냥 샘이라고 불러 주세요."

"What was your name again?" – "Elizabeth. But everyone **calls me Liz**."

"이름이 뭐라고 하셨죠?" – "엘리자베스요. 그런데 다들 저를 리즈라고 부릅니다."

04 call someone (+명사/형용사)

~을 …라고 하다

; a liar, an idiot, love...

"너 나한테 거짓말쟁이라고 하는 거야?"를 영어로 직역하면 "Are you saying I'm a liar?"가 된다. 틀린 영어는 아니지만 'A를 B라고 하다'라는 뜻의 'call A B' 구문을 써서 "Are you calling me a liar?"라고 하면 훨씬 영어다운 맛이 난다. 이때 B 자리에는 명사뿐만 아니라 "Did you just call me crazy?(너 지금 나에게 미쳤다고 했어?)"처럼 형용사도 가능하다. 또 'A is called B(A는 B라고 하다)'의 수동태 문형도 자주 쓰인다.

예시

"That's not what I heard." - "Are you **calling me a liar**?"

"그거 내가 들은 이야기와 다른데." – "너 나한테 거짓말쟁이라고 하는 거야?"

"You wouldn't know love if it walked up and bit you." – "Are you **calling me an idiot**?" – "Yes. You're an idiot to let a fine girl like Lily get away."

"넌 사랑이 코앞에 다가와서 너를 깨물어도 몰라볼 거다." – "나 보고 멍청하다는 거야?" – "그래. 릴리 같이 좋은 여자를 놓치다니 바보지."

"As much as I resent her, I can't stop thinking about her." – "**That's called love**."

"그녀가 원망스럽지만 그녀 생각을 떨칠 수가 없어." – "그걸 사랑이라고 하지."

★ resent ~ ~에 대하여 분개하다, ~을 원망하다

39

call it a draw
비긴 것으로 하다

앞에 설명한 'call A B(A를 B라고 하다)'의 연장선으로, 미드를 보면 'call it a[an] ~' 형태의 표현이 자주 나온다. it은 앞에서 언급한 상황으로, '그것을 ~으로 보다', '~라고 간주하다'라는 의미로 쓰인다. 'call it a day(하루 일을 끝내다)', 'call it a night(밤에 일이나 모임 등을 그만하다)'과 같은 관용 표현도 있다.

예시

I think we're in a stalemate. You have no move to make, and neither do I. Why don't we **call it a draw**?

[체스 게임에서] 우리가 교착 상태에 있는 것 같은데. 너도 움직일 말이 없고, 나도 없고. 그냥 비긴 걸로 할까?

"She didn't kill him. We've been barking up the wrong tree." – "How do you know that?" – "**Call it a hunch**."

"그녀는 그를 살해하지 않았어. 지금까지 우리가 헛짚은 거야." – "어떻게 알아?" – "감이라고 해 두지."

★ bark up the wrong tree 헛짚다, 번지수를 잘못 찾다

Why don't we **call it a day**? Let's go for a walk. We could use some fresh air.

오늘은 그만할까요? 산책이나 갑시다. 신선한 공기를 마시면 좋겠어요.

call a truce
휴전하다

'휴전(truce)하다'를 영어로 할 때 우리말 뜻에 따라 do를 쓰면 틀린다. 'make a truce'라고 할 수는 있지만, 일반 대화에서는 잘 쓰지 않으므로 call을 써야 한다.

예시

I admit I overreacted last night. So, can we just **call a truce**?

어젯밤에 내가 너무 과민 반응을 보인 것은 인정할게. 이제 그만 싸우면 안 될까?

There's no point in us pointing a finger at each other. So, how about we **call a truce** and get back to work?

우리가 서로 잘못했다고 비난해 봐야 아무런 이득이 없어. 그러니 이제 그만 휴전하고 다시 일하는 게 어때?

★ There's no point in -ing ~하는 것은 소용이 없다, 의미가 없다

07 call a meeting
회의를 소집하다

회의를 '소집하다'에 대응하는 영어 동사로는 convene이 있다. 그런데 이 단어는 격식어로, 공식적인 담화나 글에서 주로 사용한다. 일반적으로는 call을 써서 'call a meeting'이라고 한다. 이처럼 어떤 모임을 불러 모으는 것에 call을 사용하는데, '기자 회견을 열다'도 'call a press conference'라고 한다.

예시

I've **called this meeting** to discuss a few important matters.
몇 가지 중요한 문제를 논의하기 위하여 이 회의를 소집했습니다.

Senator Coleman is **calling a press conference** at 4:00 p.m. to officially announce his candidacy for president.
콜맨 상원의원이 대통령 선거 공식 출마를 선언하기 위해서 4시에 기자 회견을 엽니다.

08 call an election
선거 승리자를 발표하다

선거에서 선관위나 방송이 당선자를 발표하는 것을 우리말식으로 하면 "CNN declared Grace Kim the winner of the election.(CNN이 그레이스 킴을 선거 승리자로 선포했다.)"이 된다. 틀린 표현은 아니지만 진짜 원어민식 영어 표현은 call을 써서 "CNN called the election for Grace Kim."이라고 하는 것이 자연스럽다.

예시

I just got a heads-up from my friend at the Election Division. They're about to **call the election** for you. Congratulations!
선거 관리부에 있는 친구에게서 미리 연락이 왔어. 곧 자네를 선거 당선자로 발표한다네. 축하해!

★ a heads-up 미리 알려 주는 정보

09 call one's bluff
해볼 테면 해보라고 하다

'해볼 테면 해보라고 하다'를 직역하면 십중팔구 콩글리시가 된다. 이럴 때 원어민은 'call one's bluff(~의 엄포를 부르다)'라고 한다.

예시

"What if he **calls your bluff**?" – "I'll cross that bridge when I come to it."
"만약 그 사람이 해볼 테면 해보라고 하면 어떡할 거야?" – "그 문제는 그때 가서 생각할 거야."

★ cross that bridge when I come to it 다리에 도달했을 때 건너다, 그때 가서 생각하다

I know you don't have any proof. So, I'm **calling your bluff**.
Go on, do it.

당신에게 증거가 없다는 거 알아. 그러니까 해볼 테면 해봐. 어서 해.

10 call a wedding off

결혼을 취소하다, 중단시키다

; the search...

call 뒤에 부사 off를 붙여서 'call ~ off'라고 하면 '~을 취소하다'가 된다. 일반 대화에서 많이 쓰이는 표현이므로 알아 두자.

예시 **You still have time. You can call this wedding off.**

아직 시간이 있어. 이 결혼식을 취소할 수 있다고.

It's getting too dark, so I called off the search. We'll try again tomorrow.

너무 어두워져서 수색을 중단시켰습니다. 내일 다시 할 겁니다.

(큰 소리로)
~을 부르다

call someone (X)
give a yell / give a holler (O)

어떤 사람을 큰 소리로 부르는 것에 동사 call을 쓰면 전화를 거는 것과 혼동할 수 있다. 이런 경우 원어민들은 call 대신 yell이나 holler라는 동사를 쓰거나, 이 단어들을 명사로 써서 'give a yell', 'give a holler'라고 한다. 둘 다 '소리 지르다'라는 뜻이다.

ex I'll be downstairs. **Give a yell**[=holler] if you need anything.
난 아래층에 내려가 있을게요. 필요한 것이 있으면 불러요.

(오라고)
~을 부르다

call someone (X)
want to see someone(O)

누가 찾는다는 말을 전해 듣고 그 사람에게 가서 "나 불렀어요?"라고 하는 말을 직역해서 "Did you call me?"라고 하면 "나에게 전화했어요?"라는 엉뚱한 말이 되어 버린다. 이때는 "Did you want to see me?(나를 보기를 원했어요?)"라고 한다. "무슨 일로 불렀나요?"는 "What did you want to see me about?"이라고 한다.

ex "Did you **want to see me**?" – "Yeah, but nothing that can't wait. We can talk later."
"나 불렀어요?" – "네, 그런데 급한 일은 아니에요. 나중에 이야기해도 돼요."

★ ~ can wait ~이 기다릴 수 있다, ~은 나중에 해도 되다

43

Collocations

CARRY

carry의 기본 의미는 '나르다'이다. 그런데 실제 영어 회화에서 carry는 기본 의미 외에 훨씬 다양한 의미로 사용된다. carry를 '나르다', '갖고 다니다' 로만 알고 있었다면, 이번에 영어 특유의 'carry+명사' 조합을 터득해서 원어민식 영어 감각을 다져 보자.

MP3 듣기

01   carry one's bags
가방을 나르다

carry의 가장 기본적인 의미는 어떤 물건을 '나르다'이다. 물건뿐만 아니라 사람을 안고 나를 때도 carry를 쓴다.

예시   **Give me that. Someone in your condition shouldn't be carrying heavy things.**
그거 저 주세요. 당신 같은 몸 상태로 무거운 물건을 나르면 안 되죠.

That looks pretty heavy. Let me carry it to your car.
그거 꽤 무거워 보이는데요. 제가 차까지 가져다드릴게요.

Here, get on my back. I'll carry you to the couch.
자, 내 등에 업혀요. 내가 소파까지 모셔다 드리죠.

02   carry cash
현금을 소지하다, 갖고 다니다

  ; a gun, a picture, a badge...

무엇을 '갖고 있다'라고 하면 대부분 동사 have를 생각한다. 그런데 원어민들은 '소지하고 갖고 다니다'라는 뜻으로는 주로 carry를 쓴다. 가령, "저는 큰돈을 수중에 갖고 다니는 것을 좋아하지 않습니다."는 "I don't like carrying a lot of cash on me."라고 한다. 여기서 have를 써도 아주 틀리지 않지만 carry를 써야 진짜 영어다운 맛이 난다. 이런 식으로 carry와 자주 어울리는 명사로는 a gun(총), a firearm(총기), a picture(사진), a badge(뱃지) 등이 있다. 또 carry 뒤에 around를 붙이면 '여기저기 갖고 다니다'라는 의미가 더 강조된다.

예시   **Don't be alarmed. I'm licensed to carry a gun.**
놀라지 마세요. 저는 총기 소지 면허가 있습니다.

He carries an old picture of his old flame in his wallet.
그는 지갑 속에 오래된 옛 애인 사진을 갖고 다녀요.

★ old flame 옛 애인

You don't carry a badge? Then, how do I know if you're a real FBI agent?
배지가 없다고요? 그럼, 당신이 진짜 FBI 요원인지 내가 어떻게 알아요?

I love my tablet computer. Thanks to it, I don't have to carry heavy books around.
난 내 태블릿 컴퓨터가 너무 좋아요. 덕분에 무거운 책을 여기저기 갖고 다니지 않아도 되거든요.

03 carry a burden
마음의 짐을 지다, 지고 살다

burden은 '부담'이라는 뜻과 더불어 '마음의 짐', '죄책감'이라는 뜻도 있다. 그런 짐을 '지고 살다'라는 표현은 동사 bear(견디다, 지니다)를 떠올리기 쉽다. 그런데 실제로는 carry를 쓴다. carry의 '지니고 다니다'라는 의미가 연장되어 '지니고 살다'가 되었다고 생각하면 된다. 뒤에 around를 붙일 수도 있다.

예시
I know since your father's death you've been **carrying a heavy burden**.
자네 아버님이 돌아가신 후 지금까지 무거운 마음의 짐을 지고 산 것을 알아.

You don't have to **carry this burden** alone. That's what families are for.
혼자 마음의 짐을 지고 힘들어할 필요 없어. 그게 가족이 필요한 이유지.

04 carry a secret
비밀을 갖고 있다, 갖고 살다

'비밀을 갖고 살다'는 'live with a secret'이라고 해도 된다. 그런데 같은 상황에서 원어민들은 carry를 훨씬 즐겨 쓴다. 'have a secret'은 단순히 '비밀을 갖고 있다'이지만, 'carry a secret'이라고 하면 남모를 비밀을 마음에 담고 살아가는 뉘앙스이다. 뒤에 around를 붙여도 된다. 참고로 '죽을 때까지 비밀을 말하지 않다'는 'carry a secret to one's grave'라고 한다.

예시
I can only imagine how hard it must have been for you, **carrying this secret** for all these years.
그렇게 오랜 기간 동안 그런 비밀을 숨기고 살았으니 얼마나 힘들었겠어요.

★ I can only imagine how ~ 얼마나 ~한지 상상만 할 수 있을 뿐이다

I've been **carrying around a secret**, and I don't want to anymore. I want to tell the truth.
지금까지 남모르는 비밀을 지니고 살았는데, 더 이상 그러고 싶지 않아요. 이젠 진실을 말하고 싶어요.

05 carry guilt
죄책감을 갖고 있다, 품고 살다

; anger, a grudge, pain, wounds...

'죄책감'은 guilt라고 한다. '죄책감을 느끼다'는 'feel guilt'이다. 그런데 죄책감을 '마음에 담고 살다'는 '담다'라고 해서 have나 hold를 쓰지 않고 carry를 쓴다. 이와 같이 carry 는 죄책감뿐만 아니라 anger(분노), a grudge(원한), pain(아픔), wounds(상처) 등의 감정을 '마음에 품고 살다'라는 의미가 있다. carry 뒤에 around를 붙여 쓰기도 한다.

예시

Sandy thinks she's responsible for what happened to Jerry. She's going to carry that guilt (around) for the rest of her life.
샌디는 제리에게 일어난 일의 책임이 자신에게 있다고 생각해요. 그녀는 평생 그런 죄책감을 갖고 살 거예요.

I'm tired of carrying all this anger toward my family.
내 가족에 대한 분노를 마음에 담고 사는 것에 지쳤어요.

There's no point in carrying a grudge for so long. It's about time you let go and moved on.
원한을 그렇게 오래 품고 살아서 뭐 하겠어요. 이제 그만 풀고 자기 인생을 살아야지.

★ move on 과거 일을 잊고 자기 인생을 살다

I'm still carrying a lot of pain from my previous marriage. I'm not ready for a relationship, yet.
저는 아직도 이전 결혼에서 얻은 많은 아픔을 갖고 있어요. 또 다른 사람을 사귈 준비가 안 되어 있어요.

06 carry a gene
유전자를 갖고 있다

; a virus, a germ...

누가 어떤 유전자(gene)를 '갖고 있다'라고 하면 대부분 have를 쓸 것이다. have가 틀린 것은 아니지만 원어민들은 이런 상황에서 carry를 쓴다. 유명 배우 안젤리나 졸리가 New York Times에 쓴 글에서도 carry가 등장한다. "I carry a faulty gene, BRCA1, which sharply increases my risk of developing breast cancer and ovarian cancer.(저는 BRCA1이라는 비정상적 유전자를 갖고 있어요. 이 유전자는 제 가 유방암이나 난소암에 걸릴 위험성을 크게 증가시킵니다.)" 유전자뿐만 아니라 virus(바 이러스), germ(세균) 같은 것이 몸 안에 있거나 물건에 묻어 있는 경우에도 carry를 쓴다.

예시

The elderly are most at risk, but children also can get sick, carry and spread the virus.
노인층이 가장 큰 위험군이지만, 아이들도 감염될 수 있고, 바이러스를 갖고 다니며 퍼뜨릴 수 있습니다.

Scientists say that airport security bins carry a lot of germs.
과학자들에 따르면 공항 보안대에서 쓰는 용기에 많은 세균이 묻어 있습니다.

carry a child
아이를 임신하고 있다

; twins, a baby, a life...

아이를 '임신하고 있다'라는 표현은 대부분 pregnant(임신한)라는 단어를 떠올린다. 그런데 특정한 아이를 임신하고 있다고 할 때는 동사 carry를 쓴다. 가령, "그녀는 내 아이를 임신하고 있다."는 직역식으로 "She's pregnant with my child."라고 해도 되지만, 원어민들은 "She's carrying my child."를 더 즐겨 쓴다. child 외에 twins(쌍둥이), a baby(아기), a life(생명체) 같은 단어도 carry와 어울려 자주 쓰인다.

> ▷ 참고로 9개월 만삭까지 임신을 유지하는 것은 'carry the pregnancy to term', 'carry a baby full term' 또는 'carry to full term'이라고 한다.

참고
Congratulations. You're carrying twins, and both are very healthy.
축하합니다. 쌍둥이를 임신하셨네요. 둘 다 건강합니다.

I suffered terrible morning sickness when I was carrying my first child.
첫 아이를 임신했을 때 입덧이 매우 심했어요.

It was an amazing experience to be carrying a life inside of me.
내 몸 안에 생명체를 임신하고 있는 것은 놀라운 경험이었습니다.

참고
Your chances of carrying to full term are fifty-fifty.
분만까지 임신을 끌고 갈 수 있는 가능성은 반반입니다.

carry a product
제품을 취급하다, 판매하다

; a company's line...

상점에서 어떤 물건을 '취급하다', '판매하다'라는 표현은 sell(팔다)을 써도 되지만, 원어민스러운 의미를 제대로 살리는 동사는 carry이다.

예시
We're talking to several department stores, trying to persuade them to carry our products.
지금 몇 개 백화점들에 저희 제품들을 취급해 달라고 설득하기 위해 연락 중입니다.

We're the only store in town that carries the Heritage line.
헤리티지 상품을 취급하는 상점은 이 지역에서 저희밖에 없습니다.

09 carry a sentence
범행이 (어떤) 형에 처해질 수 있다

; the death penalty, a fine...

"그 범죄는 3년 형에 처해질 수 있다."를 직역식 영어로 하면 "The crime can be punished by three years in prison." 또는 "The crime is punishable by three years in prison."이 된다. 이것도 틀린 영어는 아니다. 하지만 동사 carry를 쓰면 "The crime carries three years in prison."이라고 깔끔하게 표현할 수 있다. 이처럼 carry는 sentence(형 선고), years in prison(몇 년 형), the death penalty(사형), a fine(벌금), a life-in-prison sentence(종신형)처럼 형벌(penalty)과 관련된 명사와 어울려 쓸 수 있다.

예시

Gross vehicular manslaughter is a felony, and it **carries a sentence** of ten years in state prison.

교통사고 치사는 중범죄로, 주교도소 10년 형에 처해집니다.

Using a mobile phone while driving **carries a fine** of 3,000 dollars and 5 demerit points.

운전 중 휴대폰 사용은 벌금 3천 달러와 벌점 5점이 부과됩니다.

Witness tampering **carries a life-in-prison sentence**.

증인 교사는 종신형에 처해집니다.

10 carry a tune
음정이 틀리지 않게 노래하다

'음정이 틀리지 않다'라는 우리말을 wrong(틀린) 같은 단어를 써서 직역하면 십중팔구 콩글리시가 된다. 영어에서는 'carry a tune'이라고 한다. tune은 노래(song)를 의미하고, 노래를 계속 가지고 가는 것(carry)을 '음정이 틀리지 않게 노래하다'라는 의미로 쓰는 셈이다. 우리말에서는 생각하기 어려운 콜로케이션 표현이다.

예시

I'm sorry. I'm a terrible singer. I can't **carry a tune** at all.

죄송해요. 전 노래 실력이 형편없어요. 음정이 막 틀리거든요.

I can **carry a tune**, but Jim's a much better singer. He's professionally trained.

저도 노래는 좀 하지만, 짐이 훨씬 더 잘해요. 전문적인 훈련을 받았거든요.

11 carry weight

(말, 의견 등에) 무게가 있다, 영향력이 있다

"그의 말에는 무게(weight)가 있다."를 직역식으로 생각하면 "His words has weight."가 되는데, 이는 틀린 영어이다. '영향력'이라는 뜻으로 weight(무게)와 짝을 이루는 영어 동사는 carry이다. carry는 words(말), testimony(증언), recommendation(추천), opinion(의견), name(이름) 같은 것이 '중요하게 받아들여지다', '영향력이 있다'라는 뜻을 갖고 있다.

예시

He's a former flyweight champion, and his opinion carries a lot of weight in the sport.

그는 플라이웨이트 챔피언 출신으로, 그의 의견은 복싱계에 큰 영향력이 있습니다.

The committee's recommendations are non-binding, but they carry significant weight with the General Assembly.

위원회의 권고는 구속력은 없지만, 총회에서 매우 중요하게 받아들여집니다.

The Stones aren't as rich as they once were, but the name still carries weight.

스톤 일가는 옛날 같은 대부는 아니지만, 이름은 여전히 영향력이 있습니다.

Collocations

CATCH

동사 catch의 기본 의미는 날아오는 것을 '잡다' 또는 범죄자 같은 사람을 '붙잡다'이다. 그렇지만 영어 catch는 그 외에 매우 다양한 의미로 쓰이기 때문에 우리말의 '잡다'에서는 생각할 수 없는 'catch+명사' 조합이 많다. 이런 조합을 알고 쓸 수 있어야 catch를 제대로 안다고 할 수 있다.

MP3 듣기

01 catch a ball

공을 잡다

; a bouquet...

catch는 기본적으로 '날아오는 것을 잡다'라는 뜻으로 쓰인다. 따라서 '공을 잡다'는 'catch a ball'이라고 한다. ball 외에 날아오는 모든 것을 잡는 데에 catch를 쓴다.

예시

I'm going to take my glove with me to **catch a foul ball**.
내 글로브를 가져가서 파울 볼을 잡아야겠어요.

You **caught the bouquet**. So, you're the next girl to get married.
부케를 네가 잡았어. 그러니까 다음 결혼은 네 차례야.

02 catch a criminal

범인을 붙잡다

; a blackmailer, a fish...

catch의 두 번째 기본 의미는 '범인을 붙잡다'처럼 자유롭게 돌아다니는 것을 '잡다'이다. 따라서 '범인을 붙잡다' 외에 '물고기를 잡다'도 catch를 쓸 수 있다.

예시

I'm a policeman. My job is to **catch a thief** like you.
내가 경찰 아니냐. 너 같은 도둑놈을 잡는 것이 내 일이지.

We **caught the blackmailer**. It turned out he's your neighbor.
협박범을 붙잡았어요. 알고 보니 이웃이더군요.

★ It turned out (that) ~ 알고 보니 ~이다. ~인 것으로 드러나다

We didn't **catch a single fish**, but we had a great bonding time.
물고기는 한 마리도 못 잡았어요. 그렇지만 우의를 다지는 유익한 시간이었습니다.

03 catch someone (-ing)
~을 우연히 보다, ~가 (-하는 것)을 잡다
; him, her, a van, an SUV...

영어회화에서 가장 많이 쓰이는 catch의 의미 중 하나가 사람이나 사물이 어떤 행동을 하는 것을 '우연히 보다'이다. 이 경우 catch 뒤에 오는 목적어로는 일반 명사뿐만 아니라 you, him 같은 대명사도 될 수 있다. 그러니까 〈catch+명사〉 조합에서 명사 종류에 특별한 제약은 없다. 이 뒤에는 전치사구나 -ing절을 붙여서 무엇을 봤는지 설명한다.

〈catch+명사/대명사+전치사구/-ing절〉의 형태는 문맥에 따라 '~가 -하는 것을 잡다'라는 뜻도 된다. 가령, "경찰이 그가 어떤 집에 침입하는 것을 붙잡았다."는 "Police caught him breaking into a house."가 되고, 수동태로 "He was caught breaking into a house.(그가 어떤 집에 침입하다 붙잡혔다.)"라고 해도 된다.

주어가 무생물인 camera가 되어 'A camera caught him -ing' 식으로 말하면 '카메라가 그가 -하는 것을 잡았다'가 된다. 수동태는 'He was caught on camera -ing(그가 -하는 것이 카메라에 잡혔다)'가 된다.

예시

I caught him on the phone **telling** someone about Sam.
그가 전화상에서 누구에겐가 샘에 관한 일을 말해 주는 것을 봤어요.

I caught a white SUV speeding from the lot.
나는 흰색 SUV가 주차장에서 빠른 속도로 빠져나가는 것을 봤다.

I caught Bob in a lie.
밥이 거짓말하다 나에게 들켰어.

A security camera **caught her exiting** the hotel with a suitcase.
보안 카메라에 그녀가 여행용 가방을 갖고 호텔을 나서는 것이 찍혔습니다.

04 catch a bus
버스를 타다
; a plane, a flight, a cab, a train, subway...

'(탈 것) 타다'라는 영어 동사는 상황에 따라 각각 다른 동사를 써야 한다. 타는 동작을 말하는 경우, bus, train, ship 같은 대형의 탈 것은 board 또는 get on이라고 하고, car, taxi, boat처럼 소형의 탈 것은 get into를 쓴다. 뒤에 탈 것을 명시하지 않고 "Come on. Get in!(자. 빨리 타!)"처럼 쓸 수도 있다. '어디에 타고 가다'라고 할 때는 take를 쓴다. 목적지를 말하지 않아도 무언가를 타고 가는 맥락이라면 take를 쓰면 된다.

catch는 take와 비슷하지만 '일부러 찾아가서 타다', '늦지 않게 가서 타다'라는 추가적인 뉘앙스가 있다. 가령, 단순히 "비행기 타고 갈 거야."라고 한다면 "I'm taking a plane." 과 "I'm catching a plane." 둘 다 가능하지만, "나 비행기 타러 가야 돼."는 "I have a plane to take."라고 하면 이상하고 "I have a plane to catch."라고 해야 한다.

If we hurry, we can **catch the 11:30 bus**.

서두르면 11시 30분 버스를 탈 수 있어요.

Excuse me. Where can I catch the airport shuttle?

실례합니다. 공항 버스는 어디서 탈 수 있나요?

I've got to **catch a flight** to Seoul.

지금 서울행 비행기를 타러 가야 해요.

05 catch some sleep

눈 좀 붙이다

; a nap, Z's...

'잠자다'는 영어로 sleep이지만, sleep을 명사로 쓸 경우 같이 짝을 이루는 동사는 get과 catch이다. get을 더 많이 쓰기는 하지만, catch에는 '바쁜 가운데 잠깐 시간 내어 자다'라는 추가적인 뉘앙스가 있다. sleep 외에 a nap(낮잠), Z's(잠깐 눈 붙임) 같은 명사를 쓸 수 있다. a nap에는 get을 쓰지 않고 catch, take, grab을 쓴다.

I think I'm gonna go upstairs and **catch some sleep**.

2층에 올라가서 잠깐 눈 좀 붙여야겠어요.

Did you manage to **catch some Z's**?

눈 좀 붙였어요?

★ manage to ~ 간신히[그럭저럭] ~하다

"You look tired. Are you okay?" – "Yeah. I'm going to **catch a nap** later."

"피곤해 보인다. 괜찮아?" – "응. 나중에 낮잠 좀 자지 뭐."

06 catch one's breath

숨을 돌리다

우리말의 '돌리다'를 직역해서 turn(돌리다), change(바꾸다)와 같은 동사를 쓰면 안 된다. '숨을 돌리다'라는 맥락에서 breath(숨)와 어울리는 영어 동사는 catch이다.

Take it easy. **Catch your breath**.

천천히 해요. 숨 좀 돌리고.

"Did you tell Jerry I'm to blame for all of your problems?" – "Let me **catch my breath** first, and then I'll explain."

"제리에게 네 모든 문제가 나 때문이라고 했어?" – "잠깐 먼저 숨 좀 돌린 후에 설명할게."

★ be to blame for ~ ~에 대한 책임이 있다

07 catch one's eye
눈길을 끌다, 관심을 끌다

; (one's) attention...

우리말을 직역해서 'draw(끌다)+eye(눈)' 같은 조합으로 말하면 완전히 틀린다. '눈길을 끌다'라는 맥락에서 eye와 짝을 이루는 영어 동사는 catch이다. 우리말로 치면 '눈길을 사로잡다'와 비슷하다. eye 대신에 attention(관심)을 쓰면 '관심을 끌다'가 된다. attention의 경우는 attract(끌다)나 grab(잡다)과도 함께 쓸 수 있다.

예시

I reviewed your medical record, and something caught my eye.
환자분의 의료기록부를 검토했는데 한 가지 눈길을 끈 것이 있습니다.

How was the book fair? Did you see anything that caught your attention?
도서전은 어땠어요? 본 것 중에 관심 가는 것이 있었나요?

08 catch a glimpse (of ~)
(~을) 언뜻 보다

'언뜻 보다'에 해당하는 영어 동사는 glimpse이다. 이 단어는 '잠깐 보기'라는 뜻의 명사로도 쓰는데, 명사 glimpse와 짝을 이루는 영어 동사는 get과 catch이다. catch는 get보다 '우연히', '언뜻'이라는 뉘앙스가 더 강하다.

예시

I caught[=got] a glimpse of a girl who looked just like Julie getting into a limousine.
줄리와 똑같이 생긴 한 여자가 리무진에 타는 것을 언뜻 봤습니다.

Thousands of people have gathered here at Buckingham Palace, hoping to catch[=get] a glimpse of the new king.
수천 명의 사람들이 혹시나 새로 등극한 왕을 볼 수 있을까 해서 여기 버킹검 궁전에 모여 있습니다.

09 catch a break
운이 따르다

___

우리말에서는 운이 '따르다'라고 하지만 영어에서는 follow(따르다)를 쓰지 않는다. '운'은 luck으로, have와 주로 어울려서 '성공하다', '성과가 있다'라는 뜻으로 쓴다. 우리말의 '운이 따르다'라는 뜻을 제대로 표현하려면 luck 대신에 a break라는 명사와 catch를 써서 'catch a break'라고 한다.

예시 **We're going to catch a break on this project. I can feel it in my bones.**
이번 프로젝트는 잘 될 거야. 직감적으로 느낄 수 있다고.

★ feel ~ in one's bones ~을 직감적으로 확신하다

Why can't I ever catch a break?
왜 난 이렇게 운이 안 따르지?

10 catch a ride
차를 얻어 타다

___

'차를 얻어 타다'를 borrow(빌리다), car(차) 같은 단어를 써서 직역하면 엉터리 영어가 된다. 영어에서는 ride(차 타기)라는 명사를 사용해서 'give ~ a ride(~을 차 태워 주다)', 'catch a ride(차를 얻어 타다)'라는 식으로 표현한다. catch 대신에 get을 써도 좋다.

예시 **If anyone's going back to the office, can I catch[=get] a ride with you?**
사무실로 되돌아가는 사람이 있으면 차 같이 타고 가도 될까?

You go ahead. I'll catch[=get] a ride with Bill or take the bus.
먼저들 가세요. 나는 빌의 차를 얻어 타고 가든지 아니면 버스 타고 갈 테니까.

11 catch a cold
감기에 걸리다

; pneumonia, a chill, the flu, an infection...

___

우리말에서는 감기에 '걸리다'라고 하는데, 영어에서는 catch를 써서 'catch a cold'라고 한다. 마치 감기를 잡은 것처럼 표현하는데, 감기 외에도 pneumonia(폐렴), a chill(오한), the flu(독감), an infection(감염) 같은 단어들과 어울려 쓴다. 이미 걸린 상태라면 have를 써서 "I have a cold."라고 한다. 관용적으로 심한 감기에 걸렸다면 'catch one's death (of cold)'라고 한다. 누구에게서 감기를 '옮다'도 catch를 써서 "I caught a cold from my wife.(아내에게서 감기를 옮았다.)"처럼 표현한다.

> cancer 같은 큰 병에는 catch를 쓰지 않는다. 병에 '걸리다'라는 뜻으로 'come down with'라는 표현이 있는데, a cold, the flu, cancer 등 모든 병에 다 쓸 수 있다.

예시

You're all soaked. You better change out of the wet clothes. You'll catch pneumonia.

흠뻑 젖었네. 젖은 옷은 갈아입어. 폐렴 걸리겠다.

You should go back in. I don't want you to catch a chill.

그만 들어가 봐요. 그러다 오한에 걸리겠어요.

Stay away from me. You're going to catch my cold.

떨어져 있어요. 나에게서 감기를 옮을 수 있으니까.

I caught an eye infection from Cathy.

캐시에게서 눈병을 옮았어요.

12 catch a movie
영화를 보다

; a game, a show, the news...

영화를 '보다'는 기본적으로 watch를 쓰는데, 원어민들은 catch를 사용하여 'catch a movie'라고도 한다. catch를 쓰면 '제한된 시간에 상영되는 영화를 찾아 보다'라는 어감이 추가된다. 따라서 a game(경기), a show(TV 프로그램, 공연), the news(뉴스)처럼 시간에 맞추어 봐야 하는 것들에 어울린다. 언제나 항상 볼 수 있는 DVD 영화를 볼 때 'catch the DVD'라고 하지 않는다. 잠시 정차했다 지나가는 기차를 본다고 할 때도 'catch the train'이라고 할 수 있다.

예시

You want to hang out for a while and catch a movie on TV or something?

TV 영화 같은 것 보면서 좀 놀다 갈래?

If you want to play some pool or catch a Yankee game, give me a holler, okay?

당구치거나 양키즈 게임 보러 가고 싶으면 연락해, 알았지?

★ give ~ a holler ~을 부르다, 연락하다

Did you happen to catch the news this morning?

혹시 오늘 아침에 뉴스 봤어요?

13   catch some sunshine
햇빛을 쐬다, 일광욕하다

; some rays, a breeze...

우리말에서 '쐬다'는 '노출되다'라는 뜻은, 영어의 expose에 해당한다. 그렇다고 '햇빛을 쐬다'를 'expose myself to sunshine'이라고 하지 않는다. 여기서 sunshine과 어울리는 영어 동사는 catch로, 'catch some sunshine'이나 ray(광선)를 써서 'catch some rays'라고 한다. 마찬가지로 '바람을 쐬다'도 'catch a breeze'라고 한다.

예시   **I'm going to go sit by the pool and catch some rays.**
풀장 옆에 앉아서 일광욕 좀 해야겠다.

The bar is right on the water. It's a great place to catch a breeze and have a cold beer.
그 바는 바로 물가에 붙어 있어요. 바람 쐬며 시원한 맥주 한잔하기 좋은 장소죠.

14   catch waves
서핑하다, 파도를 타다

'파도를 타다'는 우리말처럼 'ride a wave'로 표현해도 틀린 것은 아니지만, 원어민들은 catch를 더 즐겨 쓴다. surf(서핑하다)라는 동사로 대체해도 좋다.

예시   **You want to go catch some waves?**
서핑하러 갈까?

Ron is a pro surfer. He taught us how to catch a wave.
론은 프로 서퍼예요. 우리에게 파도 타는 법을 가르쳐 줬죠.

15   catch a shower
샤워하다

일반적으로 shower와 어울리는 동사는 take로, '샤워하다'는 'take a shower'라고 한다. 구어체에서는 grab(붙잡다)도 자주 쓴다. catch를 쓸 때는 '급히 빨리 샤워하고 나오다'라는 뉘앙스가 있다. catch를 쓰지 않고 이 뉘앙스를 살리고 싶다면 shower 앞에 quick(빠른)을 붙여서 'take[grab] a quick shower'라고 할 수도 있다.

예시   **I'm dog tired. I'm going to go home, catch a shower, and crash early.**
매우 피곤해요. 집에 가서 빨리 샤워하고 일찍 자야겠어요.

Do I have a minute to catch a shower[=grab a quick shower]?
잠깐 샤워하고 나올 시간이 될까요?

16 not catch one's name
이름을 제대로 듣지 못하다

이름을 제대로 못 들었다고 할 때, 우리말식으로 해서 hear(듣다)를 쓰면 엉터리 영어가 된다. 이 맥락에서는 catch를 써서 '이름을 제대로 못 잡았다'라는 의미를 표현한다.

예시
I'm sorry, I didn't catch your name. Is it Julie?
죄송한데 성함을 제대로 듣지 못했어요. 줄리라고 했나요?

I'm sorry, I don't believe that I **caught your name.**
실례지만, 정식으로 인사를 나누지 못한 것 같은데요.

17 catch one's drift
말뜻을 이해하다

'말뜻'의 직역식 영어는 intended meaning(의도한 의미)이지만, 일상 대화에서는 'what I mean(내가 의미하는 것)', 'what I'm saying(내가 말하고 있는 것)'처럼 풀어 말한다. 구어체에서는 drift라는 명사를 '말뜻'이라는 의미로 쓴다. 그래서 'catch one's drift'라고 하면 '~의 말뜻을 이해하다'라는 표현이 된다.

예시
He's a man of great discretion if you **catch[=get] my drift.**
그는 매우 신중한 사람이죠. 제 말뜻을 알겠어요?

Maybe you didn't **catch[=get] my drift** before, but running is not an option.
내 말뜻을 이해 못했나 본데, 도주하는 것은 옵션이 아니라고.

18 catch fire
불 붙다

우리말에서는 '불'이 '붙다'라고 하는데, 영어에서 fire와 어울리는 동사는 catch이다.

예시
His father died when his car crashed into a tree and **caught fire.**
그의 아버지는 운전하던 차가 나무에 충돌해서 불 붙는 사고로 사망했습니다.

The warehouse **caught fire** tonight, and three workmen were hurt.
오늘 밤 창고에 불이 나서 3명의 직원이 다쳤습니다.

집을 잡아 두다

catch a house (X)
secure a house (O)

우리말에서 매물로 나온 '집을 잡는다'라고 한다. 이를 직역해서 'catch the house'처럼 영어로 말하면 콩글리시가 된다. 구매나 월세로 살 집을 잡아 두는 것은 secure(확보하다)라는 동사를 쓴다.

ex If you find **your dream house**, you can **secure it** with a 3% down payment.

마음에 드는 집을 발견했다면 3%의 선금을 주고 잡아 둘 수 있습니다.

로프를 잡다

catch a rope (X)
grab a rope / hold on to a rope(O)

로프를 '잡다'라는 표현에 모두 catch를 쓰면 틀린 표현이다. catch는 '날아오는 것을 잡아채다'라는 어감이다. 로프를 상대방에게 던지면서 잡으라고 하는 경우라면 'catch the rope'가 맞지만, 이미 걸려 있는 로프를 그냥 잡는 것은 'grab the rope'라고 하고, 이미 잡고 있는 상태에서 놓지 말고 계속 잡고 있으라고 하는 뜻이라면 'hold on to the rope'라고 한다.

ex Everyone, **grab the rope**. We'll pull on the count of three.

모두들, 로프를 잡으세요. 셋을 세면 잡아당기는 겁니다.

CLOSE

동사 close의 기본 의미는 'close the door(문을 닫다)' 처럼 '닫다'이다. 그런데 미드에서 보면 door에 이어 close의 목적어로 가장 많이 사용되는 명사는 deal(거래 협상, 합의)과 case(사건)이다. 우리말에서는 '거래를 닫다', '사건을 닫다'라고 하지 않기 때문에 'close = 닫다'라고 단순하게 알고 있다면 원어민식 영어는 먼 일이 된다. 원어민들은 close를 어떻게 쓰는지 알아보자.

MP3 듣기

01 close a door
문을 닫다, 폐쇄하다

; a window, a lid, the shop, one's mouth...

동사 close의 기본적인 의미는 '닫다'이다. 문, 창문, 뚜껑 같은 것을 닫는다고 할 때는 close를 동사로 쓴다. door나 window의 경우는 '닫다'라는 뜻의 또 다른 동사인 shut을 써도 된다. 입(mouth)을 '다물다'라고 할 때는 close보다는 보통 shut(닫다)을 쓴다. 참고로 영업을 끝내고 '가게를 닫다'도 직역식으로 'close the shop'이라고 할 수 있지만, 'close up shop'이라는 표현을 더 많이 쓴다. 이 표현은 일시적으로 또는 영구적으로 장사를 그만 두는 경우에도 쓴다. "상점이 문을 닫았다."는 수동태로 "The store is closed."라고도 한다.

예시

Please close the door on your way out.
나가면서 문 좀 닫아 주세요.

Do you want me to **close the window**?
창문 닫아 드릴까요?

You have to **close the lid** tightly so animals don't get in.
(쓰레기통) 뚜껑을 꽉 닫아 놓아야 동물들이 들어가지 않습니다.

02 close an airport
공항을 폐쇄하다

; roads

close의 두 번째 기본 의미는 장소를 '폐쇄하다'이다. 따라서 '공항을 폐쇄하다'는 'close an airport'이다. 그런데 흔히 down을 붙여 'close down an airport' 또는 'close an airport down'이라고도 한다. close 대신에 shut(닫다)을 써서 'shut ~ down'이라고도 할 수 있다.

예시

It's snowing like crazy here, and they **closed the airport (down)**.
여기에 눈이 엄청 많이 와요. 공항을 폐쇄했어요.

They **closed the roads**. We'd best wait here until the storm lets up.
도로를 폐쇄했어요. 여기서 폭풍이 잠잠해질 때까지 기다리는 것이 낫겠어요.

03 close one's eyes
눈을 감다

---

close의 세 번째 기본 의미는 '눈을 감다'이다. shut도 쓸 수 있지만 mouth와 달리 eyes의 경우는 close를 절대적으로 더 많이 쓴다.

예시 **Close your eyes** and rest.
눈 감고 좀 쉬어요.

Now, relax. **Close your eyes**. Picture yourself on a beautiful beach.
자, 긴장을 푸세요. 눈을 감고요. 아름다운 해변에 있는 자신의 모습을 상상해 보세요.

04 close the blinds
블라인드를 내리다[치다]

커튼은 '닫다'라고도 하지만, 블라인드를 '내리다'라고도 한다. 굳이 이 둘을 각각 직역할 필요 없이, close만 써서 'close the curtains', 'close the blinds'라고 한다. 동사 shut를 써도 좋다. 같은 맥락에서 '블라인드를 올리다'는 'open the blinds'라고 한다.

예시 Can you **close the blinds** and turn off the light?
블라인드 치고 불 좀 꺼 주시겠어요?

05 close a deal
계약을 마무리하다, 계약을 맺다, 거래를 성사시키다

'계약을 마무리하다'는 직역식으로 'finalize a contract'라고 해도 아주 틀리지는 않다. 하지만 보다 일반적인 표현은 conclude(결론 내리다, 맺다)를 사용하여 'conclude a contract'라고 한다. 반면, 협상을 통해 계약을 맺는 것은 deal이라고 하는데, 이 경우 'conclude a deal'보다는 거의 대부분 close를 써서 'close a deal'이라고 한다.

예시 I'm going to do a final walk-through before **closing the deal**.
계약 맺기 선에 마시믹으로 집을 둘러봐야겠이.

★ a walk-through 구입할 집 인을 돌아다니며 점검하기

I just **closed a deal** on a used Volvo, which is in great condition.
방금 상태가 매우 좋은 중고 볼보 자동차 구매 계약을 체결했어요.

Since we agree on most important terms, let's try to **close the deal** today.

대부분의 중요한 조건에는 이의가 없으니까 오늘 중으로 계약을 맺읍시다.

He's in the middle of **closing a very important business deal**.

그는 지금 매우 중요한 사업 거래를 협상하고 있습니다.

06 close a case
사건을 종결하다

; an investigation…

경찰이 수사하는 사건(case)을 '종결하다'를 finish나 end를 쓰면 틀린다. case와 어울리는 동사는 close이다. '(~ 사건의) 수사를 종결하다'라는 관용 표현으로, 'close the book (on ~)' 또는 'close the file (on ~)'이라고도 한다. '수사(investigation)를 종결하다'도 마찬가지로 'close an investigation'이다.

예시
"Were you in charge of investigating the hit-and-run?" – "Yes, I **closed the case** two months ago."

"그 뺑소니 사고 수사를 담당하셨나요?" – "네, 두 달 전에 수사를 종결했습니다."

The police haven't officially **closed the case** yet, but they will soon. They don't have much to go on.

경찰이 아직 공식적으로 수사를 종결한 것은 아니지만 곧 그렇게 할 거야. 수사를 할 만한 단서가 없거든.

★ not have much to go on 수사할 만한 정보나 단서가 별로 없다

I heard the police are about to **close the investigation** into Ron's death. They're going to rule it a suicide.

경찰이 론의 사망 사건 수사를 종결할 거라고 하던데. 자살로 처리할 거라고.

07 close an account
계좌를 해지하다

계좌를 '해지하다'는 우리말만 보면 영어로 cancel(취소하다), end(끝내다) 같은 동사를 쓰기 쉽다. 그렇지만 정확한 동사는 close가 어울린다. 같은 맥락에서 계좌를 '개설하다'도 'open an account'라고 한다.

예시
I'm sorry to hear you want to **close your account** with us.

저희 은행 계좌를 해지하겠다고 하시니 안타깝네요.

He **closed his bank account** and skipped town.

그는 은행 계좌를 해지하고 이 지역을 떠났습니다.

★ skip town 지금 있는 지역을 몰래 떠나다

COVER

대부분 영어 학습자들은 동사 cover를 무엇을 '덮다', '가리다'라는 뜻으로만 사용한다. 그렇지만 원어민들은 그 외에 더 다양한 의미로 사용한다. 원어민이 아니면 제대로 쓰지 못하는 cover의 비밀을 벗겨 보자.

MP3 듣기

01 (mud) cover shoes

(진흙이) 신발을 덮다, 막다, 가리다

cover의 가장 대표적인 의미는 A가 B를 '덮다'이다. B의 종류에 따라 '(귀를) 막다', (눈을) 가리다'처럼 우리말 동사가 달라진다. 또 A가 사물인 경우에는 보통 수동태로 해서 'B is covered with/in/by A.(B가 A에 의하여 덮여 있다.)'의 형태로 쓰인다. 문맥에 따라 '(진흙이) 잔뜩 묻어 있다', '(얼굴이) 가려져 있다'처럼 우리말 동사 선택이 달라진다.

위와 같은 cover의 기본 의미는 비유적으로 사용되어 무엇을 '숨기다'라는 의미로도 쓰인다. 가령, 'cover one's tracks(자신의 자취를 덮다)'는 '범죄나 과실의 증거를 없애다'라는 의미가 되고 'cover ~ up'의 형태로 '(범죄나 사실)을 은폐하다'라는 뜻으로도 쓰인다.

예시

We found a pair of **sneakers covered in**[=with] mud and wrapped in newspaper.

우리는 진흙으로 뒤덮여서 신문지에 싸인 운동화 한 켤레를 발견했습니다.

You aren't listening to me. It's like you're **covering your ears** and pretending not to hear anything.

당신은 내 말을 듣지 않고 있어요. 마치 귀를 막고 아무것도 안 들리는 척하고 있다고요.

Cover your mouth when you cough.

기침할 때는 입을 가려 주세요.

Cover your eyes and no peeking!

눈을 가리고 몰래 보기 없기예요!

02 cover 8 miles

8마일을 (타고/걸어) 가다

무엇을 '덮다'라는 뜻 외에 원어민들은 하이킹할 때나 자전거나 자동차로 여행할 때 얼마만큼의 거리를 '가다'라는 의미로 cover를 사용한다. 이 경우 목적어는 miles, kilometers와 같은 거리 단위나 trail(등산로), route(경로), distance(거리) 같은 정해진 구간을 가리키는 명사가 된다.

예시

The bike tour was a lot of fun. We **covered 10 miles**, and it took four hours.

자전거 투어는 매우 재미있었습니다. 총 10마일을 탔고 시간은 4시간이 걸렸습니다.

All right. Everyone, let's get going. We've got **a lot of miles to cover**. I want to get there before dark.

자, 여러분, 출발합시다. 갈 길이 멀어요. 어두워지기 전에 도착해야지요.

The trail to the top wasn't very challenging. We **covered it** in less than 4 hours.

정상까지 가는 등산로는 그렇게 힘들지 않았습니다. 4시간 못 미쳐서 정상에 도달했습니다.

03 cover ground
(어떤 범위의) 지역을 수색하다, (어떤 범위의) 일을 하다, 내용을 논의하다

cover는 ground와 어울려 어떤 범위의 지역을 '수색하다'라는 뜻으로도 쓰인다. 비유적으로는 '어떤 범위의 일/작업/논의를 하다'라는 의미로도 쓸 수도 있다.

예시 If we split up, we can **cover more ground**.

우리가 몇 개 팀으로 쪼개서 하면 훨씬 많은 지역을 수색할 수 있습니다.

We've got **a lot of ground** to **cover**. So, let's get started.

오늘 해야 할 내용이 많아요. 그러니 바로 시작하겠습니다.

This is a very broad topic, and I think we've **covered enough ground** for one day. Let's schedule our next meeting for Friday, at 10:30 a.m.

이것은 매우 범위가 넓은 주제입니다. 오늘 하루 회의 치고는 충분한 내용을 논의한 것 같습니다. 다음 회의는 금요일 오전 10시 30분에 하지요.

04 cover damage
손실에 보험이 적용되다

; a surgery...

보험(insurance)을 주어로 할 경우, cover는 damage(손실), a surgery(수술) 같은 명사를 목적어로 해서 어떤 손실이나 의료 행위에 대하여 '보상을 해 주다' 또는 그런 것들에 '보험이 적용되다'라는 뜻이 된다.

예시 "I'm sorry I wrecked the car." – "Don't sweat it. Our insurance will **cover the damage**. The most important thing is you weren't hurt."

"차를 크게 망가뜨려서 죄송해요." – "걱정하지 마세요. 차량 피해는 우리 보험에서 보상이 되니까요. 가장 중요한 것은 당신이 다치지 않았다는 거죠."

"**The surgery** is incredibly expensive, and our insurance won't **cover it**." – "I can ask Dad for help. Or we can take out a loan."

"엄청난 비용이 들어가는 수술인데, 우리 보험은 적용이 안 돼." – "아빠에게 도움을 청해 볼게. 아니면 대출을 받거나."

05 cover expenses
비용을 내다/내 주다, 비용을 내기에 충분하다

; a fee, rent...

expenses(비용), a fee(서비스 수수료), rent(월세) 등 지불해야 할 것들이 cover와 어울려 쓰이면 누가 그런 비용을 '내 주다' 또는 수중에 있는 돈이 비용을 '충당하다'라는 의미가 된다.

예시

Dad has offered to cover Bill's medical expenses, but Brian turned it down.

아버지가 빌의 의료 비용을 내 주겠다고 하셨는데, 브라이언이 거절했어요.

★ turn ~ down[=refuse, decline] (제안/초청 등을) 거절하다

Please, don't fire me. I need this job to cover my rent and pay for my child's medical expenses.

제발 저를 해고하지 말아 주세요. 월세를 내고 아이 의료 비용을 지불하려면 이 직장이 필요해요.

"The fee is $75, and they only take cash. How much cash do you have on you?" – "I've got 43 bucks, not enough to cover the fee."

"수수료가 75달러인데, 현금만 받는대. 너 수중에 얼마 있니?" – "43달러 있는데, 수수료 낼 돈은 안 돼."

06 cover a story
기삿거리를 취재하다

cover는 어떤 것을 '취재하다'라는 뜻으로도 쓰이는데, 이 경우 cover와 어울리는 명사는 a story(기사 내용)나 an even(행사), an accident(사고) 같은 취재 대상이 된다.

예시

I'm looking to cover the story from a human interest angle. I want to tell the readers how the tragedy has impacted the local residents and how they are fighting to recover from it.

저는 그 기사를 공감 기사 시각에서 취재하려고 합니다. 독자들에게 이 비극적 사건이 지역민들에게 어떤 영향을 미쳤으며, 지역민들이 그 충격을 극복하기 위하여 어떤 노력을 하는지 알려 주려고 합니다.

★ fight to ~ ~하려고 고군분투하다

I'm coming to Boston next week to cover a fund-raising event. You want to meet up while I'm there?

다음 주에 기금 모금 행사를 취재하기 위해 보스턴에 갈 거야. 내가 거기 있는 동안 얼굴 좀 볼까?

CROSS

많은 영어 학습자들은 영어 동사 cross를 무엇을 '넘다', '건너다'라는 의미로만 알고 있다. 그러다 보니 cross의 목적어로 쓰는 명사도 강(river), 다리(bridge), 선(line) 같은 지형이나 도형과 관련된 단어들에 국한된다. 그렇지만 원어민들은 cross의 목적어로 father(아버지), her(그녀) 같은 사람이나 mind(마음) 같은 추상명사도 사용한다. 어떤 맥락에서 cross가 이런 명사들과 어울려 쓰이는지 알아보자.

MP3 듣기

01 cross a bridge
다리를 건너다

---

cross의 첫 번째 기본 의미는 a bridge(다리)나 a river(강), a sea(바다), a street(길) 같은 구조물이나 지형을 '건너다'이다. 같은 의미로 across라는 부사를 써서 'go/come/travel across ~(~을 건너가다/오다/여행하다)'라고 할 수도 있다.

예시
The **bridge** is partially destroyed by the hurricane. We can't risk **crossing**[=going across] **it**.

그 다리는 태풍으로 부분적으로 파손되었습니다. 그 다리를 건너는 것은 위험합니다.

★ risk -ing ~하는 위험을 감수하다

The refugees **crossed**[=came across] **the sea** from Africa in wooden rafts.

그 난민들은 나무 뗏목을 타고 아프리카에서 바다를 건너 왔습니다.

02 cross a parking lot
주차장을 가로질러 가다[오다]

---

cross의 또 다른 기본 의미는 parking lot(주차장), park(공원), field(들판) 등을 '가로질러 가다', '가로질러 오다'이다. park나 field의 경우에는 'cut across ~'라고 해도 같은 의미가 된다.

참고로 'cross paths with ~(~와 길을 서로 가로지르다)', 'cross ~'s path(~의 길을 가로지르다)'는 '~와 우연히 만나다/마주치다'라는 뜻으로 쓴다. 가령, "전에 그 사람과 우연히 만난 적이 있어."라고 하려면 "I've crossed paths with him before."라고 한다.

예시
I saw Charles **crossing the parking lot** and enter the opposite building.

저는 찰스가 주차장을 가로질러 반대편 건물로 들어가는 것을 봤습니다.

Let's **cross**[=cut across] **the park** at 98th. That'll save us time.

98번가에서 공원을 가로질러 가자. 그러면 시간이 절약될 거야.

03 cross a threshold
문턱을 넘다

cross의 기본 의미 중 하나는 a threshold(문턱)이나 a line(선), a border(국경) 같은 boundary(경계선)를 '넘다'이다. 특히, 'cross the line(선을 넘다)'은 일상 영어에서 '지나친 행동이나 말을 하다'라는 관용적 의미로 빈번하게 사용된다.

예시

She's on the verge of crossing the threshold into adulthood.
그녀는 곧 성인이 되는 문턱을 넘어갈 나이입니다.

★ on the verge of -ing ~하기 직전인

I know your intentions were good, but you went too far. You crossed the line and put lives at risk.
좋은 의도로 그런 것은 알지만 행동이 지나쳤어요. 넘지 말아야 할 선을 넘어서 사람들을 위험에 빠뜨렸어요.

★ go too far 언행이 지나치다 / put – at risk ~을 위험에 빠뜨리다

04 cross someone
~의 심기를 건드리다

미드에서 흔히 cross 뒤에 사람을 목적어로 넣어 누구의 '심기를 건드리다'라는 뜻으로도 많이 쓰인다.

예시

I'm warning you. You'd better not cross me again, or I'll make you pay for it.
경고하는데. 다시는 내 심기를 건드리지 마. 그랬다간 톡톡한 대가를 치르게 만들 테니까.

Jonny is a ruthless man. No one would dare cross him to help you.
조니는 인정사정없는 사람이야. 너를 돕자고 감히 그의 심기를 건드릴 사람은 아무도 없어.

05 cross one's mind
어떤 생각을 하다

'A cross B's mind(A가 B의 마음을 가로질러 가다)'라고 하면 'A라는 생각이 B에게 떠오르다', 'B가 A라는 생각을 하다'라는 뜻이 된다. 또는 가주어 it를 사용해서 'It crossed my mind to ~', 'It crossed my mind that ~' 형태로 '~라는 생각을 해 봤다'라고 할 수도 있다.

예시

"Maybe we're chasing down the wrong guy." – "That thought crossed my mind, too."

"혹시 우리가 엉뚱한 사람을 추적하고 있을 수도 있어." – "나도 그런 생각을 해 봤어."

★ chase ~ down ~을 추적하다

"I know you have a crush on Sally. Did it ever cross your mind to ask her out?" – "Sure, many times, but I couldn't get up the courage to."

"네가 샐리를 좋아하는 거 알아. 데이트 신청해 볼 생각은 해 봤어?" – "물론, 여러 번. 그런데 그럴 용기가 나질 않았어."

★ have a crush on ~ ~에 반하다, 짝사랑하다 / get up the courage to ~ ~할 용기를 내다

It crossed my mind that Brian would be very upset about all this, but I have to look out for my best interests.

브라이언이 이 일에 대하여 매우 언짢아 할 거라는 생각은 했지만, 나의 최선의 이익부터 챙겨야지.

★ look out for ~ ~을 보호하다

어색한 콜로케이션

담장을 넘다

cross a fence (X)
go/climb/jump over a fence (O)

line(선)이나 threshold(문턱) 같은 것을 '넘다'고 할 때만 cross를 쓰고, 담장(fence)나 벽(wall) 같은 키 높은 구조물을 '넘는'는 'go/climb/jump over ~'라고 해야 한다.

ex **Do you think we can climb over the wall?**
우리가 저 벽을 넘어갈 수 있을까?

My shirt got snagged when I jumped over the fence.
담장을 뛰어 넘을 때 셔츠가 담장에 걸렸어요.

CUT

대부분 동사 cut을 '자르다'로만 알고 있는데, 원어민들은 다른 맥락에서도 다양하게 사용한다. 타동사, 자동사 둘 다 많이 쓰이므로 의미를 잘 알아 둬야 한다. cut을 '자르다'로만 알고 있으면 접근할 수 없는 cut의 다양한 쓰임새를 알아보자.

MP3 듣기

01 cut a cake
케이크를 자르다

; one's hair, crusts…

우리말의 무엇을 '자르다'는 영어 동사 cut과 일치한다. 목적어는 자를 수 있는 명사라면 대부분 사용할 수 있다. 다만, '내 머리카락을 자르다'의 경우, 주어가 I가 되면 내가 내 머리를 자르는 상황이 된다. 미용실에서 다른 사람이 머리를 잘라 주는 경우에는 "He cut my hair.(그가 내 머리를 잘랐다.)" 또는 "I got my hair cut (by him).((그 사람에 의하여) 내 머리가 잘리게 했다.)"이라고 표현해야 한다.

예시

Okay, everyone. It's time to **cut the cake**.
자, 여러분. 케이크 자를 시간이에요.

Where do you **get your hair cut**?
머리는 어디서 자르세요?

He always **cuts the crusts** off his sandwiches.
그는 샌드위치 빵의 껍질을 항상 잘라내고 먹습니다.

02 cut ties
관계를 끊다

; a check, the power…

우리말에서 인연(ties)을 '끊다'라고 할 때, 영어에서도 cut을 쓴다. 다만, '관계'라는 뜻의 일반적 명사인 relationship에는 cut 대신 end를 쓴다. cut은 '유대 관계'를 뜻하는 ties와 함께 쓸 수 있다. '끊다'라는 의미의 cut과 어울리는 표현은 'cut a check(수표를 끊다)', 'cut ~ a check (~에게 수표를 끊어 주다)', 'cut the power to ~(~에 전원 공급을 끊다)' 등이 있다.

예시

I want to **cut all ties** with him. I don't want to have anything to do with him anymore.
나는 그와의 모든 관계를 끊고 싶어요. 더 이상 그와 얽히는 어떤 것도 원하지 않습니다.

★ not have anything to do with ~   ~와 관계가 없다

Here's the deal Jack and I agreed to. I **cut him a check** for $50,000, and he'll be out of our lives for good.
잭과 내가 합의한 내용은 이렇습니다. 내가 그에게 5만 달러짜리 수표를 주면, 그는 영원히 우리 인생에서 사라지기로 했어요.

Somebody **cut the power** to the security system before breaking into the house.
누군가가 집에 침입하기 전에 보안 장치 전원을 끊었습니다.

03 cut funding
기금을 삭감하다

; budget...

우리말에서 예산이나 자금 지원 등을 '삭감하다'라고 할 때도 cut을 쓴다. 이런 의미에서 cut과 어울리는 명사로는 funding(자금), budget(예산) 등이 있다.

예시

The city council **cut the funding** for the festival.
시 의회가 축제 지원금을 삭감했습니다.

The board **cut our marketing budget** by 20 percent.
이사회가 마케팅 비용을 20% 삭감했습니다.

04 cut one's hand
손을 베이다

; one's finger...

우리말에서는 손을 '베이다'라고 피동형을 쓰지만 영어에서는 "I cut my hand.(내가 내 손을 베었다.)"라고 한다. 직역 의미를 보면 일부러 벤 것처럼 읽혀지지만 사고로 베인 경우에도 그렇게 말한다. 만약 뒤에 off를 붙여서 "I cut my hand off."라고 하면 "내가 내 손을 절단했다."가 되므로 주의해야 한다.

예시

"Are you hurt?" – "I just **cut my hand** a little. Not a big deal."
"다쳤어요?" – "손을 조금 베었을 뿐이에요. 별일 아니에요."

I **cut my finger** on the corkscrew. It's bleeding.
코르크 마개 따개에 손가락을 베었어요. 피가 나요.

05 cut to ~
(바로) ~으로 가다

cut은 자동사로 칼로 자르듯 직선으로, 또는 갑자기 어디로 '가다', '움직이다'라는 의미가 있다. 가령, TV 방송 도중에 "Cut to commercial."이라고 하면 "광고 방송으로 넘어갑니다."라는 뜻이다. 'go to ~(~로 가다)'와 비슷하지만 갑자기 장면이 바뀌는 뉘앙스가 추가되어 있다. 관용 표현 'cut to the chase'는 영화에서 '추적 장면(chase)으로 바로 넘어가다'에서 유래되어 토론이나 대화에서 '핵심 본론으로 넘어가다'라는 뜻으로 쓰인다.

예시

"We carefully weighed the pros and cons. Also..." – "Can you just **cut to the chase**? Do we have a deal or not?"
"우리는 (이 사안의) 장단점을 면밀히 검토했습니다. 또한…" – "그냥 바로 본론으로 들어가면 안 될까요? 합의를 할 겁니까 말 겁니까?"

★ weigh ~ ~을 저울에 달듯 심사숙고하다

I'll **cut** right **to the chase**. I'm afraid we're going to have to let you go.

본론을 바로 말하겠네. 안된 일이지만 자네를 내보내야겠네.

★ let ~ go[=fire ~] ~을 해고하다

06 cut through[across] (~)

(~을) 통과해[가로질러] 가다

앞서 'cut to ~'에 이어 to 대신 through, across와 같은 전치사를 붙이면 어떻게 움직이는지를 묘사할 수 있다. 공원을 통과해 가는 것은 'cut through the park'라고 하고, 들판을 가로질러 가는 것은 'cut across the field'라고 한다.

예시
I commute to work on foot, and I usually **cut through the park**.

저는 걸어서 출퇴근을 하는데 보통 공원을 통과해서 다닙니다.

"How did you get here before us?" – "I **cut across the field**."

"어떻게 우리보다 먼저 왔지?" – "들판을 가로질러 왔거든."

07 cut costs

비용을 줄이다, 비용을 절감하다

; expenses...

'비용(cost)을 줄이다'라는 말을 직역해서 영어로 하면 'reduce costs'가 되는데, 틀린 표현은 아니지만 뉴스 같은 문어체에서 주로 쓰고, 일반 대화에서는 거의 쓰지 않는다. 보통은 reduce 대신 cut을 쓴다. 이런 맥락에서 cut은 expenses(비용), spending(지출) 등과 어울려 쓰인다. cut 대신에 'cut back on ~'이라는 표현을 사용해서 'cut back on expenses'처럼 표현할 수도 있다.

예시
It's a bad idea to **cut costs** when it comes to getting insurance for your business.

기업 활동에 대한 보험을 드는 데 쓰이는 비용을 아끼는 것은 좋은 생각이 아닙니다.

★ when it comes to ~ ~에 관한 한

The company is in belt-tightening mode. It's **cutting expenses** and downsizing its global operations.

그 회사는 긴축 모드에 돌입했습니다. 경비를 줄이고 해외 사업 규모를 줄이고 있습니다.

08 cut a price
가격을 내리다

앞선 '비용을 줄이다', '비용을 절감하다'라는 뜻에서 연장되어 '가격을 내리다'라는 표현도 cut으로 할 수 있다. 'cut a price'라고 하면 '가격을 내리다'라는 뜻이다.

예시
We just **cut**[=lowered] **the price** on this model by 30 percent. And it's on sale for an additional 10 percent off.
이 모델은 얼마 전에 가격을 30% 내렸습니다. 게다가 지금 추가 10% 세일을 하고 있습니다.

Why don't we **cut**[=lowered] **prices** to boost sales?
판매를 촉진하기 위해서 가격을 내리면 어떨까요?

09 cut class
수업을 빼먹다

; school...

우리말에서는 '수업(class)을 빼먹다'라고 하지만, 영어에서는 cut으로 표현한다. '학교를 빼먹다'도 'cut school'이라고 한다. 같은 의미로 cut 대신 skip을 쓸 수도 있다.

예시
I can't **cut class** right now. I've got finals coming up.
지금 수업을 빼먹을 순 없어. 곧 기말시험 기간이니까.

Mrs. Baker called and told me you **cut her class**.
베이커 선생님이 전화해서 네가 오늘 선생님 수업에 안 왔다고 하던데.

"What are you doing here at this hour? Are you **cutting school**?" – "No. School is out today."
"이 시간에 왜 여기 와 있는 거야? 학교 빼먹은 거야?" – "아니. 오늘 임시 휴교일이야."

10 cut a deal (with ~)

(~와) 거래에 합의하다

누구와 협상을 통해 '거래(deal)에 합의하다'는 직역하면 'agree to a deal'이라고 해도 된다. 그렇지만 일반 대화에서는 보통 cut을 써서 'cut a deal'이라고 한다. 일반 대화에서 cut보다는 덜 쓰이지만 'strike a deal'이라고 할 수도 있다.

이 표현은 'cut ~ a deal'의 형태로도 쓰이는데, 'cut a deal with ~'와 비교했을 때 주어인 주체가 우월한 입장에서 거래 합의를 해주는 느낌이 있다.

예시 **How about we cut[=strike] a deal?** You don't press charges against me, and I won't tell anyone about your true identity.

우리 거래를 하는 것이 어때요? 당신은 나를 고소하지 않고, 나는 당신 정체에 대하여 입 다물고.

★ press charges against ~ ~을 고소하다

Relax. You're not going to jail. I **cut[=struck] a deal with** the prosecutor. He agreed to let you get off with just community service.

걱정하지 마세요. 감옥에 가지 않을 테니. 검사와 형량 협상을 했어요. 지역 봉사 활동을 하는 것으로 당신에 대한 처벌을 끝내는 데 동의했습니다.

★ get off (저벌을) 면하다

The DA says he'll **cut you a deal** and reduced the charges if you surrender yourself and the cash.

담당 검사가 당신이 자수하고 현금을 자진 반납하면 거래 합의를 해 줘서 형량을 낮춰 주겠다고 합니다.

11 cut someone a break

~을 봐주다

; some slack, a deal, a check...

원어민들은 cut을 give처럼 'cut A B(A에게 B를 주다)'의 형태로도 쓴다. 이런 의미의 cut과 어울리는 명사는 한정되어 있다. 먼저 우리말에서는 '관대하게 대하다'라는 의미로 누구를 '봐주다'라고 하는데, 영어에서 '봐주기'는 a break로, '~을 봐주다'는 'cut ~ a break'라고 한다. 'cut ~ a break'와 거의 같은 의미로 slack(느슨함)이라는 명사를 써서 'cut ~ some slack'이라고도 하며, 사용 빈도가 더 높다.

> ▶ 위에서 설명한 'cut ~ a deal(~에게 거래 합의를 해 주다)'이라는 표현에서 cut도 '주다'라는 의미로 쓰인 예이다. 또 '~에게 수표를 끊어 주다'도 'cut ~ a check'이라고 한다.

예시 "It's all your fault. You ruined everything." – "Oh, **cut me a break**, will you? You're the one who came up with the idea in the first place."

"모든 것이 다 네 잘못이야. 네가 다 망쳤어." – "아, 그만 좀 할래? 애초에 이 아이디어를 낸 사람이 너잖아."

"I don't like Steve. He's rude and obnoxious." – "Why don't you **cut him some slack**? His bark is worse than his bite. He's a good man at heart."

"난 스티브가 마음에 안 들어요. 무례하고 매우 불쾌한 사람이에요." – "그렇게 나쁘게만 보지 말아요. 겉으로만 사납게 보이지 안 그래요. 속은 착한 사람이라고요."

12 cut one's losses
(지금까지의 손해를 감수하고) 손을 떼다

우리말에서는 '손해(losses)'를 '자르다(cut)'라고 하지 않지만, 영어에서는 가능한 조합이다. 지금까지 손해 본 것을 감수하고 더 이상 손해를 입지 않기 위하여 어떤 일에서 '손을 떼다'는 뜻으로 쓴다.

예시 **This business is a money pit, and it has zero chance of being profitable. We'd best cut our losses and move on.**

이 사업은 돈 먹는 하마인데다 순익을 낼 가능성도 전혀 없어요. 지금까지 손해를 감수하고 사업에서 손 떼고 다른 일에 신경 쓰는 것이 좋겠어요.

★ have zero chance of ~ ~할 가능성이 제로이다

The soccer club has decided to cut their losses and offload him after the season.

그 축구 클럽은 이번 시즌이 끝나면 손해를 감수하고 그를 방출하기로 결정했습니다.

13 cut the act
어떤 척하는 것을 그만두다

; the sarcasm, the small talk, the chitchat...

우리말에서는 '그 행동을 잘라라'라고 하지 않지만, 영어에서는 cut이 act를 목적어로 받아서 '어떤 척하는 것을 그만두다(=stop pretending)'라는 뜻을 표현한다. 예를 들어, 친구와 꾀병을 부리기로 하고 선생님 앞에서 아픈 척을 하다가, 선생님이 자리를 떠났는데도 친구가 계속 아픈 흉내를 낼 때 "그만 해."라는 뜻으로 "Cut the act."라고 할 수 있다. 또, 사실을 알고 있는데도 상대방이 모른 척하는 경우에도 "Cut the act."라고 말할 수 있다. 이런 맥락에서 cut과 자주 어울리는 다른 명사로는 sarcasm(빈정거림), small talk/chitchat(잡담, 한담) 등이 있다. 또, 미드를 보면 속어로 "Cut the crap."이라는 표현도 자주 들리는데, "(말로) 개수작 부리지 마." 정도에 해당하는 표현이다.

Hey, **cut the act**. Nobody's looking.

야, 그만 해. 아무도 보는 사람 없어.

"Coming from you, that's a big compliment." – "**Cut the sarcasm**. I really think you've got a real talent for this kind of work."

"당신이 그런 말을 해 주다니, 엄청난 찬사군요." – "그렇게 빈정대는 투로 말하지 마요. 난 정말 당신이 이런 일에 특별한 재주가 있다고 생각한다고요."

★ have a real talent for ~ ~에 정말 재주가 있다

Let's **cut the small talk** and get to the point.

한담은 집어치우고 핵심 이야기를 합시다.

Why don't we **cut the chitchat** and get down to business?

쓸데없는 잡담은 그만두고 바로 용건을 이야기하는 게 어때요?

14 cut a trip short
여행을 중단하다

; one's honeymoon, a meeting, an evening...

여행(trip)을 도중에 '중단하다'라는 말을 영어로 표현할 때 stop 같은 동사를 쓰면 엉터리 영어가 된다. 대신에 cut을 써서 'cut the trip short'라고 한다. trip뿐만 아니라 one's honeymoon(신혼여행), a meeting(회의), an evening(저녁 모임, 식사), a conversation(대화) 같은 명사가 'cut ~ short'의 목적어로 자주 쓰인다.

I hope you didn't have to **cut your trip short** for me.

저 때문에 여행을 중도에 그만두고 오신 것이 아니었으면 좋겠네요.

We planned to stay four nights at the hotel, but the bad weather **cut our trip short**.

그 호텔에서 4박을 할 예정이었는데 날씨가 나빠서 여정을 일찍 끝냈습니다.

I'm sorry to say this, but I'm afraid I have to **cut our evening short**. Something's come up at work.

이런 말하게 되어 미안한데요, 오늘 저녁 나들이를 일찍 끝내야 할 것 같네요. 직장에 급한 일이 생겨서요.

15 cut someone out (of ~)

~에서 -을 제외하다

← cut someone in (on ~)

우리말에서 '(사람을) 자르다'라는 표현은 '해고하다'의 속어적인 의미이지만, 영어 cut은 속어가 아니어도 사람을 목적어로 쓰는 경우가 많다. 보통 〈cut+사람〉 뒤에 전치사나 부사를 붙여 의미를 표현하는데, 'cut A out of B'라고 하면 '사람 A를 B에서 제외하다'라는 뜻이 된다. 반대로 '(~한 거래에) -을 끼워 주다'는 'cut someone in (on ~)'이라고 한다.

> ▶ 그 외에도 cut 뒤에 사람을 쓰는 경우로 'cut ~ off'가 있는데, '말을 가로막다(interrupt)' 라는 뜻이다. 가령, "조금 전에 말씀하시는 것을 막아서 죄송합니다."는 "I'm sorry for cutting you off earlier."라고 한다.

예시

I can't believe you tried to **cut me out of** the deal. I thought you were my friend, but you're only interested in looking out for yourself.

네가 나를 거래에서 제외시키려고 했다니 믿어지지가 않는다. 난 네가 내 친구인 줄 알았는데, 넌 자신의 이익을 챙기는 데만 관심 있어.

My grandfather **cut me out of** his will. That means when he dies I get nothing.

할아버지가 유언장에서 나를 제외시키셨어. 할아버지가 돌아가시면 나는 한 푼도 못 받게 된 거지.

I want your word that if I broker this deal you're going to **cut me in on** the profit.

내가 이 거래를 중재해 준다면 이익금 분배에 나를 끼워 주겠다고 약속해 주세요.

16 not cut it

충분하지 않다, 성공할 자질이 없다

우리말에서 '그것(it)을 자르다'라고 하면 특별한 뜻이 없지만, 영어에선 'cut it'은 관용 표현으로 '충분하다', '능력이 있다'라는 뜻으로 쓰인다. 보통은 부정어 not을 붙여서 '충분하지 않다', '능력이 안 되다'라는 의미로 쓴다.

예시

'Sorry' does**n't cut it**. You have no idea what I've been through because of you.

'죄송하다'라는 말로는 넘어갈 수 없어요. 당신 때문에 내가 어떤 일을 겪었는지 당신은 몰라요.

There were times when I thought I could**n't cut it** as a cop. But here I am, the new police chief.

내가 경찰로서 능력이 안 된다고 생각한 적이 여러 번 있었어요. 그런데 지금 날 보세요. 신임 경찰서장이 되었잖아요.

사람을 자르다, 해고하다

cut someone (X)
fire someone / let someone go /
give someone the boot (O)

우리말에서 '해고하다'라는 뜻으로 사람을 '자르다'라고 하는데, 영어로 직역해서 'cut someone'이라고 하면 엉터리 영어가 된다. 일상 영어에서 '해고하다'라는 뜻으로 가장 많이 쓰는 동사는 fire이고, 좀 순화된 표현으로 'let ~ go(~을 가게 하다, 내보내다)', 장화 신은 발로 차는 것을 연상시키는 'give ~ the boot'라는 표현도 있다. 'give ~ the boot'의 경우 연인, 부부 간에 상대방을 '버리다'라는 뜻으로도 쓰인다.

ex I **fired Bill** today. His sales numbers were way below average.
오늘 빌을 해고했어요. 빌의 영업 실적이 평균치를 훨씬 밑돌아서요.

★ way 훨씬

I have a feeling (that) they might **let me go** once the project is over.
프로젝트가 끝나면 나를 내보낼 것 같은 느낌이에요.

(사는 사람이) 가격을 깎다

cut the price (X)
negotiate the price (O)

'cut the price' 자체는 틀린 표현이 아니다. 그렇지만 이 표현은 판매자가 판매 가격을 '낮추다'라는 뜻이다. 물건을 사는 사람이 가격을 '깎다'고 할 때 cut을 쓰면 엉터리 영어가 된다. 이런 맥락에서는 negotiate(협상하다)라는 동사를 써야 한다. 판매자에게 가격을 깎아 줄 수 있냐고 물어 볼 때는 "Can you come down on the price?"라고 한다. 이 표현을 써서 'get ~ to come down on the price(~로 하여금 가격을 깎아 주게 하다)' 식으로 표현해도 사는 사람 입장에서 가격을 깎으려 흥정하는 것이 된다.

ex I tried to **negotiate the price**, but the owner insisted she couldn't go lower on the price.
가격을 깎아 보려 했는데, 집주인이 가격을 절대 낮출 수 없다고 했습니다.

I tried to **get him to come down on the price**, but he wouldn't budge.
그 사람을 상대로 가격을 깎아 보려 했지만 그는 전혀 양보하지 않았습니다.

술[담배]를 끊다

cut drinking[smoking] (X)

**quit drinking[smoking] /
give up drinking[smoking]** (O)

우리말에서는 술이나 담배를 '끊다'라고 하는데, 이를 직역해서 cut을 쓰면 틀린다. 대신 quit(중단하다)이나 'give up ~(~을 그만두다)'을 쓴다. '술을 끊다'는 'quit drinking'이라고만 해도 되고, '커피를 끊다'라고 할 때는 'quit drinking coffee'라고 한다.

ex "You want to join me for a night cap?" – "No. I **quit drinking**."
"밤 술 한잔하고 갈래?" – "아니. 술 끊었어."

"You want a smoke?" – "No. I'm trying to **give up smoking**. Doctor's order."
"담배 한 대 할래요?" – "아니요, 담배를 끊으려고 하는 중이에요. 의사의 지시예요."

전화를 끊다

cut the call (X)

hang up / disconnect the call (O)

우리말에서는 전화를 '끊다'라고 하는데, 이를 직역해서 cut이라고 하면 엉터리 영어가 된다. 이 경우 우리말과 가장 가까운 표현은 disconnect(연결을 끊다)라는 동사이고, 보통은 'hang up'이라는 표현을 쓴다.

ex Please don't **hang up** on me, or don't put me on hold. I really need to talk to you.
제발 전화를 끊지 말아요. 통화 대기로 돌려 놓지도 말고, 당신에게 정말 할 말이 있어요.

★ put ~ on hold ~을 통화 대기 상태로 해 놓다

I can't believe it. She just **disconnected my call**.
이럴 수가. 그녀가 전화를 끊어 버렸어요.

표를 끊다

cut a ticket (X)

buy a ticket (O)

우리말로는 표를 '끊다'라고 하지만, 영어로는 cut을 쓰면 안 되고 buy(사다)를 써야 한다.

ex I just have enough money to **buy a train ticket** home.
집에 갈 기차표를 끊을 돈 밖에 없어요.

| 관계를 끊다 | cut a relationship (X) |
| | **end a relationship / cut ties** (O) |

우리말로는 '관계(relationship)를 끊다'라고 하는데, 영어로는 'cut a relationship'이 아니라 'cut off a relationship'이라고 하기는 하지만, 잘 쓰지 않는다. 대신에 end(끝내다)라는 동사를 쓴다. relationship 대신에 ties(연줄)라는 명사로 바꾸어 'cut ties'라고 할 수도 있다.

ex You must **end your relationship** with TACON immediately if you want to continue to work with us. You can't play both sides.

우리와 계속해서 같이 일하고 싶다면 당장 테이콘과의 관계는 끊어야 합니다. 양다리를 걸치는 것은 안 됩니다.

★ play both sides 양다리 걸치다

86

DO

do의 기본 의미는 '하다'로, 우리말의 동사 '하다'와 유사하다. 그렇지만 우리말의 '하다'와 어울리는 명사를 그대로 쓰면 영어에서 틀릴 때도 있고, 반대로 우리말의 '하다'와 어울리지 않은 명사가 쓰일 때도 있다. 우리말에 없는 'do+명사' 조합을 제대로 익혀 원어민식 표현을 구사해 보자.

MP3 듣기

01 do homework[research]
숙제[연구]하다

우리말의 동사 '하다'와 영어의 동사 do가 같은 명사를 목적어로 쓰는 대표적인 예시이다.
다만 research는 영어에서는 '학술적 연구' 외에 일반적인 '정보 검색'을 뜻하는 의미로도
자주 쓰인다.

예시
I can't go because I have to do homework.
숙제해야 해서 갈 수 없어.

I did research online and found this place.
인터넷에서 정보 검색을 해서 이 장소를 찾아냈어.

I did some research on him and found out he has a record.
그 사람에 대하여 조사를 좀 해 봤는데 전과가 있더군요.

02 do surgery
(의사가) 수술하다

우리말의 '수술+하다'의 조합과 영어 조합이 일치하는 경우인데, do 외에도 perform(시
행하다)이라는 동사도 쓸 수 있다. perform은 전문적인 느낌이 있고, do는 캐주얼한 뉘앙
스가 있다. surgery는 보통 a나 an을 붙이지 않고 셀 수 없는 물질명사로 쓴다. 그렇지만
C-section(제왕 절개 수술) 같이 특정한 이름의 수술의 경우에는 'do a C-section'처
럼 a를 붙여 쓴다.

> ▶ 참고로 환자 입장에서 수술을 '받다'라는 표현에 receive(받다)를 쓰면 틀린다. receive
> 는 '주고받다'라는 맥락에서 쓰는 동사이기 때문이다. surgery(수술)는 캐주얼하게는
> get/have, 문어체적으로는 undergo라는 동사를 써서 '받다'를 표현한다.

예시
We have to do surgery to know for sure.
확실하게 알려면 수술을 해 봐야 합니다.

**Dr. Hayward is going to do the surgery. He's one of the best
surgeons around. Your wife is in good hands.**
헤이워드 박사가 수술을 집도하실 겁니다. 이 지역에서 가장 유능한 외과의 중 한 분이시죠. 아내분 수술을 잘
해 주실 겁니다.

★ in good hands 매우 유능한 사람이 일을 맡은

If this is premature labor, we can do a C-section.
조산인 경우에는 제왕 절개술을 시행할 수 있습니다.

참고
He got surgery in the off-season.
그는 오프 시즌 기간 동안에 수술을 받았어요.

03 do drugs
마약하다

미드를 보면 흔히 접하는 표현으로, 보통 약을 '먹다'는 take를 쓰지만 마약의 경우는 우리 말처럼 do(하다)를 사용한다. 마약을 복용한 상태는 'on drugs'라고 한다. 우리말에서 제 정신이냐는 의미로 "너 (마)약 먹었니?"라고 하는 경우가 있는데, 영어에서도 똑같이 "Are you on drugs?"라고 한다.

예시

I don't **do drugs**. 저는 마약을 하지 않습니다.

04 do lunch[dinner]
(누구와 같이) 점심[저녁]을 먹다

우리말과 영어가 묘하게 맞아 떨어지는 경우 중 하나이다. 일반적으로 점심이나 저녁을 '먹다'는 'eat lunch', 'have lunch'와 같이 eat와 have를 쓰는데, 사교적으로 만나서 식사를 하는 경우에는 do를 쓴다. 소위 '식사를 하다'라는 표현이다.

예시

It was great seeing you again. Let's **do lunch** sometime.
다시 만나서 반가웠어요. 언제 같이 점심 한번 해요.

I'm sorry. I can't **do dinner** today.
미안해요. 오늘 저녁 식사 못 할 것 같아요.

05 do a test
검사하다

; an ultrasound (scan)...

우리말의 '검사+하다'와 마찬가지로 영어에서도 test와 do 조합을 쓴다. 이때 test는 실험 실이나 의학 '검사'를 의미한다. do 외에도 run을 쓸 수 있고, 격식체로는 perform(실행하다)도 쓸 수 있다. test뿐만 아니라 an ultrasound (scan)(초음파 검사) 등 모든 의학 검사에 do를 쓸 수 있다.

▶ test가 '시험'이라는 뜻으로 쓰일 때는 학생이 'take a test(시험을 치다)', 선생이 학생들을 대상으로 'give a test(시험을 치게 하다)'라고 한다.

예시

We **did a DNA test**, and the results came back showing Mr. Harrison is your birth father.
DNA 검사를 했는데, 검사 결과는 해리슨 씨가 당신의 생부인 것으로 나왔습니다.

★ come back (검사 결과)가 나오다

89

Your hormone levels are a little off, so we'll **do an ultrasound** just to be sure.
호르몬 수치가 약간 비정상입니다. 그래서 혹시나 해서 초음파 검사를 하려고 합니다.

★ off 이상한, 비정상적인 / to be sure 혹시 몰라서 확인의 목적으로

06 do a background check
신원 조회를 하다

'do a background check'하면 '신원 조회를 하다'라는 뜻이기도 하다. 이 경우에는 do 대신 run도 쓸 수 있는데, run은 실제 조사를 하는 행위가 더 강조된다.

예시 **We did a** thorough **background check** on him.
우리는 그의 신원 조회를 했다.

07 do a search
수색하다, 조사하다, 검색하다

'검색', '수색'이라는 뜻의 search는 우리말처럼 do와 어울려 사용된다. building처럼 장소를 수색하는 경우에는 뒤에 전치사 of, 어떤 회사나 사람에 관한 정보를 조사하는 경우에는 on, 어떤 것의 소재를 검색하는 경우에는 for를 쓴다.

예시 **We did a search** of the exterior. There's no sign of an intruder.
건물 외부를 조사했습니다. 누가 침입한 흔적은 없습니다.

I need you to **do a search** on Anthony.
앤소니에 대한 정보를 조사해 오게.

I **did a search** for cheap coffee in this neighborhood and found this great place.
이 동네에서 저렴한 커피 파는 곳을 검색해서 이 훌륭한 장소를 찾아냈죠.

08 do an interview (with ~)
(~을) 인터뷰하다

누구를 '인터뷰하다'는 interview를 동사로 써도 되지만, interview를 명사로 쓸 경우에는 do와 함께 쓸 수 있다. 또는 have를 써도 된다. do는 '어떤 행사를 하다'라는 의미로 문맥에서 자주 사용되는데, 가령 '기자 회견을 하다'도 'do a press conference'라고 할 수 있다. 이 경우에는 do 대신 hold, give를 쓸 수도 있다.

예시 I'm with *the Miami Herald*, and I'd like to **do an interview with** Mrs. Ford.

저는 '마이애미 헤럴드' 기자인데요, 포드 부인과 인터뷰를 했으면 합니다.

Let's **do a press conference** and get the facts out there.

기자 회견을 해서 세상에 사실을 알리자고.

★ get ~ out (어떤 사실을) 외부에 알리다

09 do a tour
투어하다

; a cruise, whale-watching, snorkeling...

우리말의 '투어하다'는 영어로 'do a tour'라고 한다. 같은 맥락에서 '유람선으로 관광하다'도 'do a cruise'라고 한다. 그 외에 투어에서 하는 whale-watching(고래 구경), snorkeling(스노클링) 같은 활동도 do로 표현한다.

예시 We **did a tour** of the island on our first day and had a fabulous time.

첫날에는 섬 투어 관광을 했는데 매우 즐거웠습니다.

My wife and I **did a sunset cruise** while in Hawaii, and it was truly memorable.

하와이에 갔을 때 선셋 유람선 관광을 했는데 정말 기억에 남을 정도로 좋았습니다.

On the second day, we **did snorkeling** and kayaking.

둘째 날에는 스노클링과 카약킹을 했습니다.

10 do one's job
할 일을 하다

'~의 할 일을 하다'에서 '할 일'은 work가 아니라 job을 사용한다. 참고로 '임무를 수행하다'에서 '수행하다'도 do를 써서 'do one's duty'라고 한다.

예시 The police are investigating. So, you stay out of it and let them **do their job**.

경찰이 수사하고 있으니까 그 일에 끼어들지 말고 경찰이 자기 일을 하게 내버려 둬요.

Let's not make this personal. I'm just **doing my job**.

이 일을 개인적인 감정의 문제로 만들지 말자고요. 난 그냥 주어진 일을 하는 것뿐이에요.

참고 I've never refused to **do my duty**.

난 임무 수행을 거부한 적이 한 번도 없습니다.

11 do one's hair[makeup]
머리[화장]를 하다

'머리(hair)+하다(do)'로 'do one's hair'라고 하면 '머리를 하다'라는 표현이다. 다만, 이 표현은 내가 머리를 직접 치장할 때 쓰고, 미용실에서 머리를 할 때는 'have/get one's hair done'이라고 해야 한다. do를 수동태로 표현하여 '머리가 치장되어지다'라고 표현하는 것이다. makeup(화장)의 경우도 내가 직접 하는 경우에는 'do one's makeup'이라고 하고, 남이 해 줄 때는 'have one's makeup done'이라고 한다.

예시
Let me help you do your hair.
머리 하는 것 도와줄게요.

Give me 20 minutes. I need to do my hair and makeup.
20분만 시간을 주세요. 머리도 하고 화장도 해야 하니까요.

12 do things
일을 (처리)하다

'do things'가 우리말의 '일+하다'와 비슷해 보여서 같은 표현이라고 생각하기 쉽지만, '업무를 보다'라는 뜻의 '일하다'는 work이고, 'do things'는 '특정한 상황에서 어떤 일을 처리하다' 또는 '어떻게 행동하다'라는 뜻으로 쓴다. 보통은 'do things' 뒤에 '어떻게 하다'라는 뜻의 부사어를 쓰거나 다른 수식어를 붙여 쓴다.

> ▶ 'do things to ~'는 관용적으로는 '누구에게 감정적/정서적으로 큰 영향을 주다'라는 뜻으로도 쓰인다. 가령, 어떤 음악을 듣다가 눈물이 나올 때 "이 음악을 들으면 나도 모르게 울컥해요."를 영어로 말하려면 매우 어렵지만, "This song does things to me."라고 간단하게 표현하면 내포된 의미를 모두 전달할 수 있다.

예시
I promise I'll do things right this time.
이번에는 일을 실수 없이 처리할 것을 약속합니다.

I wish I had done things differently.
그렇게 행동하지 말 걸 그랬어요.

We have all done things (that) we regret.
누구나 후회할 행동을 안 해 본 사람은 없지요.

13 do something
어떤 일을 하다, 어떤 조치를 취하다

'do something'은 우리말에서 '어떤 일을 하다'와 비슷하다. 가령, "내가 왜 그런 일을 하겠어요?"는 "Why would I do something like that?"이라고 한다.

'do something'은 상황에 따라 '어떤 조치를 취하다', '어떻게 해 보다'라는 의미로도 쓰인다. '조치를 취하다'는 '조치'를 뜻하는 action 또는 measure와 '취하다'라는 뜻의 take를 써서 'take action', 'take measures'라고 할 수도 있는데, 일상 대화에서는 흔히 'do something'을 쓴다. 의문문이나 부정문의 경우에는 something 대신에 anything, nothing이 사용되기도 한다.

예시
Can't you do something about it? = Is there anything you can do about it?
(그 일에 대하여) 어떻게 좀 할 수 없어요?

There's nothing we can do about it.
그 일에 대해선 어떻게 할 수 있는 것이 없어요.

14 do ~ miles
몇 마일을(로) 가다, 뛰다

"우리는 하루에 30마일 산행했다.", "우리는 지금 시속 60마일로 가고 있다.", "저는 하루에 3마일을 뜁니다."를 영어로 표현하면 "We <u>covered</u> 30 miles a day.", "We're <u>going</u> 60 miles per hour.", "I <u>run</u> 3 miles a day."가 된다. 여기서 cover는 '(얼마의 거리)를 가다'라는 뜻이다. 그런데 산행, 운전, 뛰거나 걷는 운동을 하는 문맥이 분명하다면 "We <u>did</u> 15 km a day.", "We're <u>doing</u> 60 miles an hour.", "I <u>do</u> 4 miles a day."처럼 전부 do로 표현할 수도 있다. 이런 식으로 do를 쓰는 것은 직역식 영어로는 생각해내기 어려운 원어민 표현 방식이다.

예시
For most of the trip, I did 80 miles an hour.
도로 여행 중 대부분 구간에 시속 80마일로 달렸습니다.

He hit a tree, doing 60 miles an hour.
그는 시속 60마일로 가다가 나무에 충돌했습니다.

I did 50 miles on my bike today.
오늘 나는 자전거로 50마일을 주파했습니다.

I'm a power walker. I do 5 to 7 miles a day.
저는 파워 워커입니다. 하루에 5에서 7마일을 걷지요.

15 do business
거래하다

'거래'는 transaction, trade이지만 원어민들이 회화에서 누구와 '거래하다'라고 할 때는 'do transaction', 'do trade'라고 하지 않는다. 이때는 'do business'라고 해야 맞는 표현이다.

예시
I like to do business face-to-face.
저는 직접 만나 대면 거래하는 것을 좋아합니다.

I don't **do business** with a liar.
나는 거짓말쟁이하고는 거래 안 합니다.

16 do (jail/prison) time
형을 살다

우리말식으로 'live one's sentence(~의 형을 살다)'라고 말하면 틀린다. sentence와 어울리는 동사는 serve로, "He has already served his sentence.(그는 이미 형기를 다 살았다.)"처럼 쓴다. 그런데 일반 회화에서는 'do time'을 더 흔하게 사용한다. 여기서 time은 jail time, prison time(형무소 시간)을 뜻하며, 보통 jail, prison을 빼고 time만 쓴다.

예시
He **did time** for theft.
그는 도둑질로 형무소를 갔다 왔어요.

I'm just trying to save you from **doing time**.
난 지금 당신이 형무소에 가지 않도록 도와주려는 거예요.

★ save ~ from ~ ~을 ~로부터 구해 주다

17 do battle (with ~)
(~을 상대로) 싸우다, 언쟁하다

'전투(battle)+하다(do)'는 '싸우다', '언쟁하다'라는 뜻으로, 일반 회화에서 자주 쓰이는 표현이다. 같은 의미로 '~와 논쟁하다(argue with ~)', '~을 상대로 싸우다(fight against ~)'가 있다.

예시
I didn't come here to **do battle**. I came here to make peace.
여기 싸우려고 온 것 아니에요. 화해하러 온 거예요.

★ make peace (with ~) (~와) 화해하다

I need your help to **do battle with** Victor. He's one of the greatest lawyers around.

빅터를 상대로 싸우려면 당신 도움이 필요해요. 빅터는 매우 훌륭한 변호사 중 한 명이니까.

18 do harm (to ~)

(〜에게) 해를 끼치다

'끼치다'는 give 같은 동사를 써서 말하기 쉽지만, 영어에서 harm(해)과 어울리는 동사는 do이다. cause(야기하다)도 harm과 자주 어울린다. 또, bring(가져오다)도 harm과 같이 쓰이는데, 약간 딱딱한 느낌이 있다.

예시
You will only **do**[=cause] **harm to** yourself.

(그렇게 하면) 결국 자신이 손해를 입게 될 겁니다.

You **do**[=cause] **harm to** one of my friends, and you will have to deal with me.

내 친구들 누구라도 해하면 내가 가만있지 않을 거야.

19 do justice (to ~)

(〜을) 제대로 하다

justice는 '정의'라는 뜻으로, 'do justice to ~'는 to 뒤에 있는 것에 대하여 '정의를 실현하다', 즉 '〜을 제대로 살려 주다'라는 의미의 관용 표현이다.

예시
This photo doesn't **do justice to** her beauty.

그녀의 아름다움에 비하여 이 사진은 잘 안 나왔네요.

Words won't **do justice to** how I feel about you.

당신에 대한 내 감정은 말로는 설명할 수 없어요.

I can never **do justice to** my grandma's recipe.

우리 할머니의 요리법은 내가 어떻게 해도 제맛을 낼 수 없어요.

20 do damage
손상시키다, 망치다

damage와 어울리는 동사로 보통 cause(야기시키다)를 생각하기 쉬운데, 'cause damage'도 틀린 표현은 아니지만 일반 대화에서는 'do damage'를 더 많이 쓴다. 'inflict damage on ~'이라고도 할 수 있지만 구어 영어에서는 잘 쓰지 않는다. damage는 물리적 손상 외에도 유무형적 피해, 손상에 모두 사용할 수 있다. '~에게 피해를 입히다'는 'do damage to ~' 또는 'do ~ damage'라고 표현한다. 또 'the damage you did(네가 야기한 피해)'와 같이 do가 뒤에서 수식하는 형태로 많이 사용된다. damage를 원상 복구하는 것은 repair(수리하다), undo(원상태로 돌리다)이다.

예시
Don't do anything that could do damage to your future.
자신의 미래를 망칠 일은 하지 마세요.

Look at the damage you've done to my reputation. Don't you think you owe me an apology for it?
당신이 내 명예를 훼손한 것을 보라고요. 마땅히 사과해야 한다고 생각하지 않나요?

I know I've done a lot of damage to our relationship. So, I'm asking you to give me a chance to repair it.
내가 우리 관계를 크게 해친 것은 알아요. 그래서 그걸 되돌릴 수 있는 기회를 달라는 거잖아요.

21 do a sketch
스케치 그림을 그리다

; an oil painting, a portrait...

우리말의 '그리다'에 해당하는 동사 draw를 써서 'draw a sketch'라고 해도 되지만, do도 흔하게 쓰이고, 더 캐주얼한 느낌이 있다. 스케치뿐 아니라 유화(oil painting), 초상화(portrait) 같은 다양한 그림 기법에 do를 써서 표현할 수 있다. '초상화'의 경우에는 do 대신 draw와 paint, '유화'의 경우에는 paint로 바꿔 쓸 수 있다. 작가가 '작품을 그리다'라는 뜻으로 produce(생산하다)를 쓸 수 있다.

예시
It was a beautiful day. I sat on a bench and did some sketches in my sketchbook.
아주 화창한 날이었어요. 벤치에 앉아서 스케치북에 스케치 그림을 몇 장 그렸죠.

As a poet, he was also interested in fine art. He did some oil paintings and sold a couple of them.
그는 시인이면서 미술에도 관심이 있었습니다. 유화를 몇 개 그렸고 그중 두세 개는 팔기도 했습니다.

22 do an article
기사를 쓰다

'쓰다'는 write이지만, 신문 기사의 경우는 주로 do를 사용한다. write는 기본적으로 글을 쓰는 동작을 의미하는데 반하여, do는 '기사를 하나의 프로젝트로 수행해서 게재하다'라는 의미가 있다. 따라서 "지금 그 기사를 쓰고 있습니다."라고 진행형으로 말할 때는 "I'm writing it now."가 맞고, do를 쓰면 틀린다. 반면 "지난달에 기후 변화에 대한 기사를 하나 썼습니다."라고 할 때는 "I did an article on climate change last month."라고 한다. 이때 did 대신에 wrote을 써도 틀리지는 않지만 실제 그렇게 쓰는 경우는 거의 없다. 신문 기사는 흔히 a piece라고도 하고, 기획 기사는 a feature story 또는 줄여서 a feature라고 한다. a story만 써도 문맥에 따라 '기사'가 될 수 있다.

예시

I'm **doing a feature** on French restaurants in the city.
저는 이 도시의 프랑스 식당에 관한 기획 기사를 하나 준비 중에 있습니다.

I'm thinking of **doing a special piece** on life in the minor league.
저는 마이너리그 생활에 대한 특별 기사를 써 볼까 생각 중입니다.

23 do a movie[film]
영화를 제작하다, 영화를 찍다

영화를 '제작하다'에 해당하는 영어 동사는 make 또는 produce를 떠올리기 쉽다. 그런데 일반 대화에서는 do도 같은 의미로 자주 쓰인다. 그런데 배우가 'do a movie'라고 하면 '영화에 출연하다'라는 뜻이 된다.

예시

Jack was a great director. He and I hung out a lot, and we **did many great movies** together.
잭은 훌륭한 감독이었죠. 잭과 나는 자주 어울렸고, 여러 편의 멋진 영화를 같이 만들었죠.

I want to **do a film** where I'm a superhero.
저는 제가 슈퍼히어로로 역할을 하는 영화를 해 보고 싶습니다.

24 do a favor
호혜를 베풀다, 부탁을 들어주다

'호혜'는 favor로, 호혜를 '베풀다'라고 하면 뭔가를 주는 의미이니까 give 같은 동사를 쓰기 쉽다. 그러나 영어에서 favor와 어울리는 동사는 do이다. '~에게 호혜를 베풀다' 또는 '~의 부탁을 들어주다'라는 표현은 'do ~ a favor' 또는 'do a favor for ~'의 형태로 말한다.

예시

Can you **do me a favor**? Will you take this to Jake on your way out?
부탁 하나 들어줄래요? 나가는 길에 이걸 제이크에게 갖다줄래요?

I **did you a favor**. You **did me a favor**. So, we're even.
내가 네 부탁을 들어줬고, 너도 내 부탁을 들어줬으니까. 계산 다 끝난 거다.

25 do a good job
(어떤 일을) 잘 해내다

'do a good job'은 구어 영어에서 매우 많이 쓰이는 표현이다. '주어진 일을 잘 수행하다'를 '주어진 일=task', '수행하다=perform'라고 생각해서 'perform a task well'이라고 생각하기 쉽다. 이렇게 표현해도 문법적으로는 틀리지 않지만 'do a good job'이라고 해야 제대로 된 영어 맛이 난다. 뒤에 '(of) -ing' 형태를 넣어 어떤 일을 잘 했는지 표현한다. of는 보통 생략할 수 있다. good 외에 great, wonderful, excellent, terrific, marvelous 같은 형용사를 써도 좋고, 잘 못했다고 할 때는 terrible이나 lousy를 쓴다.

예시

Your parents must be very proud of you. They **did a great job** raising you.
너희 부모님이 정말 대견하게 생각하시겠네. 자식을 참 잘 키우셨어.

I should've **done a better job** protecting you. I'm sorry.
너를 더 잘 보호해 줬어야 하는데, 미안하다.

"I'm trying to help you." – "Yeah, but you're **doing a terrible job** of it."
"난 너를 도와주려는 거라고." – "그래, 그런데 별 도움이 안 되고 있어."

26 do one's nails
손톱을 손질하다

우리말에서 '머리'는 '하다'라고 하지만 '손톱(nail)'은 '손질하다'라고 한다. 그렇지만 영어에서는 nail과 어울리는 동사도 do이다. 앞의 'do one's hair'와 마찬가지로 전문점에 가서 손톱 손질을 받는 경우에는 'have/get one's nails done' 형태로 표현한다. 또 손톱에 '매니큐어칠하다'는 paint, 손톱을 '파일로 다듬다'는 buff라는 동사를 쓴다.

예시 **Lisa was the one who did my nails**. She took her time and did a great job.
내 손톱 손질을 해 준 분은 리사예요. 시간을 들여서 너무 잘 해줬어요.

Where do you get your nails done?
손톱 손질은 어디서 받으세요?

참고 I just **painted my nails**, and they aren't dry, yet.
방금 손톱에 매니큐어칠을 해서 아직 마르지 않았어요.

27 do one's part
자신이 맡은 역할을 하다, 자신의 몫의 일을 하다

'자신이 맡은 역할을 하다'를 우리말식 영어로 바꾸면 'do one's role'이 되는데, 이것은 틀린 영어다. 원어민들은 role 대신에 part를 써서 'do one's part'라고 한다. role을 쓰려면 do 대신에 play를 써서 'play one's role'이라고 할 수 있다. 그런데 원어민들은 'do one's part'를 압도적으로 많이 쓴다.

예시 **This is a group project. We won't make much progress unless everyone does their part.**
이것은 그룹 프로젝트죠. 모두 각자의 역할을 하지 않으면 성과를 낼 수 없습니다.

You did your part. It's time for me to do mine.
자네는 자네 몫의 일을 다 했네. 이젠 내가 내 몫의 일을 할 때야.

28 do one's homework[research]
사전 조사하다

'do homework'와 혼동하지 않도록 조심해야 한다. homework 앞에 my, your 같은 소유대명사를 붙여 말하면 만날 사람이나 자신이 참여할 일에 대하여 '사전 조사하다'라는 뜻이 된다. 미국 구어체에서 자주 쓰이는 표현이다.

예시

"You're from an immigrant family. You grew up in the Bronx." – "It looks like you **did your homework**."

"당신은 이민자 가정 출신이죠. 브롱크스에서 어린 시절을 보냈고요." – "(나에 대해) 사전 조사를 하셨군요."

I **did my research** on you, and you have a history of violence.

자네에 대해 조사를 좀 해 봤는데, 폭력 전과가 있더군.

29 do one's bidding
~가 시키는 대로 하다

---

bidding은 '지시', '요구'라는 뜻이 있어, 'do one's bidding'은 '누가 시키는 대로 하다'로 군말 없이 고분고분하다라는 함축적인 의미를 갖고 있다. 우리말에서는 볼 수 없는 영어식 조합이다.

예시

I need someone who will **do my bidding** without question.

잠자코 내가 시키는 대로 할 사람이 필요해.

Those cops **do his bidding** because he has them on the payroll.

그 경찰들은 그가 시키는 대로 하죠. 왜냐하면 그가 경찰들에게 정기적으로 상납을 하고 있으니까요.

★ have ~ on the payroll ~을 고용하고 있다, ~에게 정기적으로 뇌물을 주다

30 do the talking
말을 맡아서 하다

; the cooking, the shopping, the cleaning...

단순히 '말하다'는 talk를 동사로 쓰면 된다. 그런데 몇 명이 누구에게 무엇을 따지거나 설득할 목적에서 "말은 내가 할게."라고 할 때는 'do the talking'이라는 표현을 쓴다.

이처럼 어떤 것을 할지 정해진 상태에서 그것을 '하다'라고 할 때는 'do the -ing' 형태를 사용한다. 따라서 '(정해진) 요리를 하다'는 'do the cooking', '(미리 계획한) 쇼핑을 하다'는 'do the shopping', '(미리 계획한) 청소를 하다'는 'do the cleaning'이라고 한다.

예시

Let me **do the talking**. I know how to deal with a man like Jason.

말은 나에게 맡겨 둬. 제이슨 같은 인간을 상대하는 법을 알고 있으니까.

"I can't drive because my arm's in a sling." – "Don't worry. Josh and I will **do the driving**."

"난 지금 팔에 깁스를 해서 운전을 할 수 없어." – "걱정 마. 운전은 조시와 내가 할 테니까."

You **do the cooking**. I'll **do the cleaning**.

요리는 네가 해. 나는 청소를 맡을 테니까.

31 do the trick
효과가 있다

trick은 '속임수'라는 뜻으로 자주 쓰이지만, '묘수'라는 뜻도 있다. 그래서 'do the trick'이라는 표현은 어떤 방법이 '기대하는 결과를 낳다', '효과가 있다'라는 뜻으로 쓰인다. 우리말에서는 '묘수를 하다'라고 하지 않기 때문에 직역식으로는 생각하기 어려운 표현이다.

예시

My grandma's chicken soup remedy **did the trick**. I'm well now.

할머니의 치킨 스프 요리법이 효과가 좋았어요. 지금은 다 나았습니다.

If your fish tastes unseasoned, adding a few drops of vinegar or lemon juice would **do the trick**.

생선 요리가 양념 맛이 안 나면, 식초나 레몬 주스 몇 방울을 첨가하면 효과가 있습니다.

32 do the honors
주빈으로서 어떤 역할을 하다

honor는 '영광', '명예'로, 여기에서는 복수로 쓰여서 '영광스러운 일'을 의미한다. 'do the honors(영광스러운 일을 하다)'는 사람을 초대한 자리나 행사장에서 주빈으로 참석자들을 맞이하거나, 테이프를 자르거나, 술이나 음식을 따르고 나눠 주고 건배를 제안하는 역할을 하는 것을 뜻하는 관용 표현이다.

예시

Let's make a toast for the bride and groom. Dr. Evans, would you care to do the honors?
신랑 신부를 위해 축배를 듭시다. 에반스 박사님, 건배를 제안해 주시겠어요?

Jake, will you do the honors of saying grace?
제이크, 식사 기도를 해 주시겠어요?

33 do the math
숫자를 맞춰 보다, 머리를 쓰다

'do the math'는 '계산하다'라는 뜻도 되지만, 특정 상황에서 '숫자나 사실을 종합해서 상황을 판단하다'라는 뜻의 관용 표현으로도 쓰인다. 좀 더 캐주얼하게 '머리를 쓰다', '머리를 굴리다'라는 의미로도 쓰인다.

예시

"Is that a threat?" – "I'm a desperate man. You do the math."
"지금 나를 협박하는 거야?" – "난 벼랑 끝에 몰린 사람이니까, 머리를 잘 굴려 보라고."

Why would a pretty young girl like Amy want to marry you? Do the math. She's after your money.
왜 에이미 같이 젊고 예쁜 여자가 당신과 결혼하려 하겠어? 머리를 좀 써 봐. 자네 돈을 노리고 있는 거지.

★ be after ~ ~을 노리다, ~을 표적으로 하다

운동하다

do exercise (X)
exercise / work out (O)

'운동하다'는 우리말식으로 'do exercise'라고 하는 경우가 많은데, 완전히 틀린 표현은 아니지만 거의 쓰이지 않는다. '운동하다'는 그냥 exercise를 동사로 쓰거나 work out이라는 표현을 쓴다. 그렇지만 sit-up(윗몸 일으키기), push-up(팔굽혀 펴기), crunch(윗몸 반만 일으키기) 같은 특정 운동에는 do를 쓴다.

> I **work out** six days a week at Goodlife Fitness.
> 저는 굿라이프 피트니스 센터에서 일주일에 6일 운동합니다.
>
> I **exercise** regularly. It not only helps me stay fit, but it also makes me feel good about myself.
> 저는 규칙적으로 운동합니다. 운동하면 건강을 유지할 수 있을 뿐만 아니라 자신감도 생기죠.

★ feel good about oneself 자신감을 느끼다

샤워하다

do a shower (X)
take/grab a shower (O)

shower와 어울리는 영어 동사는 take이다. 구어체에서는 grab(잡다)도 즐겨 쓰인다.

> I'm all sweaty. Let me go **grab a quick shower**.
> 땀이 많이 났어요. 빨리 샤워하고 나올게요.

심부름하다, 볼일을 보다

do an errand (X)
run an errand / take care of business (O)

우리말에서 '심부름'이나 '볼일'에 해당하는 영어 단어는 errand 또는 business이다. 영어에서 errand는 run과 짝을 이룬다. business를 써서 '볼일을 보다'라고 할 때는 take care of나 attend to와 함께 쓴다.

> I have to **run an errand** for my mom this afternoon. = I have **an errand** to **run** for my mom this afternoon.
> 오후에 어머니 일을 대신 봐 줄 것이 있어요.
>
> I have some pressing **business** to **take care of**.
> 급하게 볼일이 좀 있습니다.

★ pressing 시급한

밥을 하다

do a meal (X)

cook a meal (O)

우리말의 '밥'에 해당하는 영어 단어는 meal(식사)이다. 영어에서 식사를 준비하는 것은 cook과 함께 써서 'cook a meal'이라고 한다. 또는 그냥 cook만 써도 자동사로 '음식을 만들다', '밥을 하다'라는 뜻이 된다. 또 '누구에게 밥을 해 주다'는 'cook ~ a meal', 'cook a meal for ~'의 형태로 쓴다. meal 앞에 형용사를 넣어 'cook a home-cooked meal(집밥을 만들다)', 'cook a huge meal(성대한 식사를 만들다)'처럼 표현할 수도 있다.

ex   Would you like me to **cook a meal** for you?
제가 밥을 해 드릴까요?

She **cooked a huge meal** for us, and we ate our fill.
그녀가 식사를 거나하게 차려 줘서 배 터지게 먹었어요.

네거티브 선거 운동을 하다

do a negative campaign (X)

run a negative campaign (O)

선거 운동(campaign)을 '하다'는 do를 쓰지 않고 run을 쓴다.

ex   The two candidates criticized each other for **running a negative campaign**.
두 후보는 네거티브 선거 운동을 하고 있다고 서로를 비판했다.

DRIVE

영어 동사 drive는 대부분 자동사 '운전하다', 타동사 '~을 운전하다' 정도로만 알고 있다. 그러다 보니 drive 뒤에 목적어로 쓰는 명사는 a car(자동차) 같은 운송 수단에 국한된다. 그렇지만 원어민들은 drive를 훨씬 다양한 맥락에서 우리가 생각하지 못하는 명사들과 어울려 사용한다. drive에 담긴 원어민 영어의 묘미를 알아보자.

MP3 듣기

01 drive a car
차를 운전하다

drive의 기본 의미는 자동차 같은 것을 '운전하다'이다. 이 경우, 목적어는 a car, a truck 같은 탈것이 된다. 한 가지 주의할 점은 일반적인 '자동차를 운전하다'라는 표현은 목적어 없이 자동사 drive만 쓰는 것이 좋다. 가령, "How did you get here?(여기 뭐 타고 왔어?)"라는 질문에 대한 답으로 "직접 운전해서 왔어."를 "I drove my car."라고 해도 되지만 그냥 "I drove."라고 하는 것이 자연스럽다. 그렇지만 누가 태워다 주겠다고 할 때 "내 차로 갈게."라고 하는 경우에는 "I'll drive my own car."라고 한다.

예시
**"So, you weren't driving the car that ran the old lady over?"
– "No, I wasn't. I wasn't anywhere near where the accident occurred that day."**

"그러니까 그 노부인을 친 차를 당신이 운전하지 않았다는 말이죠?" – "네, 맞아요. 저는 그날 사고 난 곳 근처에도 안 갔어요."

★ run ~ over (차로 사람을) 치다

No one knows for sure what Sam does for a living. Some people say he drives a truck. Others say he works on a farm.

샘이 무슨 직업을 갖고 있는지를 확실히 아는 사람이 없어요. 혹자는 트럭을 운전한다고 하고, 다른 사람들은 농장에서 일한다고 하더라고요.

★ for sure 확실히

02 drive someone to ~
~에 –을 차로 데려다주다

우리말의 '운전하다'와 달리 영어 drive는 you, me 같은 사람을 목적어로 취할 수 있다. 이 경우에는 '누구를 운전하다'가 아니라 '누구를 차로 데려다주다'가 되며, 뒤에 to를 붙여 목적지를 표현한다. 물론 'drive you there(거기에 너를 차로 데려다주다)'처럼 there 같은 부사에는 to를 붙이지 않는다.

예시
"You want me to drive you to the airport?" – "No. I already called an Uber."

"공항까지 차로 데려다줄까요?" – "아니요. 이미 우버를 불렀어요."

Dad, can you drive me to school? I have a chem final. I want to study in the car.

아빠, 오늘 학교까지 차로 데려다줄 수 있어요? 화학 기말 시험이 있는데, 차에서 공부했으면 해서요.

03 drive someone to it
~을 그렇게 하게 만들다, 몰고 가다

drive 뒤에 사람을 붙여 '누구를 차로 데려다주다'라는 의미를 비유적으로 써서, 'drive A to B'라고 하면 'A를 B로 몰고 가다', 'A가 B하게 만들다'라는 의미가 된다. to 뒤에는 it, this처럼 대화 속 상황을 지칭하는 대명사나 suicide(자살), drink(술) 같은 명사가 붙는다. drive 자체가 사람을 '몰고 가다'라는 의미가 있어, 비유적으로 'drive ~ up the wall(~을 벽 위로 몰고 가다)'이라고 하면 '~을 짜증나게 만들다', '~을 화나게 만들다'라는 뜻이 된다.

예시
**"She threatens me with a knife and she gets the sympathy?"
– "You drove her to it."**
"그녀가 칼로 나를 위협했는데 오히려 그녀 편을 드는 거야?" – "네가 그녀를 그렇게 몰고 간 거니까."

"Don't blame yourself. It's not your fault." – "It is. I drove him to this."
"자책하지 마. 네 잘못이 아니야." – "내 잘못이지. 내가 그를 이런 일을 저지르게 만들었으니까."

My father was a drug addict, and it eventually drove him to suicide.
제 아버지는 마약 중독자인데, 그 때문에 결국 자살하셨어요.

"What's driving you to drink today?" – "My new boss. She's making my life miserable. She finds fault with everything I do."
"오늘은 왜 또 술이야?" – "새로 온 상사. 그 사람 때문에 못 살겠어. 내가 하는 모든 일에 트집을 잡아."

★ find fault with ~ ~을 트집 잡다

04 drive someone crazy
~을 미치게 만들다

drive가 사람을 목적어로 쓰는 또 다른 예로 'drive+사람' 뒤에 crazy(미친)라는 형용사를 붙이면 '누구를 미치게 만들다'가 된다. crazy 외에도 nuts, insane 같은 단어도 함께 쓰인다.

예시
"He said he was on his way, and what's taking him so long? This waiting is driving me nuts." – "Chill out. He'll be here soon."
"오고 있다고 했는데 왜 이리 안 오는 거지? 기다리다 미쳐 죽겠네." – "진정해. 곧 도착하겠지."

Just leave me alone. You're driving me insane with all this talk about what I should and shouldn't do.
절 좀 그냥 내버려 두세요. 어떤 일을 해야 하고 어떤 일은 하면 안 되고 하는 잔소리 때문에 미치겠다고요.

05   drive a wedge (between ~)

(~ 사이에) 쐐기를 박다, 이간질시키다

; a nail, a stake...

drive 뒤에 a wedge(쐐기), a nail(못), a stake(말뚝) 같은 명사를 붙이면 무엇을 '박다'라는 뜻이 된다. 특히 'drive a wedge between ~'의 형태는 '~ 사이를 이간질하다'라는 의미로 사용된다.

> ▶ drive 대신에 put을 써도 되는데, 특히 nail의 경우는 put이 더 많이 쓰인다. 가령, 'put the final nail in one's coffin(~의 관에 마지막 못을 박다)'과 같은 비유적 표현에 자주 쓰이는데, '~을 완전히 끝장내다', '파멸시키다'라는 뜻이다. 마찬가지로 'drive a stake through one's heart(~의 심장에 말뚝을 박다)'는 뱀파이어의 심장에 말뚝을 꽂아 죽이는 것에서 유래된 표현으로, 사람이나 사물을 '완전히 제거하다', '파괴하다', '끝장내다'라는 의미로 쓰인다.

예시
"Can't you see? She's trying to drive a wedge between us." –
"Why would she do that? What does she have to gain from it?"

"못 알아듣겠어? 그녀는 지금 우리 사이를 이간질하려 하고 있다고." – "그녀가 왜 그런 일을 하겠어요? 그렇게 해서 무슨 이득이 있다고?"

Having a second witness testifying against him will drive [=put] the last nail in his coffin.

두 번째 증인이 나서서 그에게 불리한 증언을 하게 되면 그는 끝장입니다.

Losing the Senate vote would drive a stake through the heart of the President's Medicare reform program.

상원에서 (법안) 투표가 부결되면 대통령의 의료 보장 개혁 프로그램은 사망 선고를 받게 됩니다.

06   drive a bargain

흥정하다

마지막으로 대화에서 drive는 흔히 bargain이라는 명사와 어울려 '흥정하다'라는 뜻으로 쓰인다. 보통은 'drive a hard bargain'의 형태로 '협상에서 양보하지 않다'라는 의미로 쓰인다. 그렇게 '흥정하는 사람'은 'a hard bargainer'라고 한다.

예시
"I want 30 % of all profit." – "You drive a hard bargain." – "All right. I'll settle for 25%."

"전체 이익의 30%를 제 몫으로 주세요." – "정말 양보를 안 하시네요." – "좋습니다. 25% 하지요."

★ settle for ~   (만족스럽지 않지만) ~을 받아들이다, ~에 동의하다

She's a skillful negotiator. She's known for driving a hard bargain.

그녀는 유능한 협상가예요. 협상에서 자신의 주장을 관철시키는 것으로 유명하지요.

DROP

drop의 가장 기본적인 의미는 자동사로는 '떨어지다', 타동사로는 '떨어뜨리다'이다. 그렇지만 drop은 실제로 '떨어뜨리다'보다 더 다양한 의미로 사용되고, 따라서 drop과 짝을 이루는 명사 종류도 훨씬 더 다양하다. 기본적으로 '떨어뜨리다'는 의미가 확장되어 '취소하다', '그만두다', '포기하다', '알리다' 같은 의미로도 널리 쓰인다.

MP3 듣기

the temperature drops
기온이 떨어지다

; blood pressure, heart's rate, price, grades...

자동사로 drop의 기본적 의미는 '떨어지다'이다. 이 경우는 우리말이나 영어나 주어 자리에 오는 명사가 비슷하다. 통계적으로 미드에서 많이 쓰이는 명사는 blood pressure(혈압), temperature(기온, 체온), heart's rate(심장 박동) 등 건강과 관련된 것들로, 주로 의학 드라마에서 등장한다. 그 외에 price(가격), grades(성적) 등에도 drop을 쓴다.

> ▷ drop의 주어로 가장 많이 쓰이는 명사는 shoe(신발)로, "I'm waiting for the other shoe to drop.(다른 신발이 떨어질 때를 기다리고 있어.)"라는 관용 표현이 일상 대화에서 많이 쓰인다. 이 표현은 19~20세기에 뉴욕 아파트 생활에서 유래되었다고 한다. 당시에 천장 두께가 얇아서 윗집 사람이 신발을 벗어 바닥에 떨어뜨리는 소리가 아랫집에서도 다 들렸다고 한다. 그래서 잠을 자다 윗집에서 신발 한 짝이 떨어지는 소리에 잠에서 깨면 다른 짝도 마저 떨어질 때를 기다렸다는 데서 유래되어 '앞으로 일어날 필연적인 안 좋은 일을 마음 졸이며 기다리다'라는 뜻으로 쓰인다.

예시
Blood pressure's dropping fast! He's going into shock.
(환자의) 혈압이 급격히 떨어지고 있습니다! 쇼크 상태에 빠지고 있습니다.

Be careful driving. **The temperature's dropping**, and the roads must be very slippery.
운전 조심해요. 기온이 떨어지고 있어서 도로가 매우 미끄러울 거예요.

Inflation is still very high, but **gas prices** have started **dropping**.
인플레이션은 아직 높은 수준이지만 휘발유 가격은 떨어지기 시작했습니다.

If **your grades** keep **dropping**, you can be kicked off the team.
성적이 계속 떨어지면 팀에서 쫓겨날 수 있어.

★ be kicked off ~ (팀, 배심원단 등의 집단에서) 쫓겨나다

02 drop a glass
유리잔을 떨어뜨리다

; a plate, a weight, a gun...

타동사로서 drop의 가장 기본적인 의미는 '떨어뜨리다'이다. 경찰이 범인에게 "무기를 내려 놔!"라고 할 때도 실제는 바닥에 떨구는 것이므로 drop을 쓴다.

예시

I dropped a glass and cut myself.
유리잔을 떨어뜨려 (유리에) 베었어요.

I dropped a weight on my foot. It hurt like crazy.
발 위에 무거운 것을 떨어뜨렸어요. 엄청 아팠어요.

Police! **Drop the gun. Drop it**.
경찰이다! 총 내려 놔. 내려놓으라고.

03 drop charges
기소[고소]를 취하하다

; a case, a (law)suit...

'기소'나 '고소'를 영어로는 charge라고 한다. '취하하다'는 cancel(취소하다)을 쓰기 쉬운데, 이것은 틀린 영어다. 영어에서 charge와 어울리는 동사는 drop이다. '기소를 떨군다'라고 하는 셈이다. charge뿐만 아니라 case(고소 사건), lawsuit(소송) 같은 것을 철회하거나 그만두는 것에도 drop을 쓴다.

> 참고로 '~을 고소하다'는 맥락에서 charge를 쓸 때는 'press charges against ~'라고 한다.

예시

The DA **dropped charges** against you, so the case is officially closed.
검찰이 당신을 기소하지 않기로 해서, 사건이 공식적으로 종료되었습니다.

They tried to blackmail me into **dropping the charges**.
그들이 고발을 취하하도록 협박을 시도했습니다.

★ blackmail ~ into –ing ~가 ~하도록 협박하다

She'll have to **drop the case** because there's no evidence against you.
당신에 대한 증거가 없으니 고소를 취하할 수밖에 없을 겁니다.

Please **drop the custody suit**. Don't take my child away from me.
양육권 소송을 취하해 줘요. 내 아이를 빼앗아가지 말라고요.

04 drop a course
수강을 취소하다
; a class...

우리말로는 수강 과목을 '취소하다'라고 하지만, 영어로 cancel(취소하다)을 써서 'cancel a course'라고 하면 강사가 강의 과목을 '폐강하다'라는 엉뚱한 말이 된다. 학생이 강의를 취소하는 것은 영어로 drop을 쓴다. 반대로 pick up을 쓰면 추가로 어떤 과목을 '신청하다'라는 뜻이다.

> ▶ 참고로 어떤 과목을 '수강하다'는 take, '수강 신청하다'는 register for 또는 sign up for라고 한다.

예시 **I'm taking four courses this semester, but I may have to drop a class or two if I find a part-time job.**
이번 학기에 네 과목 수강하는데, 아르바이트 자리가 생기면 한두 과목은 수강 취소해야 할지도 몰라.

You can still drop the course and pick up another one that's still open.
아직 그 과목 수강을 취소하고 자리가 남아 있는 다른 과목을 선택할 수 있어요.

05 drop a subject
주제에 대한 논의를 그만두다
; an investigation...

어떤 주제에 관한 논의를 '그만두다'는 쉽게 'stop talking about ~(~에 관하여 말하는 것을 그만두다)'라고 표현할 수 있다. 그렇지만 subject(주제)라는 명사를 쓰고자 할 경우에는 drop을 써서 '주제를 떨구다'라는 식으로 표현한다. 대화 중에 상대방에게 "말 그만해!"라고 할 때 "Drop it!"라고 한다. 비슷한 맥락에서 '수사(investigation)를 그만두다'도 'drop an investigation'이라고 한다.

예시 **Can we please just drop the subject? Let's not spoil the evening.**
그 이야기 그만할 수 없어요? 저녁 식사 분위기를 망치지 말자고요.

I just got off the phone with Deputy Fisher. She has decided to drop the investigation on your case.
피셔 의원님과의 통화를 막 끝냈어요. 당신 사건에 대한 수사를 그만하기로 결정하셨어요.

★ get off the phone 전화 통화를 끝내다

06   drop an idea
아이디어/생각을 포기하다
; a plan, a project...

생각을 '포기하다'라고 하면 가장 먼저 떠오르는 영어 표현은 give up이다. 물론 'give up an idea'라고 해도 틀리지는 않지만, 원어민들은 같은 맥락에서 drop을 많이 쓴다. 어떤 것을 포기한다는 맥락에서 drop과 어울리는 명사로는 plan(계획), project(프로젝트) 등이 있다.

예시
Will you drop the idea of firing him? He just made one mistake. Everyone deserves a second chance.
그 사람을 해고하겠다는 생각을 버리겠어? 실수 한 번 한 건데. 누구에게나 한 번 더 기회는 줘야지.

The government dropped the plan to levy GST on online gaming.
정부는 온라인 게임에 대한 물품 서비스세 과세 계획을 포기했습니다.

The governor dropped the I-19 expansion project because he couldn't find a way to finance it.
주지사는 사업 자금을 조달할 방법을 찾지 못해 I-19 고속도로 확장 프로젝트를 포기했습니다.

07   drop an attitude
태도를 버리다
; vendetta...

무엇을 '버리다'라는 영어로는 discard가 있고, 물건을 버린다고 할 때는 'throw ~ away'가 있다. 그런데 attitude(태도)를 버린다고 할 때 어울리는 동사는 lose(잃다)와 drop(떨구다)이다. attitude와 같은 맥락에서 vendetta(복수심)를 버리라고 할 때도 drop을 쓴다.

예시
Drop that holier-than-thou attitude. You're no better than the rest of us.
혼자 고결한 척하지 마. 네가 우리보다 더 나은 것이 없으니까.

★ holier-than-thou 고고한 척하는

Would you just drop that attitude so we can talk this out?
그 태도 좀 버리고 이 문제를 대화로 해결할까?

★ talk ~ out ~을 대화로 해결하다

Drop your vendetta against Craig. You're on a path of self-destruction.
크레그에 대한 복수심은 버리게. 자멸의 길일뿐이니까.

08 drop the pretense
어떤 척하는 행동을 그만두다

'~인 척하다'는 기본적으로 'pretend to ~'라고 한다. 그래서 "신경 써 주는 척하지 마."라고 할 때는 "Stop pretending to care."라고 하면 된다. 그런데 pretend의 명사형인 pretense를 쓸 경우에는 drop을 써서 "Drop the pretense (that) you care."라고 한다. 'drop the pretense'는 우리말로는 문맥에 따라 '솔직해지다'로 해석할 수도 있다. pretense 대신에 act(행동, 쇼)를 써서 'drop the act'라고도 한다.

> ▶ 참고로 pretense를 써서 '계속 어떤 척하다', '어떤 것처럼 행동하다'라고 하려면 'keep up a pretense'라고 한다.

예시
Let's drop the pretense. We both know this relationship isn't going to work. You're still longing for Jack.
우리 이제 솔직해져요. 우리 관계가 잘 안 될 거란 것은 서로 알고 있잖아요. 아직 잭을 못 잊고 있잖아요.

★ long for ~ ~을 그리워하다

Why don't you drop the pretense? I know this isn't a social call. You want something from me. What is it?
쇼는 그만하지? 자네가 그냥 놀러 온 것이 아닌 걸 알거든. 나에게 원하는 것이 있는 것 같은데. 그게 뭔가?

참고
You can drop the act. I know you were behind all this.
쇼 그만하지 그래. 자네가 이 모든 일의 배후인 것을 알고 있거든.

09 drop hints
언질을 주다, 암시하다, 말을 흘리다

'언질'은 영어에서는 a hint라고 한다. 그런데 우리말에서 언질을 '주다'라고 해서 give를 써서 'give a hint'라고 하면 '(어떤 문제에) 힌트를 주다'가 되어 버린다. '말을 흘리다', '암시하다'라는 맥락에서는 drop과 짝을 이뤄 'drop a hint to ~(~에게 언질을 주다)'처럼 사용한다. 언질을 여러 번 주는 경우는 hints, some hints, a couple of hints, 매우 약한 언질은 subtle hints, 명백한 언질은 not-so-subtle hints로 바꿔 쓴다. 언질의 내용을 표현할 때는 'drop hints+(that) ~'이나 'drop hints about ~'의 형태로 쓴다. drop hints는 문맥에 따라 '~인 것 같은 눈치를 주다', '~인 것 같은 말투로 말하다' 등으로 해석될 수도 있다.

예시
I want to go out with Jack. So, I've been dropping subtle hints, but he doesn't seem to notice.
잭과 데이트하고 싶은데. 그래서 넌지시 언질을 줬는데 못 알아차리는 것 같아.

114

I had lunch with Sally yesterday, and she **dropped hints** about wanting to sell the shop and retire.

어제 샐리와 점심을 같이 했는데, 가게를 팔고 은퇴하고 싶어 하는 눈치더라고.

Bill **dropped a hint** that he might run for governor.

빌이 주지사 선거에 나갈지도 모른다는 말투로 말하던데.

10   drop one's guard
경계심을 늦추다, 방심하다

'경계심'은 일반 대화에서 guard라는 단어를 쓰는데, '경계심을 늦추다', '방심하다'는 'let one's guard down' 또는 'drop one's guard'라고 한다. 권투 경기에서 상대방의 펀치를 막으려고 두 손을 올리고 있는 상태를 guard라고 하는 데서 유래한 표현이다. 사용 빈도는 'let one's guard down'이 훨씬 높다.

예시
We wait until they **drop their guard**[=let their guard down] and strike.

기다리다 방심할 때 치는 거야.

Don't **drop your guard**[=let your guard down] for a moment.

한순간도 방심하면 안 돼.

11   drop someone a line
(전화/이메일 등으로) ~에게 연락하다

'~에게 전화하다'는 'call ~', '~에게 이메일을 보내다'는 'email ~' 또는 'send ~ an email'이라고 한다. 그런데 관용적으로 전화나 이메일, 어떤 방식으로든 '연락하다'는 'drop ~ a line(~에게 라인을 떨구다)'이라고 한다.

예시
Feel free to **drop us a line** if you have any questions or suggestions.

저희 회사에 질문이나 제안할 것이 있으면 언제든 연락주세요.

Once you get settled in LA, **drop me a line**.

LA에 가서 좀 안정되면 연락해요.

★ get settled 새로운 직장, 지역 등에 익숙해지다

12 drop the ball
실수하다

'drop the ball'은 말 그대로 '공을 떨어뜨리다'로, 미식 축구에서 공을 가지고 뛰다 떨어뜨리는 실수에서 유래되어 일반적으로 '실수하다'라는 뜻으로 쓰인다.

예시 **We can't drop the ball on this one.**
이 일에서는 실수하면 안 돼요.

13 drop a bomb[bombshell]
폭탄 선언을 하다, 깜짝 놀랄 뉴스를 전하다

우리말의 '폭탄 선언을 하다'와 비슷한 표현으로 영어에서는 bomb(폭탄)을 drop(떨어뜨리다)한다고 한다. 그만큼 깜짝 놀랄 소식을 전한다는 의미다.

예시 **You can't drop a bomb on me like that and walk away.**
그런 폭탄 선언을 하고 그냥 가 버리면 안 되지.

My wife dropped the divorce bomb on me last night.
아내가 어젯밤에 이혼하자고 폭탄 선언을 했어.

EARN

영어 earn의 가장 기본적인 의미는 무엇을 '벌다'로, money(돈), wage (임금) 같은 명사들과 짝을 이뤄 사용된다. 그런데 영어의 earn은 '벌다' 외에 다양한 맥락에서 노력이나 실력으로 무엇을 획득한다는 뜻으로도 많이 쓰인다. earn을 단순히 '벌다'로만 알고 있으면 평생 쓸 수 없는 원어민식 'earn+명사' 조합을 익혀 보자.

MP3 듣기

01 earn money
돈을 벌다

earn의 기본적인 의미는 무엇을 '벌다'로, 흔히 money(돈), income(소득), interest(이자), a living(생계) 같은 명사들과 어울려 쓰인다. 맥락에 따라 'earn income'은 '소득을 올리다', 'earn a living'은 '생계비를 벌다', '생계를 유지하다' 등으로 해석된다. 또, 항공사 마일리지를 '얻다'는 get을 써도 되고, 마일리지는 돈처럼 버는 것으로 봐서 'earn miles'라고도 한다. earn은 무생물을 주어로 해서 'A earn B money(A가 B에게 돈을 벌어주다)'라고 쓰이기도 한다.

예시

After work, I **earn extra money** by delivering groceries.
직장 일이 끝난 후 식료품 배달을 하며 추가로 돈을 법니다.

By going solar, you can save money on your electricity bills. You can also **earn additional income** by selling the electricity you aren't using.
태양열 발전으로 바꾸면 전기료를 절약할 수 있습니다. 또 쓰지 않는 전기를 판매해서 추가 소득을 올릴 수도 있습니다.

★ go solar 태양열 발전으로 전환하다

Why don't you put the money in the bank? You can **earn interest**.
돈은 은행에 넣어 두지 그래요. 이자를 벌 수 있잖아요.

Our members **earn[=get] 5 miles** per dollar spent on flights.
저희 회원은 항공료로 지불한 비용에 대하여 달러당 5마일리지를 받습니다.

You know how tough it is to **earn a living** as a writer, so I do some teaching on the side to supplement my income.
작가로 생계를 유지하는 것이 얼마나 힘든지 아시잖아요. 그래서 저는 수입을 보충하기 위해 부업으로 학생 가르치는 일을 좀 하고 있습니다.

★ on the side 부업으로, 아르바이트로

02 earn a scholarship
장학금을 받다
; a prize, prize money...

장학금(scholarship)을 '받다'는 receive나 get을 쓰면 된다. 그런데 그냥 받는 것이 아니라 '노력해서 따내다'의 의미라면 win이나 earn을 쓴다. a prize(상)나 prize money(상금)를 '타다', '수상하다'도 마찬가지로 win 또는 earn을 써야 맞다.

예시 **You're the first from this school to earn[=win] a full scholarship to Harvard University. We're really proud of you.**
하버드 대학에 전액 장학금을 받고 입학한 학생은 우리 학교에서 네가 처음이야. 정말 네가 자랑스럽다.

As a playwright, Bill earned[=won] a Pulitzer Prize for his modern-day take on a Shakespeare classic.
극작가인 빌은 셰익스피어 고전 작품을 현대극으로 재해석한 작품으로 퓰리처상을 수상했습니다.

03 earn one's trust
신뢰를 얻다
; one's respect, one's faith, one's loyalty...

신뢰(trust)를 '얻다'는 직역하면 get, obtain 같은 동사를 쓰기 쉽다. 그러나 이 맥락에서 trust와 어울리는 동사는 earn이며, gain이 가끔 쓰인다. 신뢰란 돈을 벌듯이 노력해서 얻는 것이라는 의미로 알아 두자. trust 외에도 respect(존경), loyalty(충성심) 같은 유사한 명사들, a right(권리, 자격), a privilege(특권) 등의 권리와 관련된 명사들을 얻는 것도 earn을 쓴다. earn 뒤에 back을 붙여 'earn one's trust back'이라고 하면 '당신의 신뢰를 다시 얻다/되찾다'가 된다.

예시 **"All that sounds good, but it requires trust." – "I'll do everything I can to earn your trust."**
"그 모든 것이 듣기에는 다 좋지만, 신뢰가 필요해요." – "당신의 신뢰를 얻기 위해 뭐든지 할게요."

As CEO of this company, I have to set an example for my staff and earn their respect.
이 회사 대표로서 저는 직원들에게 모범을 보여 존경심을 얻어야 합니다.

★ set an example 모범을 보이다

"I can't help her unless I know what trouble she's in. So, don't hold out on me. Tell me." – "All right. I think you've earned the right to know."
"그녀가 어떤 문제 상황에 있는지를 알지 못하면 내가 도울 수가 없어요. 그러니 숨기지 말고 말해 줘요." – "좋아요. 당신은 알 권리가 있다고 생각해요."

★ hold out on ~ ~에게 정보를 알려주지 않다

119

"Don't get angry with me." – "Why not? I think I've **earned every right** to be angry with you."

"내게 화내지 마." – "왜? 난 네게 화낼 충분한 자격이 있다고 생각하는데."

Playing video games is **a privilege**. You have to **earn it** by getting good grades in school.

비디오 게임을 할 수 있는 건 특권이야. 그 특권을 얻으려면 학교에서 좋은 성적을 받아야 해.

Running a small business is no walk in the park. You need every customer you can get. You have to work harder to **earn their loyalty**.

소규모 사업을 운영하는 것은 쉬운 일이 아니죠. 한 명의 고객이라도 아쉽거든요. 고객의 충성심을 얻기 위하여 더 열심히 일해야 합니다.

★ a walk in the park (공원 산책) 성취하기 쉬운 일

04 earn someone's forgiveness
용서를 받다

___

용서 '받다'라고 해서 receive 같은 동사를 쓰면 안 된다. receive는 누가 주거나 보낸 것을 '수령하다'라는 의미에서 '받다'라는 뜻이다. forgiveness(용서)를 목적어로 쓸 경우에는 earn으로, 용서는 노력해서 구하는 것이라는 의미를 보여 준다. forgiveness와 짝을 이루는 다른 표현들로는 'ask for ~(~을 구하다)', 'beg (for ~)(~을 빌다)', 'want(~을 원하다)', 'need(~을 필요로 하다)' 등이 있다.

예시

I'm going to do everything I can to **earn your forgiveness** and restore your faith in me.

내가 할 수 있는 모든 일을 해서 당신의 용서를 받고 나에 대한 믿음을 되찾을 겁니다.

He destroyed my life. Nothing he ever says or does will **earn my forgiveness**.

그는 내 인생을 파괴했어요. 그가 무슨 말을 하든 어떤 행동을 하든 용서하지 않을 겁니다.

05 earn one's position
노력을 통해 자리를 얻다, 자리에 오르다

; a job, one's reputation...

일반적으로 어떤 자리(position)를 '얻다'라고 할 때는 get을 쓰면 된다. 그렇지만 노력을 통해 '얻다' 또는 자리에 '오르다'라는 뜻을 표현하려면 earn을 쓴다. 이런 의미로 earn과 어울리는 다른 명사로는 a place(자리), a title(직함), a promotion(승진), one's reputation(명성) 등을 들 수 있다.

예시

Carl didn't get his position as head of the design department because his father owns the company. He earned that position.

칼이 디자인부 부장이 된 것은 아버지가 회사 주인이기 때문이 아닙니다. 칼은 노력을 통해 그 자리에 오른 겁니다.

Most people believe I inherited my job as CEO of the FG Group. But I earned it on my own merits.

대부분 사람들은 제가 FG그룹 회장직을 물려받았다고 생각합니다. 그렇지만 저는 제 실력으로 그 자리에 올랐습니다.

I'm sorry you feel that way about Phil, but he earned his promotion. He deserves it.

필에 대해 그렇게 생각한다니 유감이지만, 필은 노력을 통해 승진한 겁니다. 그럴 자격이 있어요.

I've worked very hard to earn my reputation. I won't do anything that could tarnish it.

제 명성은 힘들게 노력한 결과로 얻은 겁니다. 명성에 먹칠하는 그런 일은 안 할 겁니다.

06 earn points
(어떤 사람에게) 점수를 따다

어떤 사람에게 잘 보여서 점수(point)를 '따다'라고 할 때 point와 어울리는 영어 동사는 score, win, earn 등이 있다. score는 단순히 점수를 '얻다'라는 뜻이고, win과 earn은 여기에 '노력을 통해 얻다'라는 뉘앙스가 추가된다. 누구에게 점수를 따는지를 설명하려면 'earn points with ~'처럼 전치사 with를 붙인다.

예시

He's sucking up to John to earn[=score/win] points with his father.

그는 존의 아버지에게 점수를 따기 위해서 존에게 아첨하는 겁니다.

★ suck up to ~ ~에게 아첨하다

That kind of attitude will never earn you any points with anyone.

그런 태도로는 누구에게도 좋은 인상을 줄 수 없어요.

07 earn one's keep
밥값을 하다

'밥값을 하다'라는 우리말은 직역식 영어로는 표현하기 어렵다. 1800년대에는 현금 대신에 숙식(room and board)을 제공 받고 일하는 사람들이 많았는데, 이런 식의 보수를 'keep'이라고 불렀고, 이것이 우리말의 '밥값'에 해당한다. 이런 맥락에서 'earn one's keep'은 '자신이 받는 보수를 일해서 벌다', 즉 '밥값을 하다'라는 의미로 쓰인다. 현대 미국 사회에서는 paycheck(월급 수표)을 받기 때문에 'earn one's paycheck'이라고 응용해서 쓰는 경우도 있다.

예시

Please let me help you around the house. I want to **earn my keep**. I can cook, clean, or do garden work.

제가 집안일을 도와줄 수 있게 해 주세요. 밥값은 하고 싶어요. 식사를 만들거나, 청소하거나, 화단 정리 일을 할 수 있어요.

You're hired to fix our public relations problems, and it's time for you to start **earning your keep** because I don't see things improving.

자네를 고용한 것은 홍보 문제를 해결하기 위해서야. 이제 밥값 좀 해야 하지 않겠나? 상황이 개선되는 것 같지 않으니 말이네.

FAIL

fail의 대표적 의미는 '실패하다'이다. 이 경우 fail은 자동사로 '실험(test) 이 실패하다', '계획(plan)이 실패하다'처럼 사용된다. 그런데 '실패하다' 외 에 다른 의미로도 많이 쓰이기 때문에 주어 자리에 오는 명사 종류는 더 다양 하다. 또한 fail은 타동사로도 쓰이기 때문에 목적어 자리에도 다양한 명사와 어울린다. 그러니까 fail을 '실패하다'로만 알고 있다면 30%만 아는 셈이다. 나머지 원어민들이 즐겨 쓰는 70%의 'fail+명사' 조합을 알아보자.

MP3 듣기

one's plan fails
계획이 실패하다

; an experiment, an attempt, one's marriage...

자동사로 fail의 가장 기본적인 의미는 무엇이 '실패하다'이다. 여기서 '무엇'에 해당하는 주어 자리에 자주 등장하는 명사들로는 a plan(계획), an experiment(실험), an attempt(시도), a procedure(시술) 등이 있다.

우리는 보통 사람이 주어가 되어 "나는 결혼(marriage)에 실패했다."라고 하는데, 영어에서는 그런 식의 표현도 가능하지만 marriage를 주어로 해서 "My marriage failed.(내 결혼은 실패했다.)"라고도 한다.

예시 **Your plan** not only **failed,** but it backfired.
당신 계획은 실패했을 뿐만 아니라 역효과까지 났어요.

If **this experiment fails**, the entire project will take a big hit.
이번 실험이 실패하면 사업 전체가 큰 타격을 입을 겁니다.

★ take a hit 타격을 입다

Your attempt to turn everyone against me has **failed**.
모든 사람이 나에게 등 돌리게 하려는 너의 시도는 실패했어.

★ turn ~ against - ~을 -에게 반대하게 만들다

"What if **the procedure fails**?" – "No procedure is completely fail-safe, but this is a highly reliable procedure."
"시술이 잘못되면 어떻게 하죠?" – "어떤 시술이든 실패할 확률이 없지는 않습니다만, 이것은 매우 신뢰할 만한 시술입니다."

Our marriage failed because I was too busy with my career to care about Heather's needs.
우리 결혼이 실패한 것은 제가 제 일에만 몰두해서 헤더가 필요한 것에 신경 쓰지 못했기 때문입니다.

02 fail in[at] one's marriage
결혼에 실패하다

; one's duty, one's mission, one's job...

결혼(marriage)의 경우, 우리말에서는 보통 사람을 주어로 해서 '(결혼)에 실패하다'라고 한다. 마찬가지로 영어에서도 사람을 주어로 해서 "I failed in my marriage."라고 할 수 있다. 이 경우 전치사 in 대신에 at을 쓰기도 하는데, 뒤에 오는 명사에 따라 선호도가 달라진다. marriage의 경우는 둘 다 쓰이는데, at의 경우는 "I failed at marriage."처럼 소유격 없이 일반적 결혼 제도에서 실패한 것으로 묘사하는 경우가 많다. duty(직무), mission(주어진 임무) 수행에서 실패하는 경우는 대부분 "I failed in my duty[mission]."이라고 하는 반면, job(맡은 일)의 경우에는 "I failed at my job."이라고 하는 경우가 더 많다.

fail은 타동사로도 쓰이기 때문에 전치사 in을 빼고 "I failed my marriage."라고 marriage를 목적어로 바로 붙여도 된다.

> marriage나 mission의 경우는 이 단어를 주어로 해서 "My marriage failed.", "Our mission failed."라고 할 수도 있다. 다만, duty의 경우는 "My duty failed."라고 하지 않는다.

예시

I failed in my marriage because I was self-centered. I didn't care for anyone but myself.
저는 이기적이어서 결혼에 실패했습니다. 제 자신만 생각했던 거죠.

★ anyone but myself 나 자신을 제외한 그 누구도

I failed at marriage once. I don't want to make that mistake again.
저는 한 번 결혼에 실패했습니다. 같은 실수를 다시 하고 싶지 않습니다.

You **failed in your duty** as a law enforcement officer. There's a child in the hospital fighting for her life because of you.
당신은 경찰로서 직무 수행에 실패했습니다. 당신 때문에 한 아이가 병원에서 사경을 헤매고 있습니다.

★ fight for one's life 중대에 빠져 사경을 헤매다

"I guess we **failed (in) our mission**." – "No. There's still a way we can pull this off."
"우리가 임무 수행에 실패한 것 같습니다." – "아니에요. 아직 해낼 수 있는 한 가지 방법이 있습니다."

★ pull ~ off ~을 해내다, 성취하다

I feel like I'm **failing at my job**. I feel worthless. My productivity is low, and I lack motivation.
저는 제 업무를 제대로 수행하지 못하는 것 같아요. 제 자신이 쓸모없다는 생각이 듭니다. 업무 생산성도 낮고, 동기 부여도 안 됩니다.

★ lack (motivation) (동기가) 모자라다

125

03 one's heart fails
심장이 멈추다, 기능을 잃다

; one's liver...

fail의 자동사 쓰임이다. 우리말에서 '실패하다'의 주어로 심장(heart) 같은 장기 이름을 쓰지 않지만 영어에서는 'heart+fail'의 조합이 가능하다. 이 경우 "His heart failed."처럼 fail을 과거형으로 쓰면 심장이 '멈춰 섰다'라는 뜻이 되고, "His heart is failing."처럼 진행형으로 쓰면 '고장 나서 점점 기능을 상실하고 있다'라는 뜻이 된다. 이런 맥락에서 fail의 주어로 많이 쓰이는 다른 명사로는 liver(간)가 있다.

> ▷ 참고로 fail과 비슷하게 신체 장기가 기능을 상실하는 것을 뜻하는 표현으로 shut down이 있다. 가령, "그의 콩팥이 기능을 상실해가고 있다."는 "His kidneys are shutting down."이라고 한다. heart의 경우는 대부분 fail을 쓰고, 기타 liver(간), kidneys(콩팥), pancreas(췌장), brain(뇌) 같은 다른 장기들의 경우에는 shut down을 많이 쓴다. 신체 전체에 문제가 생겨 다발성 장기 부전이 발생하는 경우에는 his organs(그의 장기들), his body(그의 신체)를 주어로 쓰면 된다.

예시
His death wasn't your fault. **His heart failed**. No one could have saved him.
그가 죽은 것은 당신 잘못이 아니에요. 그의 심장이 멈췄는 걸요. 누구도 그를 살릴 수 없었을 겁니다.

Her liver's failing. Without a transplant, she'll be dead in a couple of days.
그녀의 간이 기능을 거의 다 상실했습니다. 간 이식 수술을 받지 않으면 며칠 내에 사망할 겁니다.

참고
Your father's body is shutting down. Soon, you'll have to decide whether to put him on a respirator or let him go.
아버님은 다발성 장기 손상 상태입니다. 곧 인공호흡기를 달지, 아니면 보내 드릴지 결정하셔야 할 겁니다.

04 a system fails
시스템이 고장 나다, 정상적으로 작동하지 않다

; the brakes...

우리말에서는 시스템이 '고장 나다', '다운되다'라는 표현을 '실패하다(fail)'라고 하지 않지만, 영어에서는 가능하다. 이 경우 fail은 자동사로 '정상적으로 작동하지 않다'라는 뜻을 갖는다. 비슷한 맥락에서 fail과 자주 어울려 쓰이는 다른 명사로 brakes(브레이크)가 있다. 자동차(car)나 기타 기계(machine) 등이 '고장 나다'라고 할 때는 break down이라는 표현을 쓴다.

예시
We're still trying to figure out what happened, but it seems **his life-support system failed**.
아직 무슨 일이 있었는지 조사하는 중입니다만, 생명 유지 장치가 작동을 멈춘 것 같습니다.

126

Apparently, he lost control of his car when **the brakes failed** and went through the window of the store.

보아하니 브레이크가 고장 나서 자동차를 통제하지 못하고 상점 쇼윈도로 돌진한 것 같습니다.

★ lose control of ~ ~에 대한 통제력을 잃다

05 a company fails
회사가 망하다

; a startup...

우리말의 회사(company)가 '망하다'라는 표현은 영어에서 fail(실패하다)로 쓸 수 있다. a company 외에도 a startup(벤처 기업) 등도 함께 사용된다.

▶ 사업이 '망하다'는 'go bankrupt(파산하다)' 또는 구어적으로 'go under', 'go bust'라고도 한다.

예시
"When **your company fails**[=goes under], you'll be left with nothing." – "Don't worry. I'll turn it around."

"네 회사가 망하면 너는 알거지가 될 거야." – "걱정하지 마. 다시 잘 될 거야."

The startup failed[=went bust] when major investors pulled their funding.

주요 투자자들이 자금 지원을 철회하자 그 벤처 기업은 파산했습니다.

★ pull ~ ~을 철회하다

06 fail a test
시험에 떨어지다, 낙제하다

; an exam, a class...

우리말의 '실패하다'와 영어 fail의 가장 큰 차이점은 fail은 타동사로 뒤에 목적어를 붙여 쓸 수 있다는 점이다. 우리말에서는 '시험을 실패하다'라고 하지 않지만, 영어에서는 'fail a test'라고 한다. 반대로 '시험에 합격하다'는 'pass a test'이다. 중간/기말 고사 같은 큰 시험에서 과락하는 경우는 'fail an exam'이라고 하고, 과목 과락은 'fail a class' 또는 "I failed science.(난 과학 과목에서 낙제했다.)"처럼 과목명을 붙여 쓰기도 한다.

예시
I passed my written test, but I **failed my road test**. I backed into a trash can while parallel-parking.

저는 (운전 면허) 필기 시험에는 합격했는데 주행 시험에서 떨어졌어요. 평행 주차를 하다 후진하면서 쓰레기통을 박았습니다.

Yesterday, he got pulled over by a state trooper. He **failed a breathalyzer test** and got arrested.

어제 그는 주 경찰에게 단속 당했습니다. 음주 측정 검사를 통과하지 못해서 체포되었습니다.

I **failed my biology class**[=failed biology]. I only got a 76 percent on my final.

생물학 과목에서 낙제를 했어요. 기말 시험에서 76점밖에 받지 못했어요.

07 fail one's mission
임무 수행을 실패하다

; one's marriage...

위에서 설명했듯이 "I failed in my mission."이라고 하면 "나는 내 임무 수행에서 실패했다."가 된다. 그런데 영어 fail은 타동사로도 쓰이기 때문에 전치사 in을 빼고 "I failed my mission."이라고 해도 된다. 마찬가지로 "결혼 생활에 실패했다."도 "I failed (in) my marriage."라고 할 수 있다. 이때 fail에는 '내가 결혼을 실패하게 만들었다', '결혼 실패의 책임이 나에게 있다'라는 뉘앙스가 담겨 있다.

예시 "I'm sorry I **failed my mission**." – "No. It's not your fault that the mission failed. You did your best. No one could've done any better."

"임무 수행에 실패해서 죄송합니다." – "아니네. 임무가 실패한 것은 자네 책임이 아냐. 자네는 최선을 다했어. 다른 누가 했다고 해도 결과는 달라지지 않았을 걸세."

You left me and Tom out to dry when you left us. You **failed our marriage**, and you failed our son.

당신이 나와 톰 곁을 떠났을 때 우리를 저버린 거예요. 당신이 우리 결혼 생활을 파탄 냈고, 우리 아들에게는 아버지로서의 역할을 못했어요.

★ leave ~ out to dry (사람을) 저버리다

08 fail someone
~의 기대[신뢰]를 저버리다, 실망시키다

우리말의 '실패하다'는 뒤에 사람을 목적어로 넣어서 "나는 아버지를 실패했습니다."라고 하지 않지만, 영어에서는 "I failed my father."이라는 문장이 가능하다. 이때 fail은 '상대방이 해주기를 기대하는 것에 미치지 못하고 실망시키다'라는 뜻을 갖고 있다. 미드에서 보면 the justice system(사법 제도)을 주어로 해서 "The justice system failed me."라는 말을 들을 때가 있는데, "기대와 달리 사법 제도가 공정하게 작동하지 않았다."라는 뜻이다. 같은 맥락에서 공립 학교가 학생을 제대로 보호하지 못해 학교를 자퇴하게 되었다면 "The public school system failed me."라고 할 수 있다.

예시
I know I've failed you as a mother, but I hope (that) one day you'll forgive me.
내가 네 엄마로서 역할을 제대로 못한 걸 알지만, 언젠가 나를 용서해 주기를 바란다.

My players looked to me for guidance, comfort and reassurance, but I failed them.
우리 팀원들은 나에게 지도와 위로와 격려를 받기를 기대했지만, 저는 그런 기대에 부응하지 못했습니다.

★ look to ~ for - ~에게 -을 기대하다

The justice system failed me. That's the only reason I lost custody.
사법 제도가 공정하지 못했어요. 그것이 내가 양육권을 잃은 유일한 이유입니다.

09 one's memory fails one
기억이 안 나다, 기억력에 이상이 생기다

우리말에서는 '실패하다'의 주어로 '기억(력)'을 써서 '기억이 실패했다'라고 하지 않는다. 그런데 영어에서는 memory가 fail의 주어가 되어 "My memory fails me."라고 하는 것이 가능하다. 이 경우 fail은 '정상 작동할 것으로 믿었던 기억력이 나의 기대를 저버리다'라는 뉘앙스를 갖고 있다. 물론 "I can't remember.(기억이 나지 않아.)"라고 하면 간단하지만, fail은 원어민스러운 용법이라고 볼 수 있다.

예시
Unless my memory fails me, it was Jason who first posted the video online.
내 기억에 이상이 없다면, 그 영상을 온라인에 처음 올린 것은 제이슨이었지요.

Is your memory failing you again, Mr. Craig? Or are you lying under oath?
또 기억이 안 나시는 건가요, 크래그 씨? 아니면 증인 선서를 해 놓고 거짓말하시는 건가요?

10 words fail someone
(놀라서) 말이 안 나오다

이것도 앞의 'one's memory fails one'과 비슷하다. "Words fail me."라고 하면 '평소에 잘 나오던 말이 내 기대와 달리 안 나오다'라는 뜻이 된다. 감정이 복받치거나 경악하거나 감탄해서 말이 안 나오는 경우에 쓴다.

> ▶ '말문이 막히다', '말이 안 나오다', '기가 막히다' 등은 "I don't know what to say. (뭐라 말해야 할지 모르겠다.)", "I'm speechless.(말이 안 나온다.)", "(That's) unbelievable.(믿기 힘들다.)"라는 식으로 표현할 수도 있다.

예시

I wanted to tell her how much I loved her, but words failed me.

그녀를 얼마나 사랑하는지 말해 주고 싶었는데 말이 안 나왔습니다.

The pizza was so tasty (that) words failed me.

피자가 너무 맛있어서 말이 안 나올 정도였습니다.

FIND

동사 find는 대부분 무엇을 '찾다', '발견하다'라는 의미로만 알고 있다. 그렇지만 find는 일상 대화에서 다른 의미로도 매우 자주 쓰인다. find를 '찾다'로만 알고 있다면 한국식 영어의 틀을 벗어날 수 없다. 원어민들은 find를 얼마나 다양하게 쓰는지 알아보자.

MP3 듣기

01 find a place
장소를 찾다

find의 기본적 의미는 사물이나 사람을 '찾다'이다. 이와 비슷한 표현으로 'look for ~' 가 있는데, 이 표현은 무엇을 '찾으려 하다'라는 뜻으로, find와 약간 다르다. "목격자를 찾고 있다."는 "We're looking for a witness."이고 "목격자를 찾았다."는 "We found a witness."이다. find는 '찾다'라는 의미로서 a place(장소), a way(방법), the truth (진실), a baby(아기)와 같은 장소나 사람, happiness(행복), peace(마음의 평화), comfort(위안) 같은 추상 명사 등 폭넓은 범위의 명사와 어울린다.

예시

We have to find a way to persuade Lily to drop the lawsuit.
릴리로 하여금 소송을 취하하도록 설득할 방법을 찾아야 합니다.

The place is off the beaten path but not hard to find.
그 식당은 좀 외진 곳에 있지만 찾기 어렵지 않습니다.

★ off the beaten path 사람들 왕래가 많은 지역에서 벗어난

When her baby went missing two years ago, she moved heaven and earth to find her.
2년 전에 그녀의 아기가 실종되었을 때 그녀는 아기를 찾기 위하여 백방으로 노력했습니다.

★ move heaven and earth 백방으로 노력하다

It's time to let go of the past and move on to a new life. It'll help you find peace in yourself.
이제 그만 과거를 잊고 새로운 인생을 시작할 때예요. 그러는 것이 마음의 평화를 찾는 데 도움이 됩니다.

It's a great thing you have Cathy as your best friend, and that you find comfort in each other.
당신에게 캐시라는 절친이 있고, 두 사람이 서로에게서 위안을 얻는 것은 참 좋은 일입니다.

02 find money
돈을 발견하다

find의 두 번째 기본 의미는 무엇을 '우연히 발견하다'이다. 동의어로는 discover가 있다.

예시

"Where did you find this money?" – "I found it in a shoebox under the bed."
"이 돈은 어디서 발견했어요?" – "침대 아래 신발 상자 안에서 발견했어요."

Scientists found a rare reddish lizard in the Bahamas Islands.
과학자들이 바하마 군도에서 희귀한 붉은색 도마뱀을 발견했습니다.

03 find a job
직장을 구하다

; a place, money...

find는 문맥에 따라 '구하다'로도 해석된다. 그러므로 'find the money'는 '돈을 발견하다', '돈을 찾다'라는 뜻뿐 아니라 맥락에 따라 '돈을 구하다'가 될 수 있다. '구하다'라는 의미와 어울리는 명사로는 a job(직장), a place to stay(묵을 장소) 등이 있다.

예시

I'm going to move to Seattle as soon as I find a job there.
시애틀에 직장을 구하는 대로 그곳으로 이사 갈 겁니다.

Her landlord kicked her and her daughter out, but the church helped them find another place to stay.
집주인이 그녀와 딸을 쫓아냈지만, 교회가 새로운 거주 장소를 구하는 데 도움을 주었습니다.

We've been in the red for three months in a row. Where are we going to find the money to keep this place going?
3달 연속 적자예요. 이 식당 영업을 계속하기 위해 필요한 돈을 어디서 구하나요?

★ in the red 적자인 / keep ~ going ~을 계속 운영하다

04 find someone intelligent
~가 지적이라고 생각하다, 판단하다

find 뒤에 A라는 사물 또는 사람 명사를 넣으면 보통의 경우 'A를 찾다', 'A를 발견하다'라는 뜻이지만, A 뒤에 형용사를 붙이면 '(경험해 보니) A가 ~하다고 생각하다, 판단하다'가된다. 가령, 영화를 봤는데 지루했다(boring)면 "I found the movie boring.(그 영화는 지루하다고 생각해.)"이라고 하면 된다. 'find it strange that ~'과 같은 형태로 쓰이기도 하는데, 여기서 it은 that절 이하를 받는 가짜 목적어로, '~라는 점이 이상하다고 생각하다'가 된다.

예시

Jessie and I clicked right away. We had so many things in common, and I found her very intelligent and entertaining.
제시와 나는 금방 죽이 맞았죠. 서로 공통점이 많았고요, 만나 보니 제시는 매우 지적이면서도 재미있는 친구였어요.

Don't you find it strange that Judy and Betty are suddenly thick as thleves?
주디와 베티가 갑자기 둘도 없는 친구처럼 행동하는 것이 이상하지 않아?

★ thick as thieves 매우 친한

05 find time (to ~)
(~할) 시간을 내다

---

find 뒤에 time을 붙이면 '시간을 찾다'가 아니라 '시간을 내다'는 뜻으로, 보통 뒤에 to ~를 붙여 '~할 시간을 내다'라는 의미를 표현한다.

예시

Since I'm working two jobs, it's hard to find time to spend with my kids.

투잡을 뛰다 보니까 아이들과 보낼 시간을 내는 것이 어렵습니다.

With so many commitments at home and work, how do you find time to write novels?

집과 직장에서 맡은 일이 많은데, 어떻게 소설을 쓸 시간을 내시나요?

★ commitment 약속한 일, 책무

06 find strength
힘[용기]를 내다

; courage...

우리말의 '찾다', '발견하다'는 '힘', '용기'라는 명사와 어울리지 않지만, 영어에서는 힘(strength)이나 용기(courage)를 '내다'라고 할 때 'find strength', 'find courage'라고 한다.

예시

She's a real fighter. She's been in a tough spot many times, but somehow, she always found the strength to get through it.

그녀는 진정한 투사입니다. 그녀는 여러 번 역경을 겪었지만 항상 힘을 내서 이겨냈습니다.

★ in a tough spot 어려운 상황에 처한

Where did you find the strength to carry on in the face of adversity?

역경 속에서 계속 끌고 나갈 힘이 어디서 났나요?

I know it's hard to find the courage to stand up for yourself, but you can't continue to let others push you around.

자신의 입장을 내세울 용기를 내는 것이 힘든 것은 알지만, 계속해서 다른 사람들이 당신을 부당하게 대하게 내버려 둘 수는 없잖아요.

★ push ~ around ~에게 무례하게 대하다, 함부로 대하다

07 find the words

말이 나오다

영어로 'find the words'라고 하면 '말을 찾다'가 아니라 '할 말을 찾다', '말이 나오다'라는 뜻이다.

예시

I just can't **find the words** to express my gratitude to you.

당신에게 감사함을 어떻게 다 말로 표현할지 모르겠습니다.

There were many times I tried to tell you how I felt about you, but I couldn't **find the words**. But I love you, more than words can say.

여러 번 당신에게 내 감정을 털어 놓으려 했지만 말이 안 나왔어요. 그렇지만 당신을 사랑해요, 말로 다 할 수 없을 정도로.

Collocations

GET

get의 기본 의미는 '얻다', '구하다', '받다'이다. 그렇지만 get은 이외에도 매우 다양한 의미로 쓰이기 때문에 같이 어울리는 명사도 다양하다. get은 대화에서 매우 빈번하게 사용되므로, get과 자주 어울리는 명사들을 아는 것은 회화 능력을 확장하는 데 매우 중요하다. get의 과거형은 got, 과거분사형은 got/gotten이다.

MP3 듣기

01 get a job
직장을 얻다, 구하다

; a room, a ticket, information, advice...

get의 가장 기본적인 의미는 '얻다', '구하다'이다. 호텔에 '방을 얻다'는 'get a room', '담요를 얻다'는 'get a blanket', '기회를 얻다'는 'get a chance', '표를 구하다'는 'get a ticket', '정보를 얻다'는 'get information', '조언을 얻다'는 'get advice'라고 한다. 이 중에 job, room 등은 find(찾다)로 대체해도 된다.

예시

Jessie wants to move out, get[=find] a job, and live on her own.
제시는 집을 떠나 취직해서 혼자 살기를 원해요.

It was off-season. So, we were able to get[=find] a room without a reservation.
비수기라서 예약 없이 방을 구할 수 있었습니다.

Can I get an extra blanket?
[비행기에서] 담요 한 장 더 얻을 수 있을까요?

I saw her at the party but didn't get a chance to talk to her.
파티에서 그녀를 보기는 했는데 말할 수 있는 기회는 없었어요.

I can't believe you got tickets to the NASCAR race.
NASCAR 경주 대회 표를 구했다니 믿기지 않네요.

Excuse me. Where can I get information on helicopter tours of the island?
최송한데요. 섬 헬리콥터 투어에 관한 정보는 어디서 얻을 수 있나요?

Can I get some advice from you?
조언 좀 구해도 될까요?

02 get a call
전화를 받다

; one's message, permission, treatment, an order...

무엇을 '받다'라고 하면 receive를 생각하기 쉽지만, 실제 대화에서는 get을 더 많이 쓴다. 가령 '전화를 받다'는 'receive a call', 'get a call' 둘 다 되지만 대화에서는 거의 대부분 get을 사용한다. 그 외에 '~의 메시지를 받다'는 'get one's message', '(누구로부터) 허락을 받다'는 'get permission (from ~)', '치료를 받다'는 'get treatment', '병간호를 받다'는 'get care', '주문을 받다' 또는 '명령을 받다'는 'get an order', '길 안내를 받다'는 'get directions'라고 한다.

I just **got a call** from the hospital. They want me to come in for some additional tests.

방금 병원에서 전화를 받았어요. 와서 추가 검사를 받으래요.

I just **got your message**. What's the emergency?

방금 메시지를 들었어요. 무슨 비상 상황인가요?

I have to **get permission** from my teachers to miss class.

수업을 빠지려면 선생님들께 허락을 받아야 해요.

You need to **get treatment** for this illness. It's treatable.

이 병에 대한 치료를 받으셔야 해요. 치료가 가능한 병이에요.

My father has dementia. He's home, **getting care** from a qualified professional.

저의 아버지는 치매가 있으세요. 집에서 전문가의 케어를 받고 계십니다.

We just **got an order** for 200 cupcakes.

방금 200개 컵케이크 주문이 들어왔어요.

I'm new in town. Can I **get directions** to your office?

이 지역에 온 지 얼마 안 돼서요. 사무실로 가는 길 좀 알려 주시겠어요?

03 get a cup of coffee
커피를 가지러 가다, 오다

'얻다'라는 의미의 get은 어떤 것을 '가지러 가다'라는 의미로 확장해 사용되기도 한다. '가다'라는 뜻의 동사 go를 붙여서 'go get ~'이라고 해도 되지만, go 없이 get만 쓰는 경우도 많다. 또한 'get A for B(B를 위해 A을 가지러 가다)'는 'B에게 A를 가져다주다'가 되며, 'get B A' 형태로도 표현할 수 있다. 따라서 "(내가 마실) 커피 갖고 올게요."는 "I'll (go) get a cup of coffee."가 된다.

I'm going downstairs to **get a glass of milk**.

아래층에 우유 한 잔 가지러 갔다 올게요.

I'll go **get the car** and bring it around.

차를 가져다 입구 쪽에 대 놓을게요.

Let me just **get my coat**.

잠깐 내 코트 갖고 올게요.

Could you **get** me **a piece of paper** and a pen?

종이 한 장과 펜 좀 갖다줄래요?

Can you **get** me **my phone**?

내 전화기 좀 갖다줄래요?

04 get a look (at ~)
(~을) 보다

look을 '보기'라는 명사로 썼을 때 look과 가장 흔하게 어울리는 동사는 take이다. 그런데 get과 어울려 쓰일 때도 있다. 'take a look'은 무엇을 점검하거나 자세히 보기 위하여 보는 행위이고, 'get a look'은 무엇이 시야에 들어와 피동적으로 보거나 무엇을 찾아가 보는 상황에 사용한다. 가령, 범인 얼굴을 봤냐고 물어볼 때는 get을 써서 "Did you get a look at his face?"라고 해야지 take를 쓰면 틀린다.

예시
"Did you **get a look at** the intruder?" – "Well, he was wearing a face mask. So, I didn't see his face."
"침입자가 누군지 봤어요?" – "얼굴에 마스크를 쓰고 있어서 얼굴은 못 봤습니다."

I **got a look at** the patients' list. There was no one by the name of Jason.
(일부러 찾아서) 환자 명단을 봤는데 제이슨이라는 이름의 사람은 없었습니다.

05 get some rest
휴식을 취하다

우리말에 '휴식하다' '쉬다'에 대응하는 영어 동사는 rest이다. "집에 가서 쉬세요."는 "Go home and rest."라고 하는데, 우리말의 '휴식을 취하다'처럼 영어에서도 rest를 명사로 쓸 수 있다. 이때 우리말의 '취하다'에 해당하는 영어 동사는 take(취하다), pick(선택하다), choose(선택하다) 등이 있고, 이 중 rest(휴식)와 짝을 이룰 수 있는 동사는 take뿐이다. 그런데 실제 대화에서는 get을 훨씬 더 많이 쓴다.

> ▶ 'take+rest'와 'get+rest' 조합 간에는 중요한 차이점도 있다. take의 경우는 rest에 a를 붙여 "Why don't you take a rest?(좀 쉬지 그래요?)"처럼 쓴다. 이 경우의 a rest는 셀 수 있는 명사로 a break(잠깐의 휴식)와 비슷하다. get의 경우는 아래 예문에서 보듯이 셀 수 없는 명사로 some(약간), plenty of(많은) 같은 수식어를 붙여 일반적 휴식의 의미로 쓴다.

예시
Let's go home and **get some rest** before we go to dinner.
저녁 식사 모임에 가기 전에 집에 가서 좀 쉽시다.

You should limit your physical activity and **get plenty of rest.**
몸을 움직이는 일은 되도록 하지 말고 충분한 휴식을 취하세요.

How are you feeling? Did you **get any rest**?
몸은 어때? 좀 쉬었어?

참고
Can we **take a rest**?
좀 쉬었다 하면 안 될까요?

06 get control (of ~)
(~을) 통제하다

무엇을 '통제하다'는 control을 동사로 써도 되지만, control을 명사로 써서 get과 함께 사용할 수 있다. 뒤에 통제하는 대상은 전치사 of를 넣어 표현한다. get 대신에 take를 쓸 수도 있다.

예시

We need to get control of the situation before it's too late.
너무 늦기 전에 상황을 통제해야 합니다.

I'm trying to get control of my own destiny.
내 운명은 내 스스로 결정하려고 합니다.

You'd better get control of yourself before you do something you'll regret.
후회할 일을 저지르기 전에 자신을 통제하세요.

07 get revenge (on ~)
(~에게) 복수하다

'복수'는 revenge로, 동사를 우리말처럼 do로 쓰면 콩글리시가 된다. revenge와 가장 많이 어울리는 동사는 get, 그 다음으로 take를 쓴다.

예시

He went after my family to get revenge on me.
그는 나에 대한 복수로 내 가족을 공격 표적으로 삼았습니다.

★ go after ~ ~을 공격하다. 공격 표적으로 삼다

She perjured herself to get revenge on my mom.
그녀는 우리 엄마에 대한 복수로 위증했습니다.

★ perjure oneself 법정에서 위증하다

141

08 get justice (for ~)
(~을 위해) 정의를 실현하다

영어에서 justice는 기본적으로 '정의'이지만, 범죄에 대한 '대가', '법적 처벌'이라는 뜻으로도 많이 쓰인다. 그래서 'bring ~ to justice(~을 정의로 데리고 오다)'는 '~에게 합당한 법적 처벌을 받게 하다'라는 뜻이고, 같은 맥락에서 'get justice (for ~)'는 '(~을 위해서/대신해서) 악한 짓을 한 사람이 응당한 대가를 치르거나 법적 처벌을 받게 하다'라는 뜻으로 쓰인다. 우리말에서는 안 쓰이는 조합이지만, 영어권의 일상 대화에서는 자주 쓰인다.

예시

I'll **get justice for** you and your mother. I'll put that bastard away for life.
내가 너와 네 엄마를 위해 정의를 실현할 거야. 그 놈이 평생 감방에 가서 못 나오게 만들 거라고.

★ put ~ away ~을 감옥에 보내다

I need to **get justice**. I can't let him get away with what he did to my family.
응당한 대가를 치르게 해야지. 그 자가 우리 가족에게 한 짓에 대해 아무런 처벌도 안 받게 내버려 둘 순 없지.

★ get away with ~ ~에 대하여 처벌받지 않고 빠져나가다

09 get word (that ~)
(~라는) 소식을 듣다

word의 기본 의미는 '단어'이지만, '소식'이라는 뜻도 있다. 그래서 get과 어울려 'get word'라고 하면 '소식을 듣다'라는 뜻이 된다. 이 표현은 'get word on ~(~에 대한 소식을 듣다)', 'get word from ~(~로부터 소식을 듣다)', 'get word to ~(~에게 소식을 전하다)'처럼 쓰거나, get word 뒤에 that절을 붙여 소식의 내용을 설명한다. 참고로 '소식'이라는 뜻의 news는 get과는 같이 쓰지 않고, hear(듣다)를 써서 'heard the news'라고 한다.

예시

Did you **get word** on the promotion? You're the new IT manager. They just announced it.
승진 소식 들었어? 자네가 새로운 IT 부장이 되었는데. 방금 발표가 났다고.

I just **got word that** the job fair has been pushed back to December.
방금 취업 박람회가 12월로 연기됐다는 소식을 들었어요.

★ push ~ back to - ~을 -로 연기하다

As soon as I **get word** from Susan, I'll let you know.
수잔에게서 연락이 오는 대로 알려 줄게요.

I need you to **get word** to my lawyer. Tell her to file for bankruptcy.

내 변호사에게 말을 전해 줘요. 파산 신청하라고요.

★ file for ~ (법원에) ~을 신청하다

10 get custody (of ~)
(~의) 양육권을 차지하다, 갖다

영어에서 '양육권'은 custody라고 하는데, 이를 '차지하다'라는 우리말로 생각하면 own(소유하다), occupy(장악하다) 같은 동사를 떠올리기 쉽지만, custody와 실제로 어울리는 영어 동사는 get이다.

예시   **I'll do anything to get custody of** my kids.

내 아이들의 양육권을 갖기 위해서는 어떤 일이든 할 겁니다.

Last year, she tried to get custody of her daughter, but it didn't work out.

작년에 딸 양육권을 가져오려 했지만 실패했어요.

★ not work out (시도가) 성공하지 못하다

11 get some air
바람 좀 쐬다

'바람 쐬다'는 'take a wind'처럼 직역하면 콩글리시가 되기 쉽다. 이런 상황에서 '바람'은 영어에서 air(공기)라고 하고, air와 짝을 이루는 동사는 get이다. 보통 앞에 some을 붙여 'get some air'라고 한다. get 외에도 '바람 좀 쐬어야겠다'라는 뜻으로 'need some air'도 자주 쓰인다.

예시   **Let's go for a walk and get some air.**

산책하며 바람 좀 쐽시다.

12 get some distance
거리를 두다

누구와 '거리를 두다'는 '두다'라는 의미의 put을 써서 'put distance'라고 할 수 있다. 거의 항상 뒤에 between(사이에)을 붙여 쓴다. "당분간 잭과는 거리를 두는 것이 좋겠어."는 "You need to put some distance between you and Jack."이라고 한다. put 대신에 get을 쓸 수도 있다. put을 쓰면 적극적으로 상대방을 멀리하는 뉘앙스가 있고, get은 자신만의 공간을 갖기 위하여 물러서거나 어떤 일에서 벗어난다는 느낌이 있다.

예시
I'm trying to get some distance from my parents and stand on my own.
부모님과 좀 떨어져서 나 홀로 서려고 노력 중입니다.

You'd better get some distance from that man. He's a walking time bomb.
저 남자와는 거리를 두는 것이 좋겠어. 걸어 다니는 시한 폭탄이니까.

13 get some sleep
잠자다, 눈 좀 붙이다

'잠자다'는 보통 sleep이라는 동사 하나로 표현한다. 그렇지만 sleep을 명사로 써서 특정 동사와 짝을 이뤄 쓰는 경우도 많다. 우리말에서는 '잠을 얻다'라고 하지 않기 때문에 'get+sleep'은 잘 생각하기 어려운 조합이지만, 동사 sleep은 단순히 '잠자다'인데 반하여 get sleep은 자기 어려운 상황에서 '잠자다'라는 의미로 쓴다. 흔히 sleep 앞에 some(약간), a little(조금) 같은 수식어를 붙여 쓴다.

예시
"Did you get sleep last night?" – "A little."
"어제 잠 좀 잤어요?" – "조금요."

You've been on your feet all day. Go home and get some sleep.
오늘 하루 종일 앉아 쉴 시간도 없었는데. 집에 가서 눈 좀 붙여요.

★ on one's feet 앉아 쉴 시간 없이 일하느라 바쁜

I barely got any sleep last night because I was worried about him.
그 사람이 걱정돼서 어젯밤에 잠을 거의 못 잤어요.

14 get a sandwich
샌드위치를 사다

get은 '사다'라는 뜻으로도 자주 사용된다. 다만, 같은 말이 '사다', '얻다', '가져오다' 등이 될 수 있으므로 문맥을 잘 봐야 한다. 가령, "I'm going to get a sandwich."는 행사장에 참석자들을 위해 미리 샌드위치를 구비해 놓은 상태라면 '가지러 가는' 것이지만, 일반적인 점심 시간에 밖에 나가면서 이런 말을 하면 '사 먹으러 가겠다'라는 말이 된다. get 뒤에 음식 이름 외에도 'something to eat(뭔가 먹을 것)', 'a bite to eat(간단한 요깃거리)' 같은 말도 자주 사용된다. 'get ~ a sandwich'의 형태를 써서 '~에게 샌드위치를 사다 주다'라는 뜻도 표현할 수 있다.

예시

Do you want to join us for lunch? We're going to get[=grab] a burger at Kelly's.
점심에 우리와 같이 나갈래요? 켈리스에 햄버거 사 먹으러 갈 건데.

I'm starving. Let's go get[=grab] a bite to eat.
배고파 죽겠어요. 어디 가서 요기 좀 합시다.

Fridays are special days. You can get 5 avocados for 2 dollars.
금요일은 특별 세일하는 날입니다. 2달러에 아보카도 5개를 살 수 있어요.

Can I get you a sandwich or something?
샌드위치나 뭐 다른 것 좀 사다 드릴까요?

15 get a divorce
이혼하다

'이혼하다'와 관련된 동사는 divorce가 있는데, 이 동사의 실제 뜻은 '~와 이혼하다'이다. 타동사이기 때문에 바로 뒤에 목적어를 붙여서 "I divorced him.(그 사람과 이혼했어요.)" 처럼 쓴다. 우리말 '~와' 때문에 "I divorced with him."이라고 하면 틀린다. 이것은 '결혼하다'라는 뜻의 marry도 마찬가지이다.

'내가 먼저 이혼하자고 했다'라는 뜻을 표현하고자 할 때만 with를 쓰고, 일반적으로 '(~와) 이혼하다'는 divorce를 명사로 써서 'get a divorce (from ~)'이라고 한다. 참고로 "우리 이혼했어요."처럼 지금 이혼한 상태를 뜻하는 경우에는 "We're divorced."라고 한다.

예시

I can't believe Jack and Lilly are getting a divorce. I hope they don't go through with it.
잭과 릴리가 이혼을 한다니 믿기지 않네요. 진짜 이혼까지 안 갔으면 좋겠어요.

★ go through with ~ ~을 실행에 옮기다

When my parents got a divorce, I was hurt.
부모님이 이혼하셨을 때 마음의 상처를 받았어요.

I don't want to **get a divorce** from her.

난 그녀와 이혼을 원하지 않아요.

16 get a doctor
의사를 데려오다, 불러오다

; help, security, a nurse...

누구를 '데려오다'나 '불러오다'라고 하면 bring을 떠올리기 쉽다. 그런데 bring은 단순히 물건이나 사람을 어떤 곳에 '가지고/데리고 오다'라는 뜻이다. 파티에 초대하면서 "아내와 아이들도 데리고 오세요."라고 할 때는 "<u>Bring</u> your wife and children, too."라고 한다. 그런데 누구를 '찾아서 데리고 오다', '불러오다'라고 할 때는 get을 쓴다. 누가 쓰러져서 "의사 좀 불러 주세요."라고 할 때는 "Somebody <u>get</u> a doctor."라고 한다.

예시 I'm going to go **get a nurse**.

간호사를 불러올게요.

You're losing blood. I'm going to go **get help**.

출혈이 심해요. 가서 누구를 좀 불러올게요.

Can somebody **get security**, please?

누가 경비 좀 불러 주세요.

17 get one's point
말의 요점을 이해하다

; one's logic, you, it, why, how...

get은 무엇을 '이해하다'라는 뜻으로 자주 쓰인다. 상대방 말의 요점을 이해하지 못하겠다는 뜻으로 "I don't get your point."라고 하는데, get 뒤에는 you, it 같은 대명사나 why, what, how 등의 의문사절도 자주 쓰인다.

> ▶ 'get the picture'의 우리말 직역은 '그 그림을 얻다'인데, 실제 의미는 '설명하는 것을 이해하다'라는 뜻으로 쓰인다. 여기서 그림은 '상황'을 의미하고, get은 상대방이 묘사하는 상황을 '이해하다'라는 뜻으로 쓰였다.

예시 I don't **get your logic**. What you're saying just doesn't make sense.

난 네 논리가 이해가 안 돼. 네 말은 전혀 말이 안 된다고.

I don't **get you**. Why would you want to marry someone you don't love?

난 네가 이해가 안 돼. 왜 사랑하지도 않는 사람과 결혼하겠다는 거야?

Don't you get it? This isn't a solution to your problem. It'll only make it worse.

도대체 못 알아듣겠어? 이것은 네 문제의 해결책이 아니야. 오히려 문제만 더 악화시킨다고.

I don't **get how** something like this happens.

어떻게 이런 일이 일어날 수 있는지 이해가 안 돼요.

참고

They don't want you anywhere near their house. You **get the picture?**

그들은 네가 집 근처에 얼씬거리는 것도 원하지 않아. 무슨 말인지 알겠어?

Okay. I **get it.** I understand. I **get the picture.**

그래. 알겠어. 이해한다고. 무슨 말인지 알겠다고.

18 get one's attention
누구의 관심/주의를 끌다

'끌다'에 해당하는 draw를 써서 'draw one's attention'이라고 해도 문법적으로 틀리지는 않지만, 일상 대화에서는 get을 압도적으로 많이 쓴다. get 대신에 사용 빈도는 적지만 attract, catch도 쓸 수도 있다. attention은 눈으로 본다는 의미의 '주의'와 흥미란 의미의 '관심' 두 가지 뜻으로 쓰인다. '관심'은 interest라는 단어도 있지만 '관심을 끌다'라는 표현에서는 거의 쓰지 않는다.

예시

Everyone, can I **get your attention?**
여러분, 여기로 주목해 주시겠어요?

I waved to **get her attention,** but she didn't notice me.
그녀를 보고 주의를 끌려고 손을 흔들었는데, 몰라보고 지나갔어요.

"You won the lottery?" – "I thought that might **get your attention.**"
"복권에 당첨됐다고?" – "그 말에 관심 보일 줄 알았다."

She's probably doing this to **get your attention.**
그녀는 네 관심을 끌려고 이러는 것일 수도 있어.

19 get the door
문을 열어 주다

누가 문 밖에서 초인종을 누를 때 '가서 문을 열어 주다'는 'open the door'라고 하기 쉽지만, 이것은 단순히 문을 여는 동작을 의미하기 때문에 틀린 영어다. 이 상황에서는 get을 써서 'get the door'라고 해야 한다. 또는 answer(답하다)를 써서 'answer the door'라고 할 수도 있다. 문 쪽으로 가는 것은 열어 주러 가는 것이 뻔한 상황이므로 the door 대신에 "I'll get it."이라고 해도 되며, 이 표현은 상황에 따라 전화벨이 울릴 때 "내가 받을게요."라는 의미도 된다. 문맥에 따라 의미를 파악하는 것이 필요하다.

예시

Can you please **get the door**?
가서 문 좀 열어 줄래?

Sorry it took so long to **get the door**.
문을 여는 데 시간이 오래 걸려서 미안해요.

GIVE

give는 대부분 '~을 주다'라는 타동사로 알고 있다. 그런데 우리말의 '주다'와 영어 give의 사용이 일치하는 경우는 많지 않다. 영어 give는 우리말 '주다'와는 어울리지 않는 명사들과 어울려 쓰이는 경우가 많다. 따라서 'give=주다'처럼 도식적으로 알고 있었다면 그 틀을 깨 보자. 아래 소개된 'give+명사' 조합은 대화에서 매우 자주 사용되기 때문에 잘 익혀 두자.

MP3 듣기

01 give a call
전화를 주다

우리말의 '주다'와 같은 give의 예시이다. 여기에 제시된 명사 외에도 수많은 명사들과 어울릴 수 있지만, 미드에서 가장 빈번하게 사용되는 단어들을 선별하였다. a call(전화), time(시간), money(돈), strength(힘), courage(용기), information(정보), a message(메시지), an answer(답변), an impression(인상), a warning(경고) 등을 알아 두자. impression은 '인상' 외에 어떤 것에 받는 '느낌', '생각'이라는 뜻도 있다.

예시

Please **give me a call** as soon as you hear anything.

뭔가 소식을 듣는 대로 전화주세요.

She's going to be okay. **Give her time** to recover.

(그녀는) 괜찮을 거예요. 회복할 시간을 줘야죠.

Let me **give you some money** to get you started until you get on your feet.

혼자 힘으로 할 수 있을 때까지 일단 사업을 시작할 수 있는 돈을 좀 줄게.

This book **gave me the strength and courage** to follow my heart.

이 책이 내가 하고 싶은 것을 할 수 있는 힘과 용기를 주었습니다.

I can't **give you information** on an ongoing investigation. I have a protocol to follow.

현재 진행되고 있는 수사에 관한 정보를 줄 수 없습니다. 규정을 지켜야 하거든요.

He's not in yet. May I **give him a message**?

지금 자리에 없는데요. 말씀 전해 드릴까요?

I can't **give you answers** that I don't have.

나도 갖고 있지 않은 답변을 줄 수는 없잖아요.

She **gave me the impression** that she didn't want to talk to me at all.

그녀는 나와 전혀 이야기하고 싶어 보이지 않았어요.

02 give a speech
연설하다

; a presentation, a pitch, an interview...

우리말에서는 연설을 '하다'라고 하지만 영어에서 speech(연설)와 가장 빈번하게 어울리는 동사는 give이고 다음이 make이다. 영어에서는 speech, presentation(발표), press conference(기자 회견) 같은 것은 '주는' 것으로 표현한다. '인터뷰하다'도 인터뷰에 응하는 입장에서는 'give an interview', 반대로 인터뷰를 하는 입장에서는 'get an interview' 또는 interview를 타동사로 쓴다. "Can you give us an interview?(인터뷰에 응해 주실 수 있습니까?)"처럼 간접목적어를 넣어 쓰기도 한다.

예시

I'm a little nervous about **giving my speech** tonight.
오늘 밤 연설하는 게 조금 긴장되네요.

I'm **giving a presentation** today to the marketing department about some of the ideas we brainstormed the other day.
지난번에 브레인스토밍했던 마케팅 팀의 몇몇 아이디어들에 대해 오늘 발표할 거예요.

Would you be willing to **give an interview** on camera?
카메라 인터뷰에 응해 주시겠어요?

The governor is **giving a press conference** as we speak.
바로 지금 주지사가 기자 회견을 할 거예요.

03 give (-) a description (of ~)
(—에게) (~에 관하여) 묘사하다, 설명하다

; an account, an overview...

무엇을 '묘사하다', '설명하다'에 해당하는 영어 동사는 describe, explain이지만, 이 동사의 명사형을 써서 'give a description', 'give an explanation'이라고 표현할 수도 있다. 우리말에서는 '설명을 주다'라고 하지 않기 때문에 직역식 영어로는 생각하기 어려운 원어민식 표현이다. description, explanation 외에 account(설명, 기술), overview(개괄, 전반적인 설명) 등의 명사도 같은 맥락에서 give와 자주 어울려 쓰인다.

예시

You said you saw someone coming out of the victim's room. Can you **give me a description of** this person?
피해자의 방에서 누가 나오는 것을 봤다고 하셨죠. 그 사람의 인상착의를 말해 주실 수 있겠어요?

Did she **give you any explanation** for why she did it?
그녀가 왜 그런 일을 했는지 당신에게 설명했나요?

I was called in and **gave my account of** what happened that night.
경찰에 소환되어 그날 저녁에 있었던 일을 진술했습니다.

My assistant Jack will **give you an overview of** your job responsibilities.

내 비서인 잭이 당신이 맡을 업무에 대하여 전반적인 설명을 해 줄 겁니다.

04 give ~ a ride[a lift]
차를 태워 주다

; a hug, advice...

우리말에서는 '차를 태워 주다'라고 하는데, 영어에서는 'give a ride(차 타기를 주다)'라고 한다. ride 대신에 a lift라고도 한다. 비슷한 쓰임으로 'give a hug(껴안아 주다)', 'give advice(충고해 주다)' 등이 있다.

예시

I can give you a ride home if you want.

원하면 집까지 차로 바래다 드릴 수 있어요.

Get over here and **give Granny a big hug**.

이리 와서 할머니를 꽉 껴안아 주렴.

I'm in no position to **give advice** on relationships, but don't you think you're rushing into this one?

이성 관계에 내가 조언을 할 입장은 못 되지만, 이번 사람과 사귀는 것을 너무 서두르는 것 아니야?

★ rush into ~ 신중하게 생각해 보지 않고 ~을 시작하다

I'll **give you a piece of advice**. Always take what Brad says with a grain of salt. He's full of hot air.

한 가지 충고를 해 주지. 브래드가 하는 말은 항상 에누리해서 들어야 해. 뻥이 심하니까 말이야.

05 give ~ a try
한번 해 보다, 가 보다, 먹어 보다

; a shot...

'~을 해 보다'라고 하면 영어로 try라는 동사가 생각난다. 이 단어는 'try to ~'처럼 뒤에 to부정사를 붙일 수도 있고, "I tried the door, but it was locked.(문 손잡이를 돌려 봤는데, 잠겨 있었어요.)"처럼 명사 목적어를 붙여 쓰기도 한다. 그런데 원어민들은 흔히 try 를 '한번 해 보기'라는 명사로 써서 give와 함께 'give ~ a try(~을 한번 해 보다)'라고 한다. 이때 give 뒤에 목적어로 쓰이는 명사에 따라 우리말 동사가 달라지는데, 식당 같은 장소면 '한번 가 보다', 생소한 음식이면 '한번 먹어 보다', 사람이면 '한번 써 보다'가 된다. a try 대신에 a shot을 쓰기도 한다.

예시

I read great reviews about the restaurant, so I **gave it a try** with my friend when we were in the neighborhood.

그 식당에 대한 좋은 후기를 읽었어요. 그래서 그 지역에 갈 일이 있었을 때 친구와 함께 가 봤지요.

I'm not a big fan of sandwiches, but their croissant sandwich looked good, so I decided to **give it a shot.**

전 샌드위치는 별로 안 좋아하는데, 그 집 크로와상 샌드위치가 매우 맛있어 보이더라고요. 그래서 한번 먹어 보기로 했죠.

★ be a big fan of ~ ~을 매우 좋아하다

"I'm not sure about this Maggie woman. She comes off a bit brusque." - "Come on. **Give her a try.** She's a good person once you know her."

"이 매기라는 여자는 확신이 안 서는데요. 좀 무뚝뚝한 인상이고 말이죠." - "그러지 말고 한번 써 보세요. 알고 보면 좋은 사람이에요."

06 give thought (to ~)
(~에 관해) 생각하다

'생각하다'를 영어로 표현하려면 대부분 think를 생각한다. 물론 이 동사로 '생각하다'라는 표현을 할 수 있지만, think의 명사형 thought를 사용해서 give와 짝을 맞춰 'give thought to ~'라고 하면 '~에 대하여 생각하다'가 된다. 이렇게 명사형을 쓰면 'give a lot of thoughts to ~(~에 대해 생각을 많이 하다)', 'give more thought to ~ (생각을 더 해 보다)'처럼 thought 앞에 여러 형용사를 붙여 쓸 수 있다. 원어민들은 자주 쓰지만 우리나라 영어 학습자들은 잘 쓰지 못하는 표현이다.

예시

I've been **giving some thought to** our baby's name. If it's a girl, how about we name her Adriana after your grandmother?

우리 아기 이름을 좀 생각해 봤어요. 여자면 당신 할머니 이름을 따서 아드리아나라고 지으면 어떨까요?

Have you **given any more thought to** my offer to buy you out?

당신 지분을 내가 사들이겠다는 내 제안에 대해 좀 더 생각해 봤어요?

★ buy ~ out (공동 투자자 지분을) 사들이다

I haven't **given enough thought to** the idea of selling out my business and retiring.

내 사업을 매각하고 은퇴하는 것에 대하여 충분히 생각해 보지 않았습니다.

07 give ~ permission
허락하다

'허락하다'라고 하면 permit이나 allow 같은 동사를 생각하기 쉽다. 그런데 permit의 명사형 permission을 써서 'give permission(허락을 주다)'이라고 할 수도 있다. 'give+permission' 조합은 일반 대화에서 자주 쓰이는 반면, 동사 permit은 격식체 단어라서 잘 쓰이지 않는다. 가령, "누가 당신이 ~해도 좋다고 허락했나요?"를 영어로 하면 (1) "Who permitted you to ~?"와 (2) "Who gave you permission to ~?" 둘 다 가능하지만 (1)번 형태는 거의 쓰지 않는다. 법정 같이 공적인 자리에서는 give 대신 grant(허락 등을 내 주다)라는 동사를 쓰기도 한다.

예시

He's on parole, but the judge has **given**[=granted] **him permission** to travel out of state to attend his father's funeral.

그는 지금 보석으로 풀려 나와 있는데, 아버지의 장례식 참석을 위해 판사가 주 경계선 밖으로 여행하도록 허락했습니다.

Who **gave you permission** to come into my office and snoop around?

누가 당신에게 내 사무실에 들어와서 기웃거려도 좋다고 했나요?

★ snoop around 염탐하다, 기웃거리다

08 give ~ orders
명령하다, 명령을 내리다

'명령하다'에 해당하는 영어 동사는 order로, 상관이 내리는 명령뿐만 아니라 의사가 지시하는 것도 order라고 한다. 그런데 order를 명사로 give와 함께 써도 '명령하다'라는 뜻을 표현할 수 있다. 우리말에서 '명령을 내리다'라고 하기도 하는데, '내리다'라는 표현 때문에 give를 쉽게 생각하지 못한다. order를 명사로 쓸 경우 'give ~ an order'처럼 단수로 쓸 수도 있지만, 흔히 복수 형태(orders)로 사용한다.

예시

He's a man from a filthy rich family, with a strong sense of entitlement. He's used to **giving orders**, not taking them.

그는 엄청난 부잣집 출신으로 특권 의식이 대단해요. 그는 명령을 내리는 것에만 익숙하지, 명령받는 것에는 익숙하지 않습니다.

I **gave**[=issued] **orders** to seal off the area.

이 지역 출입을 봉쇄하라고 명령했습니다.

What are you doing on your feet? The doctor **gave you strict orders** to stay in bed.

일어나서 뭐하는 거예요? 의사 선생님이 침대에 누워서 쉬라고 엄격히 지시했잖아요.

09 one's heart gives out

심장이 정지하다, 작동하지 않다

; one's legs, brakes...

우리말의 '주다'는 항상 '무엇을'이라는 목적어를 붙여 쓰지만, 간혹 자동사로도 쓰일 때가 있다. 가령, 자신이 성공하고 부를 축적한 것을 사회에 '환원하다'라고 할 때 목적어 없이 'give back to society'라고 한다. '자선 단체에 기부하다'도 'give to charity'라고 한다. 일반 대화에서는 'one's heart gives out(심장이 정지되다)'이라는 표현이 자주 쓰인다. 여기서 give는 '버티다가 무너지다'라는 의미가 담겨 있으며, 'give out'은 신체 장기, 수족, 자동차 브레이크 등이 '작동하지 않다', '작동이 중지되다'의 의미로 쓰인다.

예시

He passed away yesterday. **His heart gave out**.

그는 어제 사망했습니다. 심장 마비를 일으켰어요.

I was just walking on the street. Suddenly, I felt dizzy, and **my legs gave out** (on me).

그냥 거리를 걸어가고 있었거든요. 갑자기 현기증이 나더니 다리에 힘이 풀려 쓰러졌어요.

My brakes gave out on a highway. Luckily, there was little traffic, and I was able to pull over to the curb, using the emergency brake.

고속도로에서 브레이크가 작동하지 않았어요. 다행히 차량이 많이 않아서 비상 브레이크로 갓길에 차를 세울 수 있었죠.

10 give one's name

이름을 말해 주다, 알려 주다

; address, phone number, details...

우리말에서 이름(name)을 '말해 주다', '알려 주다'라고 하는데, 이를 직역하면 (1) 'tell one's name' 또는 (2) 'let A know one's name'이 있지만 (2)번은 잘 쓰이지 않고, 동사 give를 흔히 쓴다. 영어에서는 이름을 말해 주는 것도 이름을 '준다'라고 한다. 이런 맥락에서 give와 자주 어울려 쓰이는 명사로는 address(주소), phone number(전화번호), detail(자세한 내용) 등이 있다.

> ▶ give나 tell은 상대방에게 달라고 명령하는 느낌이 있기 때문에 공손하게 말하려면 "Can[May] I have your name?"이라고 표현하는 것이 좋다. 'Can I have ~?'는 상대방에게 무엇을 달라고 부탁할 때 쓴다.

예시

If you **give me your name and number**, someone from Customer Services will contact you.

이름과 전화번호를 알려 주시면 고객 관리부 담당자가 연락드릴 겁니다.

A man came in this morning and asked if you were working here. He refused to **give his name**, though.

한 남자가 오전에 들어와서 당신이 여기에서 근무하냐고 물어봤어요. 그런데 자기 이름은 밝히지 않았습니다.

"What exactly did she say?" – "She didn't **give me any details**. She just said she'd be out of town for a couple of days on a personal emergency."

"그녀가 정확히 뭐라고 했는데요?" – "자세한 내용은 말해 주지 않았어요. 급한 개인적 용무로 며칠간 타 지역에 갔다 온다고 했습니다."

★ out of town 자신이 거주하는 지역을 벗어난

11 give - an idea (of/as to ~)
—에게 (~에 대하여) 알려 주다

; a clue, a sense, an update...

누구에게 무엇을 '알려 주다'라고 하면 'let ~ know'라는 표현이 생각난다. 그런데 원어민들은 'give+idea'의 조합으로도 '알려 주다', '말해 주다'라는 뜻을 표현한다. 'give - an idea (of/as to ~)'라고 하면 '—에게 (~에 대하여) 대략적인 내용을 알게 해 주다'라는 뜻이 된다.

같은 맥락으로 'give a clue(짐작하게 해 주다)', 'give a sense(대략적으로 알게 해 주다)', 'give a heads-up(사전에/미리 알려 주다)', 'give an update(새로운 정보를 알려 주다)' 등이 있다.

예시

Can you **give me an idea of** how long the entire trip would take?

전체 여행이 시간이 얼마나 걸릴지 말씀해 주실 수 있을까요?

Anybody want to **give me a clue**[=idea] **of** what's going on?

누구라도 지금 무슨 일이 있는 건지 말해 줄 수 없나요?

Read the blog's posts. It'll **give you a sense of** what you can do with a degree in public health.

그 블로그의 글을 읽어 보세요. 그러면 공중 보건 학위를 따서 어떤 일을 할 수 있는지 감이 잡힐 겁니다.

Thanks for **giving me the heads-up**.

미리 알려 줘서 고맙습니다.

I'll call you tomorrow and **give you an update** (on the case).

내일 전화해서 (사건에 관한) 새로운 내용을 알려 줄게요.

12 give ~ a break
~을 닦달하거나 비난하는 것을 그만하다

명사 break는 "Let's take a break.(좀 쉬었다 합시다.)"처럼 '잠시 쉬기'라는 뜻으로 자주 쓰이지만, 'give ~ a break'의 형태로 '~을 닦달하거나 비난하는 것을 그만하다'라는 뜻으로도 쓰인다. 맥락에 따라 '~을 봐주다'라고 해석되기도 한다. 대화에서는 "Give me a break."의 형태로 "말도 안 되는 소리 하지 마.", "너무 닦달하지 마."라는 뜻으로 자주 쓰인다.

> ▶ 이와 비슷한 표현으로 'cut ~ some slack', 'go easy on ~'이라는 표현이 있다. 'cut ~ some slack'은 궁지에 몰리거나 어려움에 처한 사람에게 '관대하게 대하다', '봐주다'라는 뜻이고, 'go easy on ~'은 '너무 심하게 하지 않다', '살살하다'라는 뜻이다.

예시

"You're never at home, and when you are, all you do is sleep." – "**Give me a break**! Do you think I like working twelve hours a day? If I don't work, who's going to make a living for us?"

"당신은 거의 집에 있는 적이 없잖아요. 집에 있을 때는 잠만 자고." – "그만 좀 해요! 누구는 하루에 12시간씩 일하고 싶은 줄 알아요? 내가 일을 안 하면 가족 생계비는 누가 벌고요?"

★ make a living 생계비를 벌다

Give her a break. She didn't mean to cause us any harm. Things just didn't work out the way she planned.

그녀를 너무 나무라지 말아요. 우리 회사에 해를 끼치려고 한 일이 아니잖아요. 일이 그녀가 계획한 대로 풀리지 않았을 뿐이에요.

★ mean to ~ ~할 의사가 있다, 의도적으로 ~하다 / cause ~ harm ~에 해를 끼치다

Give yourself a break. You're being too hard on yourself.

너무 자책하지 말아요. 자신에게 너무 야박한 것 같네요.

★ be hard on ~ ~을 심하게 대하다

13 give ~ goosebumps
~이 소름 끼치게 하다
; the creeps, the willies...

'소름'은 영어로 goosebumps이다. 우리말에서는 소름 '끼치게 하다'라고 하지만, 영어에서는 give(주다)라고 한다. goosebumps는 무서워서 소름이 돋는 것뿐만 아니라 기대감, 흥분으로 소름이 돋는 상황에서도 쓴다. "내가 소름이 돋았다."라고 할 때는 "I got goosebumps."처럼 get을 쓴다. 비슷한 맥락에서 give와 어울리는 명사로는 the creeps와 the willies가 있는데, 이 경우는 징그럽거나 무서워서 소름 끼치는 경우에만 쓴다.

예시

Jack told us a ghost story. It was really scary. It **gave us all goosebumps**.

잭이 귀신 이야기를 들려주었는데, 정말 무서웠어요. 우리 모두 소름이 돋았어요.

Let's get the heck out of here. This place **gives me the creeps**.

여기서 얼른 나가자. 이곳은 소름 끼친다.

14 give ~ a scare
(큰 탈이 나는 줄 알고) ~을 걱정하게 만들다

누구를 '무섭게 하다'는 scare나 frighten을 쓴다. 그런데 원어민들은 scare를 명사로 써서 '갑작스런 놀라움', '공포감'이라는 뜻을 나타낸다. 가령, 어디에 폭탄이 설치되었다는 제보에 비상이 걸리는 것은 a bomb scare, 암에 걸렸을까 크게 걱정하는 것은 a cancer scare라고 한다. 일반 대화에서는 이런 명사를 give와 조합해서 'give ~ a scare'라고 표현하는데, '~로 하여금 큰 탈이 나는 줄 알고 걱정하게 하다'라는 뜻이다. 'the scare of my life'라는 강조 표현도 알아 두자.

예시

When you were gone from the apartment and couldn't be reached all day, you **gave us quite a scare**.

네가 아파트에서 없어져서 하루 종일 연락이 안 되었을 때, 우리가 걱정했어.

You lost a lot of blood, but the doctor says you're going to be fine. You **gave me the scare** of my life.

출혈이 많았지만, 의사가 괜찮을 거라고 하네요. 큰 탈이 나는 줄 알고 엄청 걱정했어요.

15 give ~ one's word
~에게 약속하다, 맹세하다

'약속하다'에 해당하는 영어 동사는 promise이다. 이 단어는 명사로도 쓰이며, 'make a promise'라고 쓸 수 있다. 또는 word를 '약속'이라는 뜻으로 쓰기도 하는데, word 와 어울리는 동사는 give로, 'give ~ one's word(~에게 약속하다)'라는 형태로 쓴다. 이 표현은 맥락에 따라 '~이라고 맹세하다'라는 뜻도 된다. 반대로 '약속을 깨다'는 'break one's promise' 또는 'break one's word'이다.

예시

**"You gave me your word[=promised] you'd quit gambling."
– "I know. I tried to, but I couldn't. I can't get the urge under control."**
"도박을 그만두겠다고 약속했잖아요." – "알아요. 그러려고 노력했지만 할 수 없었어요. (도박) 욕구를 억제할 수 없다고요."

★ get ~ under control ~을 억제하다, 통제하다

Can you give me your word[=Can you swear] you have nothing to do with what happened to Sam?
당신이 샘에게 일어난 일과 전혀 관계없다고 맹세할 수 있어요?

16 give ~ space
~에게 간섭하지 않다, 혼자 있게 해 주다

; privacy...

영어권을 비롯한 서양 사회에서는 개인적 삶의 영역을 매우 중요시한다. 이런 영역을 보장해 주는 것을 space나 privacy를 '준다(give)'라고 한다. 미드에서 보면 "Give me space.(나에게 공간을 주세요.)", "I need space.(난 공간이 필요해요.)"와 같은 말이 자주 나오는데, 부모 자식 간에 또는 남녀 간에 간섭하지 않고 떨어져 있는 것을 의미한다. 우리말에는 없는 개념이니 잘 알아 두는 것이 좋다.

예시

"Joan isn't responding to my texts or calls." – "She's upset. You just have to be patient and give her some space."
"조앤이 문자와 전화에 답을 하지 않아요." – "화가 나서 그래요. 인내심을 가지고 좀 떨어져서 혼자 있게 해 줘요."

You'd better back off and give Rick his space. Let him make his own decisions and set the course for his life.
더 이상 닦달하지 말고 릭을 가만히 내버려 둬요. 스스로 결정을 하고 자신의 삶의 방향을 정하게 해 줘요.

Can you give us some privacy? I need to talk to my daughter in private.
잠깐 자리를 비켜 주시겠어요? 딸과 단둘이 이야기할 것이 있어서요.

17 give ~ grief
~을 닦달하다, 구박하다, ~에게 싫은 소리 하다, 비난하다

'슬픔', '비통'이라는 뜻의 명사 grief에 give를 써서 'give ~ grief'라고 하면 '~을 닦달하다', '~을 구박하다', '~에게 싫은 소리하다', '~을 비난하다'라는 뜻이 된다. 우리말에서는 '~에게 슬픔을 주다'라고 하지 않기 때문에 영어 특유의 표현이다.

예시

I pulled some strings to get you the last-minute tickets, and you're **giving me grief** about your seats being in the balcony?

내가 아는 사람 통해서 마지막 표를 구해 줬는데, 발코니 자리라고 싫은 소리 하는 거야?

★ pull strings 연줄을 이용하다, 백을 쓰다

My mother's always **giving me grief** about working all the time and having no social life.

우리 어머니는 항상 제가 일만 하고 사람과 어울리지 않는다고 구박하십니다.

I called in sick and took a few days off. Of course, my boss **gave me grief**, but who cares.

아프다고 하고 며칠 휴가를 냈어. 물론, 우리 상사가 싫은 소리를 했지만, 누가 신경 쓴다고.

18 give ~ peace of mind
~을 안심하게 해 주다, 마음 편하게 해 주다

우리말의 '안심이 되다', '마음이 편하다'는 영어로 바로 떠올리기 쉽지 않다. '안심'은 보통 relief로 알고 있는데, 이 단어는 걱정하던 걱정거리가 없어지는 상황에서 쓴다. 이와 달리 어떤 조치 덕분에 걱정을 하지 않아도 되는 맥락에서의 '안심'은 'peace of mind(마음의 평화)'라고 하며, 그런 의미에서 '안심하게 해 주다'에는 동사 give를 함께 쓴다.

예시

I always leave my dog with Pet Friends when I have to travel for work. It **gives me peace of mind** to know that he's being well cared for.

저는 일 때문에 출장 갈 일이 있을 때는 항상 제 반려견을 펫프렌즈에 맡겨요. (제가 없어도) 케어를 잘 받고 있다고 생각하면 안심이 돼요.

When I rent a car, I always buy insurance. I have to cough up extra money for it, but it **gives me peace of mind**.

저는 차를 렌트할 때는 항상 보험을 듭니다. 그 때문에 추가로 돈이 들어가지만, 마음이 편하죠.

★ cough ~ up (내기 싫은 돈을) 내다

19 give ~ a look

~을 (어떤) 표정으로 보다

'표정'을 영어로 직역하면 'a facial expression'이 된다. 이 표현도 안 쓰이는 것은 아니
지만, 일반 대화에서는 look이라는 명사를 압도적으로 많이 쓴다. 특히 give와 짝을 맞춰
'give ~ a look'이라고 하는데, '~에게 어떤 표정을 지어 보이다', '~을 어떤 표정으로 바
라보다'라는 뜻이다. 'a dirty look'은 '못마땅한 표정'이라는 표현이다.

▶ '표정을 짓다'라고 해서 'make a look'이라고 하면 콩글리시가 된다.

예시

Don't give me that look. I won fair and square.

그런 표정으로 쳐다보지 마. 나는 정당하게 이겼으니까.

He **gave me a look** like I was a lunatic.

그는 내가 미치광이라도 되는 양 쳐다봤습니다.

Don't **give me that look** of innocence. I know you're behind
this whole thing.

그렇게 모르는 척하지 말라고. 네가 이 일의 배후에 있는 것을 다 아니까.

When our orders were brought to our table, my chicken was
too burnt. I asked our server for a new order, and she **gave
me a dirty look**.

우리가 주문한 음식이 나왔을 때 제가 시킨 닭 요리가 너무 탔더군요. 종업원에게 새로 해 달라고 했더니 못마
땅한 얼굴로 쳐다봤습니다.

20 ~ give someone a headache

~ 때문에 머리가 아프다

어디가 '아프다'에 해당하는 영어 동사는 ache가 있지만, 보통 "머리가 아프다."라고 할 때
는 headache(두통)라는 명사를 써서 "I have a headache."라고 한다. 그런데 '~ 때
문에 머리가 아프다'를 영어로 할 때는 '~ gives me a headache'라고 한다. 우리말에
서는 '~이 두통을 주다'라고 하지 않기 때문에 직역식으로 떠올리기 어려운 표현이다.

예시

All this talk about money is **giving me a headache**. It
stresses me out.

돈에 관한 이야기를 자꾸 하니까 머리가 아프네요. 스트레스 받아요.

The man in the apartment below me always plays his music
too loud. It **gives me a headache**.

아파트 아래층에 사는 남자가 항상 음악을 너무 크게 틀더라고. 그래서 머리가 아파.

21 give ~ a hard time
(비난, 부당한 대접 등으로) ~을 힘들게 하다, 못살게 굴다

; trouble...

직장에서 상사가 힘들게 하거나 못살게 굴 때 영어로 어떻게 표현할까? '힘든 상황'은 'a hard time(힘든 시간)'이라고 하므로 "My boss is giving me a hard time."이라고 하면 된다. 비슷한 표현으로 'give ~ trouble'이 있는데, 이것은 상대방에게 시비를 걸거나 비협조적으로 굴며 '성가시게 하다', '괴롭히다'라는 뜻으로 쓴다. 신체 부위를 주어로 해서 "My right knee has been giving me trouble for years.(몇 년째 오른쪽 무릎 때문에 고생하고 있어요.)"라고도 한다. 그러니까 무릎이 아픈 것을 무릎이 나에게 'trouble을 준다'라고 표현하는 셈이다. 우리말에서 생각하기 힘든 〈주어+동사+명사〉 조합이다.

예시

I saw a big kid corner you in the playground yesterday. Did he **give you any trouble**?
어제 운동장에서 몸집이 큰 아이가 너를 코너에 몰아 놓고 이야기하는 것을 봤는데. 너를 괴롭혔니?

My back has been **giving me trouble** on and off the last few weeks. Maybe I should go see a doctor.
요 몇 주 동안 허리가 아팠다 안 아팠다 했어요. 아무래도 병원에 가 봐야 할 것 같아요.

22 give birth (to ~)
(~을) 낳다, 출산하다

아기를 '낳다'를 영어로 하나의 동사로 말하려면 'bear (a child)', 또는 '출생'이라는 뜻의 birth를 동사로 써서 'birth (a child)'로 표현할 수 있지만, 일반 대화에서는 거의 쓰이지 않는다. 실제 회화에서는 birth를 명사로 써서 'give birth to ~'라고 표현한다. 또는 have를 써서 "I was twenty-five when I had my first child.(내가 첫 아이를 낳았을 때 나이가 25살이었어요.)"처럼 쓴다.

예시

My mother **gave birth to** me in an ambulance on the way to the hospital.
저희 어머니는 병원으로 가는 구급차 안에서 저를 낳으셨습니다.

Your wife should be able to go to term and **give birth to** a healthy baby.
부인께서는 만삭까지 가서 건강한 아기를 낳으실 수 있을 겁니다.

★ go to term 만삭까지 가다

162

HAVE

have의 기본 의미는 '갖고 있다'이다. 그런데 우리말로는 그냥 무엇이 '있다'로 해석되는 경우가 많다. 뒤집어 말하면 우리말에서 무엇이 '있다'라는 단어는 물건이나 사람이 존재한다는 뜻 외에 '소유하다'라는 뜻도 갖고 있다. 그런데 원어민들은 우리말에서 '소유하다'로 해석되지 않는 경우에도 have를 폭넓게 쓴다. 따라서 'have=소유하다'처럼 도식적으로 알고 있다면 have를 원어민처럼 사용하기 힘들다. 그런 도식적 장벽을 깨 보자. 참고로 일반 대화에서 have는 흔히 'have got'의 형태로 쓰이기도 한다.

MP3 듣기

01 have a problem
문제가 있다

전형적인 '소유하다'라는 의미로 쓰이는 예시이다. 누구에게 문제가 '있다'라고 할 때 have 를 써서 'have a problem'이라고 한다.

예시   We **have some problems** (that) we need to deal with.
우리는 해결해야 할 문제가 몇 가지 있습니다.

When Sophia was born, she **had problems** with her heart, so she was in an incubator for months.
소피아가 태어났을 때 심장에 문제가 있어서 몇 달 동안 인큐베이터에 있었죠.

We're short-staffed this month. So, I'd like you to work extra shifts. Do you **have a problem** with that?
이번 달에 인력이 부족하네. 그래서 자네가 추가 근무를 해 줬으면 하는데. 특별한 문제가 있나?

02 have a meeting
회의가 있다

회의가 '있다'라고 하면 there is를 써서 "There's a meeting."이라고 생각하기 쉽지만, 영어식으로는 '(해야 할) 회의를 가지고 있다'라는 의미로 'have a meeting'이라고 하는 것이 더 일반적이다.

예시   I **have a meeting** to go to, if you'll excuse me.
가 봐야 할 회의가 있어서, 실례하겠습니다.

"You want to join me for a nightcap?" – "I can't. I **have an early meeting** tomorrow."
"나랑 밤 술 한잔하고 갈래?" – "아니. 내일 아침 일찍 회의가 있어서."

03 have a lot
많이 있다

무엇이 '많이 있다'에서 '있다'를 존재의 뜻으로 본다면 'There is/are ~' 형태를 쓸 수 있지만, 소유의 뜻으로 본다면 동사 have를 써야 한다.

예시   She and I **have a lot** in common. We both like to travel. We like the same types of music.
그녀와 나는 공통점이 많아요. 둘 다 여행을 좋아해요. 좋아하는 음악 취향도 같고요.

"Hey! Are you listening to me?" – "I'm sorry. I was thinking of something else. I just **have a lot** on my mind."

"야! 내 말 듣고 있는 거야?" – "미안. 딴 생각하고 있었네. 머릿속이 복잡해서 말이야."

★ have ~ on one's mind ~라는 걱정거리가 있다

04 have experience
경험이 있다

경험이 '있다'는 경험을 '갖고 있다'라는 뜻이므로 have를 쓴다. '경험이 많다'라고 하려면 a lot of와 같은 형용사를 붙일 수 있다.

예시 She **has a lot of experience** in the fashion industry.
그녀는 패션계에서 일한 경험이 많습니다.

I **have experience** running big projects.
저는 대형 프로젝트를 관리한 경험이 있습니다.

05 have a suggestion
제안할 것이 있다

"제안하고 싶은 것이 있어요."라고 말할 때 'There is ~'라는 형태를 써서 "There's something I want to suggest."처럼 표현해도 되지만, suggestion이라는 명사를 쓸 경우에는 "I have a suggestion."이라고 할 수 있다. have 대신 make를 쓸 수도 있다.

예시 I **have a suggestion**. Why don't we give this idea a trial run and see how it goes?
제안 하나 할게요. 일단 이 아이디어를 시범적으로 시행해 보고 어떻게 되는지 보는 것이 어떨까요?

Do you **have any suggestions** on how we might handle this problem?
이 문제를 어떻게 다루면 좋을지 제안할 것이 있나요?

06 have a question (for ~)

(~에게) 질문이 있다, 물어볼 것이 있다

질문이 '있다'는 'There is ~' 형태를 써서 "There's a question I'd like to ask you."라고 표현해도 되지만, '질문을 갖고 있다'라는 뜻으로 have를 사용할 수도 있다.

예시 I **have a question for** you. How would you like to go into partnership with me? I think it'll be a win-win deal.

한 가지 물어볼 것이 있는데, 나와 동업을 하면 어떻겠어? 서로에게 득이 되는 일이 될 것 같은데.

This won't take long. I only **have a few questions** (to ask you).

오래 걸리지 않을 거예요. 몇 가지 물어볼 것이 있을 뿐이에요.

07 have work (to ~)

(~할) 일이 있다

할 일이 '있다'는 내가 할 일을 '갖고 있다'라는 뜻이므로 have를 써서 표현하다.

예시 "You want to join us for lunch?" – "I can't. I **have a lot of work to** do."

"점심 먹으러 같이 가지 않을래요?" – "안 돼요. 해야 할 일이 많아서."

I was in court all day. So, I **have a ton of work to** catch up on before I go home.

하루 종일 법정에 나가 있었어요. 그래서 집에 가기 전에 해야 할 밀린 일들이 많아요.

★ catch up on ~ (밀린 대화나 일 등을) 하다 / a ton of ~ 많은 ~

08 have a point

일리가 있다

누구의 말에 '일리가 있다'에서 '일리'는 a point라고 하고, 동사 have를 써서 'have a point'라고 한다.

예시 "Let's double-check. There's no harm in being thorough." – "I guess you **have a point**. All right. Let's do that."

"다시 한번 점검하죠. 철저히 해서 손해 볼 건 없으니까요." – "일리 있는 말이네요. 좋아요. 그렇게 합시다."

★ There is no harm in -ing ~해서 나쁠 것이 없다

09 have feelings for someone
~을 좋아하는 감정이 있다

___

이성을 '좋아하는 감정'은 형용사 없이 feelings라는 복수형 명사로 표현할 수 있다. 이런 감정은 '갖고 있는' 것이므로 'have feelings'라고 한다.

예시 Why don't you just admit that you **have feelings for** Mari?
마리를 좋아하는 감정이 있다고 인정하지 그래?

10 have siblings
형제자매가 있다

___

형제자매가 '있다'는 단순하게 존재한다는 뜻이라기보다는 가족 내에 형제자매를 '소유하다'라는 뜻이므로, have를 써서 표현한다.

예시 "Do you **have any siblings**?" – "Yes. I have an older brother and a younger sister."
"형제자매가 있으세요?" – "네. 형과 여동생이 한 명씩 있습니다."

11 have doubts
의구심이 있다, 확신하지 못하다
; one's suspicions...

___

확신하지 못하는 '의구심'은 doubts라고 하고, 수상하게 여기는 '의구심'은 suspicions라고 복수형으로 표현한다. 이런 의구심이 '있다'라는 것은 '갖고 있다'라는 뜻이므로 have를 쓴다. 개인적 관점에서 의구심이 있다는 뜻으로 suspicions 앞에 my 같은 소유대명사를 붙여 쓰기도 한다.

예시 You still **have doubts** about this, don't you? You don't think it'll work.
이 일에 대하여 아직도 의구심이 있지? 일이 잘 될 거라고 생각하지 않잖아.

I **have some doubts** about his ability to run marketing. He looks good on paper, but he lacks practical experience.
그에게 마케팅 부서를 책임질 능력이 있는지 약간 의구심이 있습니다. 이력서로는 좋아 보이는데, 실무 경험이 부족해요.

I know you've **had your suspicions** about me, but you have to trust me on this.
저에 대하여 의구심을 갖고 있는 것은 알지만, 이 일만큼은 저를 믿어 주셔야 합니다.

12 have a chance (to/at ~)

(~할) 기회가 있다

기회(chance)가 '있다'는 그런 기회를 '갖고 있다'라는 뜻이므로, have를 쓴다. to와 함께 그 뒤에 동사를 넣을 수도 있고, at과 함께 명사를 쓸 수도 있다.

> ▶ chance에는 '가능성'이라는 뜻도 있어서 "There's a chance ~."라고 하면 "~할 가능성이 있다."라는 뜻이 되므로 주의해야 한다.

예시   I make a point to stop by the fish market whenever I **have a chance to** visit Seattle.

저는 시애틀을 방문할 기회가 있을 때마다 그 어시장에 꼭 들러요.

★ make a point to ~   꼭 ~하려고 노력하다

What are you saying? You **have a real chance at** success, and you're turning it down?

무슨 말하는 거야? 성공할 수 있는 진짜 기회가 생겼는데, 거절하겠다는 거야?

참고   **Is there a chance** (that) she will recover?

그녀가 병에서 회복할 가능성이 있습니까?

13 have a right (to ~)

(~할) 권리가 있다

'권리'는 right라고 한다. 이러한 권리가 '있다'는 말은 권리를 '갖고 있다'라는 뜻이므로 have를 쓴다. right 뒤에 to부정사로 어떤 권리가 있는지 설명할 수 있다.

예시   I'm your mother. I **have a right to** know how well you're doing and if you have any problems at school.

난 네 엄마야. 네가 학교에서 어떻게 지내는지, 문제는 없는지 알 권리가 있지.

You **have no right to** speak to me that way after all I have done for you.

내가 너를 위해 해 준 일이 있는데 나에게 그런 식으로 말하면 안 되지.

14 have a say (in ~)

(~에서) 발언권이 있다, 관여할 권리가 있다

'발언권'은 'a right to say'라고 해도 되지만, 구어체에서는 그냥 say를 명사로 써서 표현할 수 있다. 발언권은 '갖고 있는' 것이므로 have를 쓴다. '발언권이 없다'는 'have no say'로 표현한다.

예시

I don't **have a say in** this matter. It's above my pay grade.

나는 이 문제에 관여할 권한이 없어요. 내 급에서 처리할 수 있는 문제가 아니에요.

★ above one's pay grade 자신의 직급의 권한을 넘어서는

I'm his mother. So, I have a right to **have a say in** how he is raised.

난 그 아이의 엄마예요. 그러니까 그 아이를 어떻게 양육할지에 관여할 권리가 있어요.

You **have no say** in what I do with my money.

내 돈 가지고 내가 쓰는 것에 당신이 뭐라고 할 권리가 없습니다.

15 have reason (to ~)

(~할) 이유가 있다

'이유'는 reason이라고 한다. 어떤 것을 할 만한 이유가 '있다'라고 할 때는 have를 써서 'have reason'이라고 하는데, 뒤에 to부정사로 어떤 것을 할 이유인지 설명할 수 있다. '분명한' 이유라고 할 때는 reason 앞에 good을 쓴다.

예시

You **have no reason to** feel guilty whatsoever. You've done everything you can for him.

당신은 하등의 죄책감을 느낄 이유가 없어요. 그를 위해서 할 수 있는 모든 것을 했잖아요.

I **have (good) reason to** believe (that) Steve is somehow connected to all this.

스티브가 이 모든 일과 어떤 식으로 든 연관되어 있다고 믿을 만한 (분명한) 이유가 있습니다.

You **have every reason to** be angry with me, but don't take your anger out on the kids.

당신이 나에게 화를 내는 것은 그럴 만한 이유가 있지만, 아이들에게는 화풀이하지 마세요.

16 have a look (at ~)

(~을) 한번 보다

'무엇을 보다'는 'look at ~'이라고 하지만, look을 명사로 써서 'have a look at ~(~에 대하여 한번 보기를 갖다)'처럼 표현할 수도 있다. 명사 look은 have 외에 get, take 와도 어울려 쓰인다.

예시
Let me **have a look** under the hood. My father was a mechanic, so I know a thing or two about cars.

내가 엔진 룸을 한번 들여다볼게. 우리 아버지가 자동차 정비사여서 자동차에 대해서는 좀 알거든.

★ know a thing or two about ~ ~에 대해서 잘 알다

I have some routine questions to ask you. But before that, do you mind if I **have a look** around (the house)?

[경찰] 몇 가지 의례적으로 물어볼 것이 있습니다. 그 전에, (집을) 좀 둘러 봐도 괜찮을까요?

"Did you **have a look at** the medical examiner's report?" – "Yes. Nothing jumped out at me."

"검시원 보고서 봤어?" – "응. 특별히 눈에 띄는 것은 없었어."

17 have regrets

후회하다, 후회하는 것이 있다

무엇을 '후회하다'는 regret으로, "I regret that.(난 그 일이 후회된다.)", "I regret leaving her.(그녀 곁을 떠난 것을 후회한다.)", "I regret (that) I trusted you in the first place.(처음에 당신을 믿은 것을 후회한다.)" 식으로 사용한다. 그런데 regret은 명사도 된다. 보통 복수형 regrets를 have의 목적어로 써서 have regrets라고 하면 '후회하다', '후회하는 것이 있다'라는 뜻이 된다.

예시
"He really proposed to you? What did you say?" – "I couldn't say yes on the spot. It's such a big decision. I didn't want to **have any regrets**."

"그가 정말 프로포즈 했어? 너는 뭐라고 했는데?" – "그 자리에서 '응'이라고 할 수 없었어. 매우 중요한 결정이잖아. 나중에 후회할지 모를 일을 할 수 없었어."

Look. We all **have regrets** in life. God knows I've made my share of mistakes in my life, too. The important thing is (that) when you make a mistake, you learn from it and move on.

이것 봐. 누구나 인생에서 후회는 있는 법이야. 나도 내 인생에 누구 못지않게 많은 실수를 했어. 중요한 것은 실수를 했을 때 그 일을 교훈으로 삼고 더 이상 연연하지 않는 거야.

18 have some[any/no] idea 알고[모르고] 있다
not have the faintest idea 전혀 모르다

영어에서 무엇을 '알다', '모르다'는 기본적으로 동사 know를 쓰지만, 원어민들은 주로 'have an idea'라고 한다. 우리말로는 '아이디어가 있다'도 되고, '대충 알다'라는 뜻도 된다. 'have a pretty good idea(거의 확실히 알다)', 'have some idea(좀 알다)'의 형태로 쓰이고, '모른다'는 'have no idea' 또는 'not have any idea'나 더 강조해서 'not have the faintest idea(아주 희미한 아이디어도 없다 → 전혀 모르다)'라고 한다.

전치사 of나 as to를 사이에 넣거나, 아니면 idea 바로 뒤에 what, where, why 등의 의문사절을 붙인다. 일반 대화에서는 of, as to는 대부분 생략한다.

> ▶ 참고로 idea와 give의 조합으로 '~ 때문에 -을 알다'는 뜻도 표현할 수 있다.

예시

"You must have some idea what Jack is up to. You're one of his closest friends." – "No. I **have no idea**. I've been out of touch with him for months."

"너는 색이 무슨 일을 꾸미려는지 어느 정도 알고 있을 거잖아. 가장 친한 친구 중의 한 명이니까." – "아니. 전혀 아는 것이 없는데. 그와는 몇 달째 연락을 하지 않았어."

★ out of touch 연락을 하지 않는

Do you **have any idea** how much this is going to cost us?

이것이 우리에게 비용이 얼마나 들게 할지 알기나 해요?

I know I messed things up, and I **don't have the faintest idea** where to start fixing them.

내가 일을 망쳐 놓은 것은 아는데, 어디서부터 수습을 해야 할지 전혀 모르겠습니다.

19 not have a clue / have no clue
전혀 모르다

clue는 '단서'라는 뜻으로, 'not have a clue(단서가 하나도 없다)'라고 하면 '전혀 모르다', '전혀 짐작 가는 것이 없다'라는 뜻이 된다. 'have no clue'라고 해도 같은 의미이다. 우리말에서 사용되지 않는 〈동사+명사〉 조합이지만, 일상 영어 대화에서는 자주 사용된다. 무엇을 모르는지는 clue 뒤에 as to를 붙이거나 생략하고 who, what 등의 의문사절을 붙여 표현한다.

예시

You **don't have a clue** (as to) who you're dealing with. These are dangerous people. You don't want to mess with them.

넌 네가 상대하고 있는 사람들이 어떤 사람들인지 전혀 모르고 있어. 이들은 매우 위험한 사람들이야. 그 사람들 괜히 건드리지 않는 것이 좋아.

★ mess with ~ ~을 잘못 건드리다

What secrets? I **have no clue** what you're talking about. I don't have any secrets from you.

무슨 비밀? 도대체 무슨 이야기하는지 모르겠다. 난 너에게 비밀이 없어.

20 have a feeling (that ~)
(~인) 것 같다, (~라는) 느낌이 들다

우리말에서는 느낌(feeling)을 '갖다'라고 하지 않지만, 영어에서는 feeling을 have의 목적어로 써서 '~인 것 같다', '~라는 느낌이 들다'라는 의미를 표현한다. 'have feelings for someone(~을 좋아하다)'과 의미가 다르다는 것에 주의해야 한다.

예시 **"I have a feeling** you're keeping something from me." – "Me? Why? Why would I keep anything from you?"

"너 나에게서 뭔가 감추고 있는 것 같은데." – "내가? 왜? 내가 무엇 때문에 너에게서 뭘 숨기겠어?"

"I had a feeling you might be here. Mind if I join you?" – "Sure. Why not? What are you drinking?"

"네가 왠지 여기 있을 것 같다는 생각이 들었어. 같이 앉아도 될까?" – "그럼. 안 될 이유가 없지. 뭐 마실래?"

"Did you hear about Jack?" – "Yeah. He was found dead in a car. A real tragedy, but I **had a feeling** something like this might happen when he went missing last month."

"잭에 관한 소식 들었어요?" – "네. 자동차에서 사망한 채 발견됐다고요. 정말 비극적인 일이지만, 지난달에 그가 실종되었을 때 이런 비슷한 일이 벌어질 거라는 느낌은 있었습니다."

21 have a choice 선택할 수 있다
have no choice 어쩔 수 없다

choice는 '선택'이라는 명사로, have와 짝을 지어 'have a choice(선택이 하나 있다)'라고 하면 '선택할 수 있다'라는 뜻이 된다. 또 'have no choice'라고 하면 '어쩔 수 없다'라는 말인데, 'have no choice but to ~(~하는 것 외에는 선택이 없다)'라는 형태로 '~할 수밖에 없다'라는 뜻을 표현할 수 있다.

예시 You **have a choice**. You can go to trial or take the plea bargain.

양자택일해야 합니다. 재판으로 가든 아니면 (검찰 측이 제안한) 형량 거래를 받아들이든.

Based on your latest performance review, I **have no choice** but to let you go.

당신의 가장 최근의 업무 성과 평가에 근거하여, 당신을 해고할 수밖에 없습니다.

22 have a seat
(자리에) 앉다

우리말에서는 '자리에 앉다'라고 하지만, 영어에서 seat(좌석)와 어울리는 동사는 have로, 'have a seat(자리를 갖다)'라고 한다. "앉으세요."라고 권할 때 "Take a seat."라고 할 수 있는데, "Have a seat."이 상대적으로 더 공손한 느낌이 있다. 자리에 앉으라고 권할 때 쓰는 또 다른 표현으로 "Pull up a chair.(의자를 가까이 당기다.)"가 있는데, 이는 주변의 의자를 끌고 와서 앉으라는 뜻이니 참고하자.

예시

Thanks for coming. Why don't you have a seat? We'll start as soon as Joan arrives.
와 주셔서 감사합니다. 자리에 앉으시죠. 조앤이 도착하는 대로 바로 시작하겠습니다.

"I saw your lights on." – "Well, come on. Have a seat."
"집에 불이 켜져 있는 것을 봤어요." – "그래요. 들어와서 앉으세요."

23 have dinner
저녁 먹다
; what, chicken, chips, a drink, a coffee...

'먹다'라는 뜻의 영어 동사는 eat이지만 have도 많이 쓰인다. eat은 '먹는 동작'을 묘사하는 반면, have는 주로 어떤 음식이나 음료를 '선택하는 맥락'에서 사용된다. 또 eat은 자/타동사로 모두 쓰이지만, have는 항상 목적어를 붙여야 하는 타동사이다. 예를 들어, "지금 아침 먹고 있어."는 "I'm eating[=having] breakfast right now."로 둘 다 쓸 수 있다. "배고파요. 먹읍시다."는 먹는 동작에 초점이 있기 때문에 "I'm hungry. Let's eat."은 가능해도 "I'm hungry. Let's have it."이라고 하지는 않는다.

또 eat은 음식에만 사용하고 음료에는 drink를 쓰는 반면, have는 음식, 음료에 모두 사용할 수 있는 것도 차이점이다.

> ▶ coffee, water 같은 것은 원래 셀 수 없는 명사인데, 주문할 때는 "Two coffees."처럼 셀 수 있는 명사로도 쓴다. 주문할 때 메뉴에 있는 것을 주문할 때는 "I'll have the grilled salmon."처럼 음식명 앞에 the를 붙인다.

예시

"What did you have for lunch at school today?" – "(I had) Fried chicken and chips."
"오늘 학교에서 점심으로 뭐 먹었니?" – "프라이드 치킨과 감자칩이요."

Would you like to have dinner with me? I hate to eat alone.
나하고 저녁 같이 먹을래? 혼자 밥 먹기 싫어서.

"What are you having? I'm buying." – "Well, I appreciate that. I think I'll have the roast beef."
"뭐 먹을래요? 내가 살게요." – "아, 고마워요. 로스트 비프를 먹을까 해요."

Let me catch my breath and **have a drink** first. I'll **have a vodka tonic**, rocks, please.

우선 숨 좀 돌리고 뭐 좀 마십시다. 얼음 탄 보드카 토닉 주세요.

"Can I get you anything?" – "I'll just **have a coffee**. A decaf, please."

"뭐 드시겠어요?" – "전 커피만 할게요. 디카페인으로 주세요."

24 have cancer
암을 앓고 있다

; a headache, allergies, diabetes...

영어로 어떤 병을 '앓고 있다'에 대응하는 영어 동사는 suffer이다. 그런데 'suffer from ~'은 의사 같은 의료 전문인이 환자에 대하여 말할 때 주로 쓰고, 일반 대화에서는 have를 더 자주 쓴다. 우리말에서는 병이나 증상을 '갖고 있다'라고 하지 않기 때문에 언뜻 생각하기 어려운 have의 사용법이다.

a headache(두통), a stomachache(복통), a migraine(편두통), a heart attack (심장 마비), a stroke(뇌졸중), a concussion(뇌진탕) 같이 급성으로 발생하는 병명 앞에는 a를 붙이고 cancer(암), diabetes(당뇨), amnesia(기억 상실), pneumonia(폐렴) 같은 질병에는 관사를 붙이지 않는다.

> ▷ 당뇨 같은 경우는 형용사와 명사로 모두 쓰이는 diabetic(당뇨를 앓고 있는, 당뇨 환자) 이라는 단어를 써서 "I'm diabetic.", "I'm a diabetic."이라고 할 수 있다.
> ▷ 병에 '걸리다'는 "He came down with a cold.(그는 감기에 걸렸다.)"처럼 'come down with ~'를 쓰거나, 중병인 경우에는 "He was diagnosed with leukemia.(그는 백혈병 진단을 받았다.)"처럼 'be diagnosed with ~'를 쓴다.
> ▷ '감기'의 경우 "He caught the flu.(그는 독감에 걸렸다.)"처럼 catch를 쓸 수도 있다.

예시

My mother **has lung cancer**. She has a 50% chance of surviving.

어머님이 폐암이십니다. 생존 확률이 50%예요.

I **have a terrible headache**. I think I'm going to get some aspirin and go lie down.

머리가 심하게 아파요. 아스피린을 먹고 누워 있을까 봐요.

I **have allergies**. I'm allergic to grass.

저는 알레르기가 있습니다. 풀에 알레르기 반응을 일으킵니다.

He **has type-II diabetes**. It's serious, though it's not going to kill him.

그는 2형 당뇨를 앓고 있습니다. 죽을 병은 아니지만 심각한 병이에요.

25 have surgery
수술 받다

수술 '받다'라고 해서 receive를 쓰면 콩글리시가 된다. receive는 물건을 수령한다는 의미의 '받다'이다. 수술 '받다'에 대응하는 영어 동사는 undergo로, "My father is about to undergo surgery.(아버지가 곧 수술을 받으실 거야.)"처럼 쓴다. 그러나 undergo는 격식체 표현이므로 일반 대화에서는 절대적으로 have를 더 많이 쓴다.

예시

I'm in town because my dad's **having surgery** on his knee tomorrow. I'll be here for a while until I find someone to look after him. So, let's get together sometime soon.

아버지가 내일 무릎 수술을 받으셔서 이 동네에 왔어. 아버지를 돌봐줄 사람을 찾을 때까지 잠시 여기에 있을 거야. 그러니까 조만간 얼굴 보자고.

★ look after ~ ~을 돌보다, 간호하다

It's not safe for you to leave the hospital now. You just **had surgery** a few days ago. You're still recovering.

지금 병원에서 나가는 것은 안전하지 않아요. 며칠 전에 수술하셨잖아요. 아직 회복 단계예요.

26 have fun
즐겁게 놀다, 즐거운 시간을 보내다

; a blast, a great time...

우리말에서는 '즐거움'이나 '재미'를 '갖는다'라고 하지 않지만, 영어에서는 'have fun'이라고 해서 '재미있게 놀다'라는 의미를 표현한다. fun 대신에 'a great time(좋은 시간)' 또는 좀 더 구어적으로 a blast를 써도 좋다. 무엇을 하며 즐거웠는지는 'have fun' 뒤에 -ing를 붙여서 표현한다.

예시

We booked the pottery-making class on a whim, and it was beyond expectations. We **had a lot of fun** making pottery there.

즉흥적으로 도자기 만들기 프로그램을 예약했는데, 기대 이상이었습니다. 그곳에서 도자기를 만들면서 매우 즐거운 시간을 보냈습니다.

The waterpark is small but very fun for young kids. Whenever I take my two sons there, they always **have a blast**.

그 워터파크는 규모는 직지만 어린 아이들에게는 매우 재미있는 곳입니다. 내 아들 둘을 거기에 데려갈 때마다 항상 아이들이 신나게 놀지요.

I got together with some old friends last night. We **had a great time** catching up on old times.

어젯밤에 옛 친구 몇 명과 모임을 가졌어요. 옛날 이야기를 하며 즐거운 시간을 보냈습니다.

27 have company
손님이 와 있다

company라고 하면 '회사'로만 알고 있는 학습자들이 많은데, 실제 회화에서는 '찾아 온 손님'이라는 뜻으로도 많이 쓰인다. 'have company'라고 하면 '손님이 와 있다'라는 뜻이다. 미드에서 흔히 범죄자 은신처나 그들이 타고 있는 자동차 쪽으로 경찰이 다가올 때 "We've got company.(누가 온다.)"라고 하는 것을 들을 수 있다.

company는 "I enjoy your company.(같이 시간 보내는 것이 즐거워요.)"처럼 쓰기도 한다.

예시 **Sorry to barge in. I didn't know you've got company.**
노크도 안 하고 들어와서 죄송합니다. 손님이 와 있는 줄 몰랐어요.

"Why didn't you tell me we were going to have company?" – "I did. I told you the other day an old friend of mine was coming to town, and I wanted to have him over for dinner."
"오늘 손님이 온다고 왜 말 안 해 줬어요?" – "했어요. 옛날 친구가 이 지역에 와서 저녁에 초대하겠다고 전에 얘기했어요."

28 have a baby
아기를 낳다

아기를 '낳다', '출산하다'를 영어로 'bear a baby'로 소개한 사전들이 있다. 그런데 bear 는 임신해서 아기를 낳는 전 과정을 의미하기 때문에 정확한 표현은 아니고, 종교적 맥락 외에는 일상 대화에서 거의 사용되지 않는다.

대신에 'give birth to ~'라고 하거나 더 일반적으로 have를 쓰기도 한다. 'have a baby'는 맥락에 따라 '아기를 갖다'도 되기 때문에 어떤 시제나 형태로 표현하느냐에 따라 의미가 달라진다. 가령, "I don't want to have a baby."라고 하면 "아기를 갖고 싶지 않다."라는 뜻이다. 지금 이 순간에 '출산하고 있다'라는 말을 하려면 "She's having a baby right now."처럼 'right now(지금 현재)', 'as we speak(우리가 대화하고 있는 지금 이 순간에)' 같은 표현을 붙여야 한다. 출산 예정일을 물어 볼 때는 "When are you having your baby?" 또는 "When are you due?"라고 한다.

예시 **Your daughter just had a healthy baby boy.**
따님이 방금 건강한 남자 아기를 출산했습니다.

"When are you having your baby?" – "I'm due in June."
"출산은 언제인가요?" – "예정일은 6월이에요."

29 have access (to ~)

(~에) 접근할 수 있다, (~을) 이용할 수 있다

영어 access는 무엇에 대한 '접근'으로 해석하지만, 사실상 우리말로는 한 단어로 번역하기 불가능한 영어 특유의 개념을 담은 명사이다. 이 단어는 have와 어울려 'have access to the house'라고 하면 '그 집에 자유롭게 들어갈 수 있다', 'have access to a computer'라고 하면 '주변에 있는 컴퓨터를 사용할 수 있다', 'have access to the files'라고 하면 '그 파일을 볼 수 있다', '그 파일을 볼 수 있는 권리가 있다', 'have access to the drug'이라고 하면 '그 마약을 구할 수 있다'라고 해석된다.

또 access 앞에 full(충분한), complete(완전한), easy(쉬운) 같은 형용사를 붙여 쓰기도 한다. 우리말에는 없는 'have+access' 조합은 영어에서는 매우 흔하게 사용되므로 잘 익혀 두자.

예시

"You're on staff at the hospital. You must have access to all the medical records." – "No. Medical records are confidential. I only **have access to** those of the patients I treat."

"당신은 그 병원 소속 의사잖아요. 병원 의무 기록을 볼 수 있을 것 아니에요." – "안 그래요. 의무 기록은 기밀 정보거든요. 제가 치료하는 환자들의 기록만 볼 수 있어요."

★ on staff 직원으로 있는

"Do you have access to the Internet now?" – "Yes. I'm on my laptop."

"지금 인터넷에 접속할 수 있어?" – "응. 지금 노트북 컴퓨터를 쓰고 있거든."

Jessica doesn't **have access to** the trust until she's eighteen years old.

제시카는 18살이 될 때까지 신탁 자산의 돈을 쓸 수 없습니다.

30 have [a] history

어떤 이력[병력]이 있다, 과거 인연이 있다

history는 '역사'라는 뜻 외에도 개인의 '병력'이나 '이력' 또는 과거 '(안 좋은) 인연'을 뜻하는 말로 자주 쓰인다. 대부분의 학습자들은 history를 '역사'로만 알고 있기 때문에 위와 같은 의미에서 'have+history'를 쓰지 못하는 경우가 많으니 잘 알아 두자.

예시

"Your husband's heart rate's abnormally elevated. Does he have a history of heart disease?" – "No. He's never had problems with his heart."

"남편분의 심박동 수가 비정상적으로 높습니다. 혹시 전에 심장병을 앓은 병력이 있나요?" – "아니요. 심장과 관련된 문제는 한 번도 없었어요."

The two families **have a history** of bad blood.

그 두 가족은 과거부터 원수지간이었습니다.

"Are you sure Jack and Greg won't have any problems working on the same team? I know they **have history**." – "Don't worry. It's a thing of the past. Water over the dam."

"잭과 그레그가 같은 팀에서 일하는데 정말 문제가 없겠어? 과거 (안 좋은) 사이였던 것으로 아는데." – "걱정 마. 그건 과거사야. 다 지난 일이라고."

31 have reservations (about ~)

(〜에 대하여) 유보적이다

reservation은 대부분 '예약'으로 알고 있지만, '의구심', '거리낌'이라는 의미도 있다. 보통 have와 함께 복수로 써서 'have reservations (about ~)'의 형태로 '(〜에 대하여) 태도가 유보적이다', '(〜하는 것을) 거리끼다', '내키지 않다'라는 의미로 사용된다.

예시 "Everything looks great on paper, but…" – "Sounds like you **have reservations**."

"서류상으로는 다 좋은데요. …" – "뭔가 내키지 않는 것이 있나 보군요."

I **have reservations** about Mindy taking this job. She's too young to take on such a big responsibility.

민디가 이 일을 맡는 것에 저는 유보적입니다. 그렇게 큰 책임을 맡기에는 나이가 너무 어려요.

32 have a deal

거래에 합의하다

영어에서 deal(흥정이나 협상을 통한 합의)은 have와 어울려서 'have a deal'이라는 형태로 자주 사용된다. '제안된 조건을 받아들여서 합의하다'라는 뜻이다. 참고로 그렇게 합의하는 것은 'strike[cut] a deal'이라고도 한다.

예시 "All right. I'll up my offer by five percent. Do we **have a deal** or not?" – "You**'ve got a deal**."

"좋아요. 제안 가격을 5% 올리겠습니다. 그 정도면 합의하시겠어요?" – "합의합시다."

33 have a word (with ~)
(~와) 잠깐 이야기하다

; a moment, a talk...

word는 '단어'라는 뜻이면서 '잠깐 이야기하기'라는 뜻도 있다. 따라서 'have a word (with ~)'는 '~와 잠깐 이야기하다'가 된다. word 대신에 a moment(잠깐의 시간)를 쓸 수도 있다. 잠깐의 대화가 아니라 일반적으로 어떤 문제에 대하여 '대화하다'라는 뜻으로는 'have a talk'라고 한다.

word를 복수형으로 해서 'have words (with ~)'라고 하면 '~와 말싸움하다'가 되므로 주의하자.

예시

"Suzie, can I have a word with you for a moment? It's important." – "Sure. What's up?"

"수지 씨, 잠깐 이야기 좀 나눌 수 있을까요? 중요한 일이에요." – "물론이죠. 무슨 일인데요?"

Your honor, before we start, I'd like to have a word with my client, if I may.

재판장님, 허락해 주신다면 시작하기 전에 제 의뢰인과 잠깐 논의할 일이 있습니다.

"Could I have a moment with my husband?" – "All right. We'll be right outside."

"제 남편과 잠깐 이야기를 나눠도 될까요?" – "그러세요. 우리는 밖에 나가 있겠습니다."

Bill, we need to have a talk. It's about one of the projects you're working on.

빌, 논의할 거리가 있어. 네가 맡고 있는 프로젝트 중 하나에 관한 일이야.

I'll have a talk with Sam and sort this problem out. So, don't worry.

샘과 이야기를 해서 이 문제를 해결할게요. 그러니 걱정하지 말아요.

★ sort ~ out (문제를) 해결하다

34 have a way (with ~ / of -ing)
(~을) 잘하다

way는 '길' 외에 '방법'이라는 뜻이 있는데, 원어민들은 have와 함께 써서 'have a way'라는 표현을 쓴다. '방법이 있다'라고 해석해서는 이해가 안 되는 표현으로, 뒤에 'of -ing'를 붙이면 '~을 잘하다', 'with ~'를 붙이면 '~을 잘 다루다', '~하는 재주가 있다'라는 뜻이 된다. 가령, "He has a way with his hands."라고 하면 "그는 손재주가 좋다."이고, "You have a way with words."라고 하면 "당신 말재주가 있네요.", "She has a way with kids."라고 하면 "그녀는 아이들을 잘 다룹니다."라는 말이다.

My boyfriend **has a way of** finding a good sushi restaurant wherever we go.
제 남자 친구는 어디를 가든지 해산물 잘하는 식당을 용하게 잘 찾아내요.

Jack**'s got a way with** kids. He's going to make a good father someday.
잭은 아이들을 잘 다뤄요. 언젠가 좋은 아빠가 될 거예요.

35 have trouble -ing
~하는 데 어려움을 겪다, ~하는 것이 힘들다, ~을 하지 못하다

우리말에서는 무엇하는 데에 어려움을 '겪다'라고 하는데, 이를 직역해서 suffer를 쓰면 콩글리시가 된다. suffer는 큰 비극이나 고난 등을 겪는다는 의미에 쓴다.

'겪다'를 '경험하다'라는 의미로 본다면 'experience difficulty'라고 할 수는 있다. 그렇지만 일반 대화에서는 잘 쓰지 않고 difficulty와 가장 흔히 어울리는 동사는 have이다. 그런데 difficulty보다는 trouble이나 problems와 더 흔하게 쓰인다.

뒤에 -ing를 붙여서 '무엇하는 데' 어려움을 겪었는지를 표현한다. 'have trouble -ing' 형태로 대화에서 가장 많이 쓰이는 표현은 'have trouble sleeping(잠을 잘 못 자다)', 'have trouble breathing(숨 쉬는 것이 힘들다)', 'have trouble making friends(친구를 잘 못 사귀다)', 'have trouble getting through to him(그 사람에게 연락이 잘 안 되다)', 'have trouble believing (that) ~(~라는 사실이 믿기지 않다)' 등이 있다.

"I've been **having trouble** sleeping lately. Sometimes I **have difficulty** breathing." – "But all the tests came back clean."
"요새 잠을 잘 못 자요. 가끔 호흡이 힘들고요." – "그렇지만 모든 검사에서 문제가 없는 것으로 나왔습니다."

"Everyone deserves a second chance. Tommy has promised he'd clean up his act." – "Yeah? Why do I **have trouble** believing that?"
"누구나 한 번은 더 기회를 가질 수 있어. 토미가 과거를 청산했다고 맹세했어." – "그래? 왜 나는 그 말을 믿기가 어려울까?"

★ clean up one's act 과거 잘못된 행동이나 생활을 청산하다

Once, he was an alcoholic. He **had trouble** holding on to a job and maintaining relationships.
한때 그는 알코올 중독자였어요. 한 직장에 오래 있거나 관계를 지속하는 데 어려움을 겪었죠.

HIT

동사 hit은 대부분 사람을 '때리다'나 무엇을 '치다' 또는 무엇에 '부딪치다'라는 뜻으로 알고 있다. 그런데 hit은 이런 기본 의미 외에 영어 특유의 다른 의미로도 쓰인다. 우리는 쉽게 생각하지 못하지만 원어민들이 즐겨 쓰는 'hit+명사' 조합을 알아보자.

MP3 듣기

01 hit someone

~을 때리다

; me, him...

hit이 우리말 동사와 비슷하게 사용되는 첫 번째 경우는 누군가를 '때리다'라는 뜻으로 쓰일 때이다. 이 경우 hit과 어울리는 명사는 사람이나 동물 등 생명체가 된다.

예시

He **hit me**, and I fell to the floor.

그가 나를 때려서 나는 바닥에 쓰러졌습니다.

The intruder tried to strangle me, and I **hit him** on the head with a baseball bat.

침입자가 나의 목을 조르려고 했고, 내가 야구 방망이로 머리를 때렸어요.

02 hit something

~을 치다

; a deer, a ball...

hit의 두 번째 기본 의미는 '치다'이다. '차로 치다'나 '공을 치다'와 같은 맥락에서 사용한다. 'be hit (by ~)'의 수동태 문장에서는 '(~에) 치이다'가 된다.

예시

I was driving at night, in the rain, and **hit a deer**.

밤에 비가 오는데 운전하다 사슴을 쳤어요.

She **was hit by** a hit-and-run driver. She's now in the ER.

그녀가 뺑소니 차에 치였어요. 지금 응급실에 있습니다.

Jack is a slugger. I saw him **hit a ball** over the fence several times.

잭은 장타자예요. 공을 쳐서 펜스를 넘기는 것을 몇 번 봤거든요.

03 hit one's head

머리를 부딪치다, 충돌하다

; a wall, a tree, a car, a snag...

마지막으로 hit이 우리말 동사와 일치하는 경우는 '부딪치다'라는 뜻으로 쓰일 때이다. 우리 말에 어떤 일이 '벽에 부딪치다'라고 하는 것도 영어에서 똑같이 'hit a wall'이라고 한다. 덧붙여 영어에서 'hit a snag'는 '예상치 못한 장애에 부딪치다'라는 뜻이다.

예시

I fell back and **hit my head** on the coffee table.

뒤로 넘어져 커피 테이블에 머리를 부딪쳤어요.

A deer jumped out in front of us. I swerved to avoid it and **hit a tree**.

갑자기 사슴이 우리 앞으로 튀어 나왔어요. 사슴을 피하려고 핸들을 꺾었다가 나무에 부딪혔습니다.

I skidded on black ice and nearly **hit another car**.

블랙 아이스에 미끄러져서 다른 차와 충돌할 뻔했습니다.

We **hit a snag** in the riverfront development plan.

강변 개발 계획이 난항에 부딪혔어요.

04 (something) hits me

문득 깨닫다, (~이) 떠오르다

; it, an idea...

우리말에서 어떤 생각이나 깨달음이 떠오를 때 '나를 때리다'라고 하지 않지만, 영어에서는 hit을 사용한다. "It hit me."라고 하면 "문득 뭔가를 깨달았다."라는 뜻이 된다. 뒤에 that 절을 붙여 'It hit me that ~(갑자기 ~라는 것을 깨달았다)'처럼 쓰기도 한다. it 대신에 an idea를 넣으면 '아이디어가 떠올랐다'가 된다.

예시 Baking has always been my passion. One day, I was in my kitchen baking cookies for a neighbor when **it hit me**. Why not make a business out of this?

저는 항상 빵 굽기에 관심이 많았습니다. 어느 날 부엌에서 이웃에게 줄 과자를 굽고 있었는데, 그때 갑자기 생각이 떠올랐어요. '이것을 사업으로 하면 어떨까?' 하고요.

Pam was in the operating room, and I was pacing in the waiting room. That's when **it hit me** that she might die, and I'd never see her again.

팸이 수술실에 들어가 있었고, 저는 대기실에서 서성거리고 있었습니다. 그때 그녀가 죽을 수도 있고, 그래서 다시는 보지 못할지도 모른다는 생각이 문득 들었습니다.

The other day, I was driving down Highway 16 when **this song idea hit me**. I pulled over on the side of the road and literally wrote it in 15 minutes.

지난번에 16번 고속도로를 타고 가고 있었는데, 그때 이 노래에 관한 아이디어가 떠올랐어요. 도로 옆에 차를 세우고 말 그대로 15분만에 노래를 작곡했습니다.

05 hit the gym
헬스장에 가다   ; a bookstore, the beach, sites, the shower...

우리말의 '때리다', '부딪치다'라는 동사와 달리, 영어 hit은 장소명과 어울려서 거기에 '가다'라는 뜻으로도 쓰인다. 따라서 'hit the gym'은 '헬스장에 가다'가 된다. 이 경우 단순히 '가다'가 아니라 '헬스장에 운동하러 가다'처럼 장소에 가는 목적도 포함되어 있다. 이런 맥락에서 다양한 명사가 hit과 어울릴 수 있다. 가령, 'hit the shower'는 '샤워하러 가다'가 된다.

예시

"What are you doing after work?" – "I think I'm just going to hit the gym and get in some exercise."
"퇴근 후에 뭐할 거야?" – "헬스장에 가서 운동이나 좀 할까 해."

★ get ~ in (주어진 시간 안에서) ~을 하다

I'm going to hit the university bookstore to see if they have any of the books on this list.
대학 서점에 가서 이 목록에 있는 책들이 있는지 봐야겠어요.

What do you say you and I go hit the bar and drink a cocktail?
너랑 나 바에 가서 칵테일 한 잔 마시는 것 어때?

Let's hit the beach until check-in.
호텔 체크인 시간 전까지 해변에 가서 놀자.

I haven't been on a horse for a while, but I can't wait to hit the trails.
말을 타 본 지는 좀 됐지만, 빨리 (말 타고) 산책로에 나가고 싶네요.

We rented bikes and hit the major sites.
우리는 자전거를 대여해서 주요 관광지를 돌아다녔습니다.

I think we've had enough for today. I'm starving. Let's hit the showers and go get something to eat.
이만하면 오늘 충분히 (운동)한 것 같아. 배가 너무 고픈데. 샤워하고 뭐 좀 먹으러 가자.

You want to hit the mall later? I still have some Christmas shopping to do.
나중에 쇼핑몰에 갈래요? 아직 크리스마스 쇼핑을 해야 할 것이 있어요.

06   hit the ground
땅바닥에 넘어지다, 엎드리다

; the floor, the water...

우리말에서는 땅바닥(the ground)에 넘어지는 것을 '땅바닥에 부딪치다'라고 하지 않지만, 영어에서는 'hit the ground'라고 한다. 무엇에 걸려 바닥에 넘어지는 경우 외에도 총탄 같은 것을 피하기 위하여 일부러 바닥에 엎드리는 경우에도 쓴다. 실내에서 넘어질 때는 'hit the floor'라고 한다. 비슷한 맥락에서 수영, 서핑, 다이빙 등 물놀이를 위해 바다나 강물에 들어가는 것은 'hit the water'라고 한다.

예시 **"Are you all right?" – "Yeah. I just hit the ground hard."**
"괜찮아요?" – "네. 좀 세게 넘어졌을 뿐이에요."

Suddenly, she started to collapse, and I caught her before she hit the floor.
갑자기 그녀가 쓰러지기 시작했어요. 그래서 바닥에 넘어지기 전에 제가 잡았죠.

Come on. Let's hit the water!
가자. 물에 들어가자고!

07   (one's head) hits the pillow
침대에 눕다

잠을 자려고 침대에 누우면 머리(head)가 베개(pillow)에 부딪치게(hit) 된다. 따라서 "My head hits the pillow."라고 하면 잠을 자려고 '침대에 눕다'라는 뜻이 된다.

예시 **"Did you have a good night's sleep?" – "Yes. I fell asleep as soon as my head hit the pillow."**
"어젯밤에 잘 주무셨어요?" – "네. 눕자마자 잠에 곯아떨어졌어요."

Jason must've been very tired. He went out like a light the minute his head hit the pillow.
제이슨이 매우 피곤했나 봐요. 눕자마자 잠들어 버렸어요.

★ go out like a light (전등이 꺼지듯이) 바로 잠들다

08 hit the sack
잠자리에 들다
; the hay, the bed...

the sack은 '건초를 넣은 자루로 만든 옛날 침대'로, 'hit the sack'은 '잠자리에 들다'라는 뜻이다. 'hit the sack'보다는 덜 쓰이지만 'hit the hay' 또는 'hit the bed'라고 해도 같은 의미이다.

예시 **I think I'm just going to grab something to eat and hit the sack.**
뭔가 좀 먹고 잠을 자야겠어요.

I'm exhausted. I think I'm going to hit the bed. I'll see you in the morning.
너무 피곤해요. 자는 게 좋겠어요. 내일 아침에 봐요.

09 hit the brakes
브레이크를 밟다
; the gas...

'브레이크를 밟다'를 직역하면 'step on the brake'가 된다. 틀린 표현은 아니지만 일반 대화에서 잘 사용되지 않는다. 대신에 '누르다'라는 뜻의 press를 써서 'press on the brakes'라고 할 수 있다. 그런데 보통 대화에서 '브레이크를 밟다'고 할 때는 급하게 밟는 상황이므로 이럴 때는 'hit the brakes'나 'slam on the brakes'라고 한다. 같은 맥락에서 '액셀을 밟다'는 'hit the gas'라고 한다. 참고로 "Step on the gas!"라고 하면 "속도 좀 내!", "좀 더 빨리 가!"라는 말이다.

예시 **Someone cut me off on the highway. I hit the brakes and slammed my head on the steering wheel.**
고속도로에서 갑자기 누가 앞으로 끼어들었어요. 그래서 급하게 브레이크를 밟았더니 머리가 운전대에 부딪혔습니다.

I think she accidentally hit the gas when she meant to hit the brakes.
그녀가 브레이크를 밟는다면서 실수로 액셀 페달을 밟은 것 같습니다.

10 hit the road
장소를 떠나다, 도로 여행을 시작하다

우리말에서 '도로를 때리다'라고 하면 무슨 말인지 어리둥절하겠지만, 영어에서 'hit the road'라고 하면 있던 장소를 '떠나다' 또는 '여행을 시작하다'라는 뜻으로 쓰인다.

예시

We've got a long drive ahead of us. We'd better **hit the road** before it gets dark.
차 타고 한참 가야 해요. 어두워지기 전에 출발하는 게 좋겠어요.

I want to grab a bite to eat before we **hit the road**.
여행 출발하기 전에 뭔가 좀 먹었으면 좋겠어요.

11 hit the books
공부하다

우리말에서 안 쓰는 표현으로, '책(the books)을 때리다(hit)'라고 하면 '공부하다'라는 뜻이 된다. 'hit the books'보다는 덜 쓰이지만, 'crack the books'라고도 한다.

예시

I have to go home and **hit the books**. I've got exams coming up.
나 집에 가서 공부해야 해. 얼마 후에 시험이 있거든.

If I don't **hit the books** soon, I'll flunk out of school.
곧 공부를 시작하지 않으면 낙제해서 학교에서 쫓겨날 거야.

12 hit the bottle
혼자 술을 마시다

우리말에서 '병을 때리다'라고 하면 이상하지만, 영어에서 'hit the bottle'은 '혼술하다'라는 뜻으로 쓴다. 특히 슬픔이나 외로움을 달래려 혼자 술을 마시는 상황에서 쓴다. 'hit the bottle hard'라고 뒤에 hard를 붙이면 '술을 많이 마시다'라는 뜻이 된다.

예시

She's been **hitting the bottle** pretty hard since Larry left her.
래리가 떠난 후 그녀는 술독에 빠져 살고 있어요.

"Have you been **hitting the bottle** again?" – "Yes. It helps to take the edge off the pain."
"요새 다시 혼자 술 마시기 시작했어?" – "응. 고통을 덜어 주니까."

★ take the edge off ~ ~을 완화시켜 주다

187

13 hit rock bottom
밑바닥에 떨어지다

우리말에서도 주가가 '바닥을 치다'라고 하는데, 영어에서도 비슷하게 hit과 bottom을 사용해서 'hit rock bottom'이라고 한다. 그런데 영어의 이 표현은 주가나 시장이 '바닥을 치다'는 뜻 외에도 사람이 '하던 일이 실패해서 극도의 절망 상태에 빠지다'나 '마약에 빠지다'를 뜻하기도 한다.

예시 **The rental market hit rock bottom earlier this year, but it's starting to rebound.**
올해 초에 임대 시장이 바닥을 쳤다가 이제 반등하기 시작했습니다.

A few years ago, I hit rock bottom and pretty much lost everything. That's when I met my wife.
몇 년 전에 저는 크게 실패해서 거의 모든 것을 잃어버렸었죠. 바로 그때 제 아내를 만났습니다.

14 hit the roof
노발대발하다, 크게 화내다

만화에서 화가 나서 펄쩍 뛰며 머리가 천장에 부딪치는 장면을 연상해 보자. 이런 느낌으로 'hit the roof'라고 하면 '노발대발하다', '크게 화내다'라는 표현이 된다.

예시 **The boss is going to hit the roof when he finds out about this.**
사장님이 이 일을 알면 노발대발하실 텐데.

15 hit the spot
맛있다, 딱 좋다

여기서 the spot(점)은 과녁의 중앙점(the bull's eye)을 뜻한다. 따라서 화살을 쏘아 과녁 정중앙을 맞추는 것에 비유해서 음식이 '맛있다' 또는 어떤 것을 먹거나 마시면 '딱 좋다'라는 뜻으로 쓴다.

예시 **"Can I get you something to drink?" – "Yes. A hot cup of coffee would hit the spot. I've had a long day."**
"뭐 마실 것을 좀 갖다 드릴까요?" – "네. 뜨거운 커피 한 잔이면 딱 좋겠어요. 매우 피곤한 하루였거든요."

I had black bean soup and a chicken sandwich. They really hit the spot.
저는 블랙 빈 스프와 치킨 샌드위치를 먹었어요. 정말 맛있더라고요.

HOLD

동사 hold는 대부분 bag(가방), hand(손) 같은 것을 '잡다', '잡고 있다' 정도로만 알고 있다. 그에 반해 원어민들은 hold를 우리가 상상하지 못하는 맥락에서도 자주 사용한다. '지탱하다'라는 의미의 자동사로도 쓰고, hold의 목적어로 생각하지 못하는 people(사람들), grudge(원한), memory(추억) 같은 명사와도 어울려 사용한다. 원어민들은 자주 쓰지만 우리는 사용하지 못하는 'hold+명사' 조합의 비밀을 벗겨 보자.

MP3 듣기

01 hold one's hands
~의 손을 잡다, 쥐다

; cards, a gun, a baby...

hold를 직역했을 때 기본적인 의미는 무엇을 손으로 '잡다', '쥐다', 사람의 경우는 '(껴)안다'이다. 이 의미로 hold의 목적어가 되는 명사는 hands(손), cards(카드), a gun(총), a baby(아기) 등 매우 광범위하다. 이런 기본 의미를 비유적으로 활용하여 'hold one's tongue' 같은 표현도 쓰인다. 직역은 '혀를 잡고 있다'인데, '입 다물고 있다', '아무 말도 하지 않다'라는 뜻이다. 그리고 "네 말을 붙잡아!"로 직역되는 "Hold your horses!"는 "잠깐만!", "진정해!", "서두르지 마!"라는 의미로, 너무 성급하게 행동하지 말라는 뜻이다.

또, "I'm sorry to leave you holding the bag."은 직역으로 "당신이 가방을 든 채로 내버려두고 떠나서 미안합니다."가 되는데, "혼자 책임을 떠맡게 하고 가 버려서 미안합니다."라는 숨은 뜻이 있다.

예시

Here, **hold my hands**. Put your weight on me. I'll lift you up.
여기요, 내 손을 잡아요. 나에게 기대요. 내가 일으켜 세울 테니까.

We have a witness who will testify that she saw that man **holding a gun** on the victim.
저 남자가 피해자를 향해 총을 들고 있는 것을 보았다고 증언할 목격자가 있습니다.

Would you like to **hold the baby**?
아기 한번 안아 볼래요?

We don't have any control of the situation. They're **holding all the cards**.
우리는 상황에 대한 아무런 통제력이 없습니다. 상대방에서 모든 카드를 쥐고 있거든요.

02 glue holds
본드가 떨어지지 않고 버티다

; a bridge...

대부분 hold를 타동사로만 알고 있지만, 자동사로 다리(bridge) 같은 것이 '무너지지 않고 버티다', 본드(glue) 등이 '떨어지지 않고 붙어 있다'처럼 '버티다'라는 의미로도 쓰인다. 다리 등이 '무너지지 않다'라는 의미에는 뒤에 up을 붙여 쓰기도 한다.

예시

I'm not sure **the glue** will **hold** for the long haul, but for the time being, it fixes the problem.
본드가 장기간 떨어지지 않고 붙어 있을지는 모르겠지만, 일단 당분간은 그것으로 문제가 해결되었습니다.

★ for the long haul 장기간

The temporary bridge held (up) during the recent flood, but experts say it isn't safe to drive on.
임시 다리가 최근 홍수에서 무너지지 않고 버텼지만, 전문가들이 다리 위 통행은 안전하지 않다고 합니다.

03 one's luck holds
행운이 계속되다, 지속되다

; the weather...

hold는 자동사로서 날씨(weather)나 행운(luck) 같은 상태가 '지속되다'라는 의미로도 사용된다. luck의 경우는 hold out, weather의 경우 'hold out/up'처럼 뒤에 out이나 up을 붙여 쓰기도 한다.

예시 We got lucky this time. I hope **our luck holds (out)**.
이번에는 우리가 운이 좋았어요. 앞으로도 계속 운이 좋으면 좋겠네요.

I'm happy we finally have a break in the weather. I'm trying to get outdoors as much as I can while **the weather holds (out/up)**.
마침내 궂은 날씨가 풀려서 다행이에요. 좋은 날씨가 지속되는 동안 되도록 자주 야외에 나가려고 노력 중입니다.

I hope **the weather holds (out/up)** for the concert this weekend.
이번 주말에 열리는 콘서트까지 이 날씨가 계속되었으면 좋겠네요.

04 hold a meeting
회의를 열다, 개최하다

; a family reunion, a press conference...

hold 뒤에 a meeting(회의), a family reunion(가족 모임), a press conference (기자 회견), a seminar(세미나) 같은 모임과 관련된 목적어를 쓰면, 그런 것을 '열다', '개최하다'라는 뜻이 된다.

예시 The City Council is **holding a meeting** in City Hall at 10 a.m. on Monday.
시 위원회가 월요일 오전 10시에 시청에서 회의를 엽니다.

Senator Crane is **holding a press conference** this afternoon.
크레인 상원 의원이 오늘 오후에 기자 회견을 갖습니다.

This restaurant has good food and a good vibe. This might be a good place to **hold our next family reunion**.
이 식당은 음식노 괜찮고 분위기도 좋다. 다음 가족 모임을 열기에 적당한 장소 같아 보이네.

191

05 hold a grudge
앙심을 품다, 반감을 갖다

; it, anything...

hold의 목적어로 대부분 잡을 수 있는 어떤 사람이나 사물을 생각하지만, 원어민들은 a grudge(앙심, 원한) 같은 추상명사도 목적어로 쓴다. '앙심을 품다'라는 의미이다. a grudge 외에도 앞에 언급된 상황을 지칭하는 it을 써서 'hold it against me'라고 하면 '그것 때문에 나에게 반감을 갖다', '원한을 품다'가 되고, 'not hold anything against you'라고 하면 '너에게 어떤 원한도 없다'가 된다.

예시
I don't blame you for **holding a grudge** against me after the way I misled you. I apologize. I'm really sorry.
내가 당신을 호도한 것에 대하여 나에게 앙심을 품고 있는 것은 당연해요. 사과할게요. 정말 미안해요.

I admire you for trying to stick to your principles. Just don't **hold it** against anybody if they don't share your views.
당신이 원칙을 지키려 하는 것은 대단하다고 생각해요. 그렇지만 다른 사람이 같은 의견을 갖지 않는다고 해서 그들에게 반감을 갖지 마세요.

I don't blame you for any of this, and I'm not **holding anything** against you.
이 일이 당신 탓이라고 생각하지 않아요. 당신에게 어떤 앙심도 없어요.

06 hold that thought
말하는 것을 잠시 멈추다, 중단하다

; one's fire...

원어민들은 hold의 '잡다'라는 의미를 확장하여 어떤 행동을 '멈추다', '중단하다'라는 뜻으로도 쓴다. 대화에서는 'hold that thought(그 생각을 잡고 있다)'라는 표현이 자주 쓰이는데, 대화를 잠깐 끊어야 할 때 '잠깐 실례해야 하는데 돌아와서 그 이야기를 계속하자'라는 의미로 쓴다. 또 'hold one's fire(~의 불을 잡고 있다)'는 '사격을 중지하다'라는 뜻으로 쓰인다.

예시
Can you **hold that thought**? If you'll excuse me for a minute, I have a call to make.
말하는 것을 잠깐 멈췄다가 다시 해 줄래요? 전화할 곳이 있어서 잠시만 실례할게요.

I'm afraid you're going to have to **hold that thought** because I have a meeting to go to, but we'll discuss it later, okay?
회의가 있어서 지금 대화를 여기서 중단해야 할 것 같네요. 그렇지만 나중에 다시 논의하도록 해요, 아시겠죠?

Hold your fire! All units, stand down!
사격 중지! 모든 부대는 작전을 중지하라!

07 hold one's calls
전화를 연결하지 않다

우리말에서는 전화를 '잡고 있다'라고 하지 않지만, 영어에서 'hold a call'은 '걸려 온 전화를 수신자에게 연결하지 않다'라는 의미로 사용된다.

예시

Jackie. I'm going to be in a Zoom conference for the next two hours. So, please **hold all my calls**.

재키 씨. 앞으로 두 시간 동안은 줌 회의에 들어가 있을 거예요. 그러니까 제 전화는 연결하지 마세요.

08 hold a product 상품을 팔지 않고 갖고 있다
hold the job 일자리를 다른 사람에게 주지 않고 갖고 있다

상점에서 'hold a product'라고 한다면 상점에 그 제품이 있다는 뜻으로 잘못 해석하기 쉬운데, 실제 의미는 어떤 고객을 위해 그 제품을 팔지 않고 옆으로 빼놓는다는 뜻이다. 가령, 찾는 제품이 거리가 떨어진 상점에 있는 경우, 전화해서 내가 갈 때까지 그 제품을 팔지 않고 갖고 있으라고 부탁하는 표현으로 "Can you hold the product for me? I'll come pick it up in about an hour.(그 물건을 저를 위해서 팔지 않고 갖고 있어 주시겠어요? 한 시간 내에 사러 갈게요.)"라고 할 수 있다. 같은 맥락에서 일자리를 다른 사람에게 주지 않고 갖고 있는 것도 'hold the job'이라고 한다.

예시

Can you **hold it** for me while I go get money from the ATM?

ATM에 가서 돈을 뽑아 오는 동안 물건을 팔지 말고 갖고 있어 줄래요?

If you like the dress, we can **hold it** for you for two weeks at no cost.

드레스가 마음에 드시면 별도 비용 없이 2주 동안 팔지 않고 빼놓아 드릴 수 있습니다.

I'll **hold the job** for you for two weeks. So, sleep on the offer, and let me know what you decide.

이 자리를 2주까지 다른 사람을 찾지 않고 둘게요. 그러니까 잘 생각해 보고 결정 사항을 알려 주세요.

★ sleep on ~ ~을 자면서 곰곰이 생각해 보다

09 hold the elevator
엘리베이터를 잡고 있다

; the door...

hold 뒤에 elevator나 door 같은 명사를 붙여 말하면 엘리베이터나 문이 닫히지 않도록 '붙잡고 있다'라는 뜻이 된다.

예시 **Would you like me to hold the elevator?**
엘리베이터를 잡고 있을까요?

Can you hold the door for me, please?
문 좀 잡아 줄래요?

10 hold one's breath
숨을 참다, 크게 기대하다

우리말에서는 숨을 '잡다'라고 하면 말이 안 되지만, 영어에서 'hold one's breath'는 '숨을 쉬지 않고 참다'라는 뜻이 된다. 이 표현은 비유적으로는 '크게 기대하다'라는 관용 표현으로도 쓰인다.

예시 **Inhale through your nose, hold your breath for eight seconds, and then exhale slowly through your mouth.**
코로 숨을 들이마시고 8초 동안 참고 있다가 입으로 천천히 숨을 내쉬세요.

He said he'd pay the back rent next week, but I'm not holding my breath.
다음 주에 밀린 월세를 내겠다고 했는데, 큰 기대는 하지 않습니다.

11 hold one's interest
~의 관심을 끌다, ~의 관심이 가다

우리말에서 '관심'과 '잡다'는 자주 함께 쓰이는 조합이 아니지만, 영어에서 'hold one's interest(나의 관심을 잡다)'라고 하면 주어 자리에 있는 사람이나 사물이 '~의 관심을 지속적으로 끌다', 그것에 '지속적으로 관심이 가다'라는 뜻이 된다. 보통 '관심이 지속되지 않다'라는 부정 맥락에서 사용되면 'not hold much[any] interest for someone', 'hold no interest for someone'의 형태로도 쓸 수 있다.

예시 **My problem is that I get bored very easily. I've had many different hobbies, but none held my interest for very long.**
제 문제는 쉽게 싫증이 난다는 거죠. 여러 종류의 취미를 가졌지만 오랫동안 관심을 가진 것은 없었어요.

When we get together, we mostly talk about things like bottom lines, profit margins, corporate mergers. Subjects that don't **hold much interest** for a scientist like you.

우리는 모이면 대부분 기업 수익 구조, 수익률, 기업 합병 같은 것들에 관해 이야기해요. 당신 같은 과학자에게 는 별 관심이 안 가는 주제들이죠.

12 hold someone

~을 구금하다, 감금하다

; governor, people...

hold 뒤에 사람을 목적어로 넣으면 맥락에 따라 단순히 사람을 '잡다'가 아니라 '강제로 구 금하다', '감금하다'라는 뜻이 된다. 'hold ~ prisoner[captive](~을 죄수나 포로처럼 강 제로 잡고 있다)', 'hold ~ hostage(~을 인질로 잡고 있다)'라는 형태로도 사용된다. 수 동태가 되면 'be held prisoner[captive/hostage]'가 된다.

예시 **Legally, we can hold him** for 48 hours before charging him.

법적으로 입건하지 않고 그를 48시간 동안 구금할 수 있습니다.

The gangs are charged with kidnapping **the girl** and **holding her** for ransom.

그 조폭들은 여자 아이를 납치해서 몸값을 요구하며 감금한 혐의로 기소되었습니다.

The two people being held hostage have been identified as actress Karen Forrester and her brother.

인질로 잡혀 있는 두 사람의 신원이 여배우 캐런 포레스터와 그녀의 오빠로 확인되었습니다.

13 hold one's liquor

술을 많이 마시고도 취하지 않다, 술이 세다

hold 뒤에 liquor를 넣어 'hold one's liquor(~의 술을 잡고 있다)'라고 하면 '술을 많 이 마시고도 취하지 않다', '술이 세다'라는 뜻이 된다. 마신 술을 온전히 몸 안에 담고 있는 것을 취하지 않는 것에 비유한 표현이다. 우리말에는 없는 원어민식 사고이다.

예시 **Barbara is a heavy drinker. I hope you can hold your liquor.**

바바라는 술이 센 사람이야. 지니도 술이 세기를 바라네.

"All right, that's enough. You've had a lot to drink." – "Don't worry about me. I can **hold my liquor**."

"알겠어. 이제 그만해. 너 술을 많이 마셨어." – "걱정 마. 웬만큼 마셔서는 취하지 않으니까."

14 hold 20 people
20명을 수용하다

; room, hall, shelter, cooler...

대부분 hold의 주어로 사람만 생각하는데, 원어민들은 room(방), hall(홀), shelter(피신처, 쉼터) 같은 장소나 cooler(아이스박스) 같은 용기를 주어로 써서 그 안에 얼마나 많은 사람이나 물건이 들어가는지를 표현한다.

예시

"Do you have a separate space where we can have a birthday party?" – "Yes, we do. We have party rooms of various sizes. The smallest can hold 20 people."

"생일 파티를 열 수 있는 별도의 공간이 있나요?" – "네, 있습니다. 다양한 규모의 파티룸이 있어요. 가장 작은 방에는 20명이 들어갈 수 있습니다."

The city has opened a new shelter for the homeless. It can hold up to 200 people.

그 도시는 새로운 노숙자 쉼터를 오픈했습니다. 쉼터는 200명의 인원을 수용할 수 있습니다.

The cooler can hold 12 cans and is tall enough to store 1-liter bottles.

그 아이스박스에는 12개의 캔 음료가 들어가고, 1리터짜리 병을 넣을 수 있을 만큼 높이도 높습니다.

15 (the future) holds uncertainties
(미래가) 불확실하다

; surprises, promise...

hold는 future(미래)라는 무생물이 주어가 되고 uncertainties(불확실한 것들), surprises(깜짝 놀랄 것들), promise(가능성) 같은 명사가 목적어가 되어 '미래가 불확실하다', '미래에 깜짝 놀랄 일이 벌어질 것 같다', '미래에 가능성이 있다' 등의 의미로 쓰인다. 일반 대화에서는 'what the future holds'의 형태로 '미래에 어떤 일이 일어날지', '미래가 어떨지'라는 뜻을 표현하는 데 훨씬 더 자주 사용된다.

예시

"(Is there) Any chance Kate and her boyfriend will get back together?" – "I don't know. I doubt it. They had a bad breakup. But who knows what the future holds."

"케이트와 남자 친구가 다시 합칠 가능성은 없어?" – "모르겠네. 그럴 가능성은 없는 것 같은데. 안 좋게 헤어져서 말이야. 그렇지만 미래 일을 누가 알겠어."

The girl group's new album is getting a lot of attention, and they're excited about what the future holds for them.

그 걸그룹의 새 앨범이 많은 관심을 끌고 있으며, 그들은 자신들의 미래에 대하여 많은 기대를 갖고 있습니다.

16 hold memories
(장소에) 추억이 담겨 있다

장소를 주어로 해서 'hold memories(추억을 잡고 있다)'라고 하면 그 장소에 '추억이 담겨 있다'라는 뜻이 된다.

예시

This is the town I grew up in. It **holds so many memories** for me.
이곳이 내가 어린 시절을 보낸 지역이에요. 나에게는 많은 추억이 깃든 곳입니다.

I didn't want to come back here. This place doesn't exactly **hold good memories** for me.
나는 이곳에 돌아오기를 원하지 않았습니다. 이곳은 나에게 그렇게 좋은 추억이 있는 곳이 아니거든요.

Collocations

KEEP

동사 keep은 기본적으로 무엇을 '계속 갖고 있다', '보관하다'라는 의미를 갖고 있다. 그렇지만 실제 대화에서 keep은 훨씬 다양한 의미로 사용된다. keep을 '갖고 있다'로만 이해한다면 접근 불가능한 keep의 다양한 표현들을 알아보자.

MP3 듣기

01 keep it
그것을 갖고 있다, 보관하다, 데리고 있다

; receipts, change, him...

keep의 기본 의미는 무엇을 '계속 갖고 있다'이다. 맥락에 따라 '보관하다'도 되고, 사람이 목적어인 경우는 어떤 장소에 '데리고 있다', '(병원 등에) 입원시켜 놓다' 등으로 해석된다.

예시

This is a very valuable piece of art. Keep it in a safe place.
이것은 값이 많이 나가는 예술품이에요. 안전한 곳에 보관하세요.

I keep all my receipts here in this folder.
저는 제 모든 영수증을 이 폴더에 보관합니다.

"It'll be $13.85." – "Here. Keep the change."
"13달러 85센트입니다." – "여기 있어요. 잔돈은 가지세요."

"Mom, it's so cute! Can I keep it?" – "Of course, it's your present."
"엄마, (강아지가) 너무 귀여워요! 제가 키워도 돼요?" – "물론이지, 네 선물인데."

Luckily, there's no internal injuries. But since he was unconscious when he was brought in, we want to keep him overnight for observation.
다행히 내상은 없습니다. 그렇지만 그가 병원에 실려 왔을 때 의식이 없었기 때문에 오늘 밤은 입원시켜서 관찰하는 것이 좋겠습니다.

02 keep a secret
비밀을 지키다

keep의 목적어가 a secret(비밀)일 경우는 '비밀을 지키다'가 된다. 특정한 비밀이 있다면 'keep my secret(내 비밀을 지키다)', 'keep that secret(그 비밀을 지키다)'처럼 단수로 쓰고, 일반적으로 '비밀을 지키다'라고 할 때는 'keep secrets'라고 복수로 쓴다.

예시

Grandpa has terminal cancer. He's kept it secret until now.
할아버지가 말기암이세요. 그런데 지금까지 그걸 비밀로 해 오셨어요.

"You can't tell anyone about this. It's between you and me." – "Sure. Your secret is safe with me. I'm very good at keeping secrets."
"이 일을 누구에게도 말하면 안 돼. 너와 나 사이의 비밀이니까." – "물론이지. 나에 관한 한 네 비밀은 안전해. 난 비밀 지키는 것을 잘하거든."

I've been keeping your secret by lying to everyone, but I can't do it any longer.
모든 사람들에게 거짓말을 하며 네 비밀을 지켜 주었지만, 이제 더 이상 그렇게 못하겠어.

03   keep one's promise

～의 약속을 지키다

; one's word, one's end of the bargain...

---

keep이 promise(약속) 같은 명사와 어울리면 '약속을 지키다'가 된다. 대화에서는 promise 외에 word도 '약속'이라는 의미로 쓰이고, '거래 합의에서 내 편에서의 약속'이라는 뜻으로 'one's end of the bargain'이라는 표현도 많이 쓰인다.

예시
I promised to take you to the Yankees game Friday, but I won't be able to **keep that promise**.

금요일에 양키스 경기에 데려가기로 했는데 그 약속을 지키지 못하게 됐어.

"Thank you for helping me get the job." – "I told you I would put in a good word for you. I always **keep my promises**."

"그 직장에 취직되게 도와주셔서 감사합니다." – "내가 너를 위해 잘 말해 주겠다고 했잖아. 나는 항상 약속을 지키는 사람이라고."

★ put in a good word for ～ ～을 위해서 말을 잘 해 주다

We made a deal, and I've **kept my end of the bargain**. I expect you to keep your end.

우리가 거래에 합의했고, 나는 내 거래 약속을 지켰어요. 당신도 약속을 지킬 것으로 기대합니다.

04   keep things (+형용사/부사)

(어떤 상태로) 상황을 유지하다

; him, her, your voice...

---

keep은 다양한 목적어 명사와 어울려 〈keep+명사+형용사/부사〉 형태로 상황, 사물, 사람을 '어떤 상태로 유지하다'라는 의미를 표현한다. 이 형태는 우리말로 다양하게 해석되는데, 'keep it safe'는 '그것을 안전하게 보관하다', 'keep him safe'는 '그를 안전하게 보호하다'가 된다. 그 외에 'keep things simple'은 '어떤 행사나 절차를 단순하게 하다', 'keep things interesting'은 '상황이 재미있어지다', 'keep one's voice down'은 '～의 목소리를 낮추다'로 해석된다.

예시
It's not going to be a big wedding. Jake and I want to **keep things simple**.

결혼식을 크게 하지는 않을 거예요. 제이크와 전 간단하게 하기를 원해요.

I didn't know Paul had such a great sense of humor. He was the life of the party. He helped to **keep things light**.

폴이 그렇게 유머 감각이 있는 줄은 몰랐어요. 모임의 활력소 같은 역할을 했어요. 분위기를 가볍게 하는 데 일조했어요.

★ the life of the party 모임의 분위기 메이커

A little chaos isn't such a bad thing, you know. It **keeps things interesting**.

조금 혼란스러운 것은 안 좋은 일만은 아니에요. 그래야 인생도 좀 재미있잖아요.

While we're going through a divorce, we're trying to **keep things normal** for the sake of the kids.

우리는 이혼 수속을 밟는 동안 아이들을 위해 정상적인 생활을 하려고 노력 중입니다.

I'm retired from public service, but I run a small store, which **keeps me busy**.

공직에서는 은퇴했지만, 소일거리로 작은 가게를 하나 운영하고 있어요.

Will you two **keep your voices down**? I'm trying to get some sleep here.

두 사람 목소리 좀 줄여 줄래요? 잠 좀 자자고요.

05   keep things (+전치사구)

(어떤 상태로) 상황을 유지하다   ; one's eyes, one's mind, one's head...

'어떤 상태로 유지하다'라는 의미는 같지만 〈keep+명사〉 뒤에 형용사, 부사 대신 〈전치 사구〉를 붙일 수도 있다. 가령, 'keep things under control'은 '상황을 통제하고 있 다', 'keep things on track'은 '상황을 원래 계획대로 진행시키다', 'keep things to oneself'는 '남에게 말하지 않고 혼자만 알고 있다', 'keep one's eyes on the road' 는 '앞을 보고 운전하다', 'keep one's mind on the job'은 '자기가 맡은 일에만 신경 쓰다, 집중하다', 'keep one's head above water'는 물에 빠진 사람의 머리가 물 위 로 나와 있는 상황에 빗대어 '기업이나 개인이 파산하지 않고 근근이 유지하다', 'keep my mind off (of) ~'는 '~을 생각하지 않으려 하다'라는 표현이다.

예시

"Why are you pushing me away? You don't find me attractive?" – "I do, but I want to **keep things between us** on a professional level."

"왜 나를 배척하려는 거예요? 당신이 보기에 내가 매력적이지 않나요?" – "매력적이죠, 그렇지만 우리 사이 를 프로페셔널한 관계로 유지했으면 해요."

I'll be on the first flight out tomorrow morning. I need you to **keep things under control** until I get there. Understand?

내일 아침 첫 비행기를 타고 갈 거예요. 내가 갈 때까지 상황을 잘 통제하고 있어요. 알겠죠?

We're swamped with orders, and our staff are working overtime to **keep things on track**.

주문이 밀려들어 저희 직원들은 업무가 정상적으로 운영되도록 오버타임 근무를 하고 있습니다.

I'm so worried about you I can't **keep my mind on the job**.

네가 너무 걱정이 돼서 일이 손에 잡히지 않아.

I still miss her a lot, like crazy. That's why I'm trying to bury myself in work, you know, to **keep my mind off (of) her**.

난 아직 그녀가 매우, 미칠 정도로 그리워. 그래서 일에 파묻혀 지내려고 해. 그녀 생각을 잊으려고.

I've been out of a job for several months. So, I'm pinching pennies, to **keep my head above water**.

몇 달 째 실직 중입니다. 그래서 생계를 유지하기 위하여 절약하고 있지요.

★ pinch pennies 씀씀이를 짜게 하다, 절약하다

06 keep one's distance (from ~)
(~로부터) 거리를 유지하다, 멀리하다

keep 뒤에 distance를 목적어로 쓰면 '피하다', '멀리하다'라는 의미에서 '거리를 유지하다'라는 표현이 된다.

예시 **Austin is bad news. Associating with him will only get you into trouble. It's best for you to keep your distance from him.**

오스틴은 질이 안 좋은 사람이에요. 그와 어울리면 문제 상황에 빠질 뿐이에요. 그 사람은 멀리하는 것이 최선이에요.

★ bad news 골치 아픈 녀석 / associate with ~ ~와 어울리다

07 keep company (with ~)
(~와) 어울리다, 사귀다

company는 '회사'라는 뜻 외에 '같이 있어 주기'라는 의미로도 쓰인다. keep 뒤에 company를 넣어 'keep company with ~'라고 하면 '(특히 이성 간에) ~와 사귀다'가 되고, 'keep ~ company'의 형태로 쓰면 '~와 같이 있어 주다', '~와 시간을 보내다'라는 뜻이 된다.

예시 **She's nothing but trouble. If you insist on keeping company with her, you're going to be in a lot of danger.**

그녀는 문제만 일으키는 사람이에요. 그녀와 사귀는 것을 고집한다면 많은 위험에 처하게 될 겁니다.

"It's nearly lunchtime. Would you like to go grab a sandwich with me?" – "I'm not hungry, but I'll keep you company."

"점심 시간이 다 되었네. 나랑 샌드위치 사 먹으러 갈래?" – "배고프지는 않지만, 같이 가 줄게."

08 keep the truth (from ~)

(~에게서) 진실을 숨기다, 말해 주지 않다

; it, things...

keep 뒤에 the truth(진실), things(여러 일들) 같은 명사를 쓰고, 전치사 from을 붙이면 누구에게서 그런 것들을 '숨기고 말해 주지 않다'라는 뜻이 된다.

예시

I can't **keep the truth from** my parents anymore. I'll tell them what happened and let the chips fall where they may.

부모님에게서 더 이상 진실을 숨길 수 없어요. 어떤 일이 있었는지 말하고 결과를 감수할 겁니다.

★ let the chips fall where they may 결과가 어떻든 상황을 흘러가는 대로 내버려두다

"You knew the truth. Why did you try to **keep it from** me?" – "Because I didn't want to worry you."

"사실을 알고 있었으면서. 왜 나에게 말하지 않았어?" – "걱정 끼치고 싶지 않았으니까."

We promised not to **keep things from** each other.

서로에게 비밀로 하는 것 없기로 약속했잖아.

09 keep track (of ~)

(~을) 추적하다, 관리하다

track은 사람이나 탈 것 등이 지나간 '자국'이라는 뜻으로, 'keep track of ~'는 '~의 움직임을 추적하다', '~가 어디서 무엇을 하는지 관리하다'라는 뜻으로 쓰인다. 반대 의미는 'lose track of ~'이다.

예시

I've got so many things happening in my life it's difficult to **keep track of** them all.

인생에서 너무 많은 일들이 일어나고 있어서 그 모든 것을 다 기억하고 관리하기가 어렵습니다.

"Have you seen Cathy?" – "Cathy who? I can't **keep track of** all the guests."

"캐시 봤어요?" – "캐시 누구요? 저는 모든 방문객들이 어디서 뭐 하는지 다 알 수 없어요."

10 keep someone from -ing
~가 -을 못하게 막다

〈keep+명사+from〉의 형태에서 from 뒤에 -ing를 넣으면 '어떤 사람이 -하지 못하게 막다'라는 의미가 된다. 이 경우 keep은 prevent(막다, 예방하다)와 동의어이다.

예시

"Mother, why are you doing this to me? Why can't you just let me live my life?" – "I'm trying to **keep you from making** a terrible mistake."

"엄마, 저에게 왜 이러세요? 제 인생을 제 방식대로 살게 해 주시면 안 돼요?" – "난 네가 큰 실수를 하는 것을 막으려는 것뿐이야."

"You aren't welcome here. Stay away from my son." – "My lawyer says you can't **keep me from seeing** my grandchild."

"여기 오지 마세요. 제 아들 근처에 오지 말라고요." – "내 변호사가 그러는데 내 손자를 만나는 것은 네가 막을 수 없다고 하더라."

I'll just do whatever I can to **keep things from getting** out of control.

상황이 걷잡을 수 없이 악화되지 않도록 뭐든 닥치는 대로 할 거예요.

Collocations

LOSE

동사 lose의 일반적 의미는 자동사로는 경기 등에서 '지다', 타동사로는 무엇을 '잃다'이다. 그런데 대화에서 자주 사용되는 'lose+명사' 조합 중에는 우리말의 '잃다'라는 관점에서는 생각할 수 없는 조합들도 많다. 직역식으로 생각할 수 없는 원어민 특유의 'lose+명사' 조합을 알아보자.

MP3 듣기

01 lose money
돈을 잃다

타동사로서 lose의 기본적 의미는 무엇을 '잃다'이다. 우리말의 '잃다'와 영어의 lose가 목적어 자리에 같은 명사를 공유하는 예는 무수히 많다. 대화에서 가장 많이 쓰이는 예를 몇 가지 들어 보자면 money(돈), son(아들), husband(남편), job(일자리), control(통제력, 자제심), blood(피), appetite(식욕), consciousness(의식), interest(흥미), balance(중심, 균형감), patience(인내심) 등이 있다. 이 중에 'lose blood'는 우리말에서 '출혈하다'에 해당한다.

예시

I recently **lost a lot of money** in an investment.
최근에 투자에서 큰돈을 잃었어요.

She **lost her son** in a car accident.
그녀는 자동차 사고로 아들을 잃었어요.

He **lost his job**, and he got kicked out of his apartment.
그는 직장을 잃고 살던 아파트에서도 쫓겨났어요.

I'm sorry, I **lost control**. I promise it won't happen again.
미안해요, 내가 자제심을 잃었어요. 다시는 이런 일이 없을 거라고 약속할게요.

"Will she be okay?" - "She **lost a lot of blood**, but she'll recover."
"그녀가 괜찮을까요?" - "출혈이 많았습니다만, 회복할 겁니다."

I don't feel like eating. I've **lost my appetite**.
지금은 먹을 생각이 없어요. 입맛을 잃었어요.

Don't **lose hope**. You have to be strong for her.
희망을 잃지 말아요. 그녀를 위해서라도 당신이 강해져야죠.

In my sophomore year, I **lost interest** in acting.
저는 대학교 2학년 때 연기에 흥미를 잃었습니다.

I'm **losing my patience** with you and your client, Mr. Harper.
하퍼 씨, 저는 당신과 당신 의뢰인에 대한 인내심이 바닥나고 있어요.

02 lose time
시간을 낭비하다, 허비하다

보통 '시간을 낭비하다', '허비하다'는 'waste time'이라고 하는데, 정해진 마감 시간이 있는 상태에서 시간을 허비하는 경우에는 'lose time'이라고 하는 게 좋다. 우리말로 '시간을 잃다'라는 말은 쓰지 않으니 바로 생각해내기 어려운 조합이다. 참고로 시계가 점점 늦게 가는 경우에도 "My watch is losing time."이라고 한다.

예시 **We're losing precious time** arguing over trivial matters.
하찮은 일을 놓고 논쟁하느라 귀중한 시간을 허비하고 있어요.

A child's life is at risk, and we're **losing time** here.
한 아이의 목숨이 위험에 처해 있는데, 우리는 여기서 시간만 허비하고 있어요.

03 lose sleep
(걱정 때문에) 잠을 못 자다

우리말에서는 잠(sleep)을 '잃다'라고 하지 않지만 영어에서 'lose sleep'은 흔히 쓰는 표현으로, 주로 '(걱정 때문에) 잠을 못 자다'라는 의미로 사용된다. 뒤에 전치사 over를 붙여 무엇 때문에 잠을 못 자는지를 표현할 수 있다. "Don't lose sleep over it.(그것 때문에 잠 못 자고 그러지 마.)"이라고 하면 실제 의미는 "걱정하지 마.", "걱정할 필요 없어."가 된다. "I'm losing sleep worrying about my debts.(빚 때문에 걱정이 돼서 잠을 못 자요.)"처럼 -ing 형태로 무엇 때문에 잠을 못 자는지를 설명할 수도 있다.

예시 He's just bluffing. Don't **lose sleep** over it.
그는 그냥 엄포 놓는 거예요. 걱정할 필요 없어요.

I'm sorry that's what you think of me, but I'm not going to **lose any sleep** over it.
네가 나에 대해 그렇게 생각한다니 유감이지만, 난 별 관심 없어.

04 lose track (of ~)
(시간 등이 경과하는 것을) 잊다, (~을) 추적하다가 놓치다

track은 사람이나 탈 것 등이 지나간 '자국'이라는 뜻으로, lose와 함께 'lose track of ~'라고 하면 사람, 사물 등의 움직임을 '추적하다가 놓치다'라는 뜻이 된다. 이 표현은 'lose track of time'이라는 형태로 가장 많이 사용되는데, 어떤 일을 하다 '시간 가는 것을 잊다'라는 뜻이다. 반대 표현은 'keep track of ~'이다.

예시
I'm sorry for being late. I got caught up in something and completely **lost track of** time.
늦어서 미안해요. 어떤 일에 정신 팔려 있다가 시간 가는 것을 완전히 잊었어요.

★ get caught up in ~ ~에 휘말리다, 정신 팔리다

We **lost track of** the plane. It just dropped off the radar screen.
비행기를 놓쳤어요. 레이더 화면에서 갑자기 사라졌습니다.

05 lose count (of ~)
(~을 몇 번 했는지) 잊다

우리말에서 '숫자 세는 것(count)'을 '잃다'라고 하지 않지만, 영어에서 'lose count'는 '몇 번인지 세는 것을 잊다'라는 뜻으로 쓰인다. 보통 어떤 일을 셀 수 없을 정도로 많이 했다고 말하는 맥락에서 사용한다.

예시
Jennifer has lied to me so many times I **lost count**.
제니퍼가 나에게 하도 거짓말을 많이 해서 몇 번이나 했는지 세는 것도 잊었을 정도예요.

I contacted many publishers and agents to get my book published, and I've **lost count of** how many times I've been rejected.
내 책을 출판하기 위하여 많은 출판사와 에이전트에 연락을 했는데, 얼마나 많이 거절을 당했는지 기억도 나지 않습니다.

06 lose sight (of ~)

(~을) 망각하다, 잊다

sight는 셀 수 없는 명사로 쓰인 경우, '눈에 보이기', '시야'라는 뜻이다. 'lose sight of ~' 는 문자적으로는 '~을 시야에서 놓치다'라는 뜻이고, 비유적으로는 '~을 망각하다', '~을 잊다'라는 뜻으로 쓰인다.

예시 **Don't dwell on your past mistakes. Or you're going to lose sight of what's at stake now.**

과거 실수에 너무 연연하지 마세요. 안 그러면 지금 중요한 것이 무엇인지를 잊게 됩니다.

★ dwell on ~ (~을) 계속 생각하다, 오래 논의하다

I've been so caught up in the corporate rat race I've lost sight of my personal dreams.

직장 내 경쟁에 몰두하다 보니 내 개인적인 꿈을 잊고 살았어.

★ a rat race 사회 생활에서 성공을 위한 치열한 경쟁

07 lose touch (with ~)

(~와) 연락이 끊기다

'접촉'이라는 뜻의 touch와 lose를 결합해서 'lose touch with ~(~와 접촉을 잃 다)'라고 하면 '~와 연락이 끊기다'라는 뜻이 된다. 일상 대화에서는 'lose touch with reality(현실과의 접촉을 잃다)'라는 표현도 자주 쓰이는데, '현실을 제대로 인식하지 못하 다', '제정신이 아니다'라는 의미이다.

예시 **Sam and I lost touch after we graduated from college. Then, we reconnected recently.**

샘과 저는 대학 졸업 후에 연락이 끊겼어요. 그러다 최근에 다시 만났습니다.

I've lost touch with some people in this photo, but most are still good friends.

이 사진에 있는 사람들 중 일부와는 연락이 끊겼지만 대부분은 지금도 친한 친구예요.

Andy seems to have lost touch with reality after breaking up with Molly.

몰리와 헤어진 후 앤디가 제정신이 아닌 것 같아요.

08 lose one's mind
미치다, 제정신이 아니다

mind는 '마음', '정신' 등으로 해석되는데, 우리말의 '정신을 잃다'라는 뜻과 달리 영어에서 'lose one's mind'라고 하면 '미치다(go crazy)', '제정신이 아니다'라는 의미이다. 참고로 'lose one's marbles(자신의 구슬을 잃다)'라는 관용 표현도 같은 뜻으로 쓰인다.

예시

Have you **lost your mind**? You're going to put all your money in a company on its last legs.
너 미쳤어? 거의 다 망한 회사에 전 재산을 투자하겠다고?

★ on one's last legs (가구, 가전 제품 등이) 수명이 다한, (회사 등이) 거의 망한

You think I'm **losing my mind**, don't you?
넌 내가 제정신이 아니라고 생각하지?

09 lose one's temper
화내다, 흥분하다

temper는 '성질', '성미'라는 뜻으로, 'lose one's temper'라고 하면 '화내다'라는 뜻이 된다. 반대로 '화나지만 침착하다'는 'keep one's temper'라고 한다.

예시

"I shouldn't have **lost my temper** like that." – "No big deal. I'd have reacted the same way if I were in your shoes."
"그렇게 흥분하지 말았어야 하는데." – "괜찮아. 내가 같은 입장이었어도 똑같은 반응을 보였을 거야."

★ in one's shoes ~의 입장에 있는

He **loses his temper** at the drop of a hat over trivial things.
그는 별것도 아닌 일에 툭하면 화를 내요.

★ at the drop of a hat 즉각, 즉시, 툭하면

10 lose one's nerve
용기를 잃다, 겁을 먹다

nerve는 '신경'이라는 뜻 외에 '용기(bravery, courage)'라는 뜻이 있다. 그래서 'lose one's nerve'라고 하면 어떤 일을 하려는데 '겁 먹고 용기를 잃다'라는 의미로 쓰인다.

예시

"Where is Mark? Why isn't he here, yet?" – "Maybe he got scared and **lost his nerve**."
"마크 어디 있어? 왜 아직 안 온 거야?" – "아마 겁먹고 용기를 잃은 것 같은데."

There's something I want to tell you, and I'm going to say it before I **lose my nerve**.

당신에게 할 말이 있는데, 용기를 잃기 전에 빨리 말해야겠어요.

11 lose one's edge

실력이 없어지다, 실력이 녹슬다

; one's touch...

edge는 '가장자리'라는 뜻 외에 '특별한 기술', '능력'을 의미한다. 따라서 'lose one's edge'는 '과거 실력이 없어지다', '실력이 녹슬다'라는 뜻으로 쓰인다. edge 대신에 touch 를 써서 'lose one's touch'라고 해도 된다.

예시 Checkmate! I won again. I think you've **lost your edge**.

체크메이트! 내가 또 이겼어. 자네 실력이 녹슬었나 보네.

People think I'm **losing my touch**, but the truth is that I've lost my passion for the sport.

사람들은 제가 실력이 예전 같지 않다고 합니다만, 실은 경기에 대한 열정이 식은 겁니다.

12 lose an attitude

(잘못된) 태도를 버리다

우리말에선 '잘못된 태도를 고치다', '버리다'라고 하는데, 영어에서는 'lose an attitude(태도를 잃다)'라고 한다. 보통은 상대방에게 명령 또는 제안하는 말로 "Lose the attitude." 또는 "I need you to lose the attitude.", "You('ve) got to lose the attitude." 등의 형태로 쓰인다.

예시 "The curfew is too early. All my friends are allowed to stay out a lot later. It's not fair." – "You got to **lose the attitude**, young man, or I'm going to ground you."

"통행 금지 시간이 너무 일러요. 내 친구들은 모두 더 늦게까지 밖에 있어도 되는데. 공정하지 못해요." – "너, 그 태도를 바꾸지 않으면 외출 금지다."

"I don't care what Sarah thinks of me. She's always had a low opinion of me." – "**Lose the attitude**. She's your sister."

"사라 누나가 저를 어떻게 생각하든 관심 없어요. 항상 저를 안 좋게 봤으니까요." – "그러지 마라. 사라는 네 누나잖니."

길을 잃다

lose one's way (X)
get lost (O)

'길을 잃다'를 길(way), 잃다(lose) 식으로 생각해서 말하면 엉터리 영어가 된다. 정확한 표현은 'get lost' 또는 'be lost'라고 한다.

ex The trails are unmarked, and we **got lost** a few times.
산행로에 표지판이 없어서, 몇 번 길을 잃었습니다.

I think we'**re lost**. This road doesn't look familiar at all.
우리가 길을 잃은 것 같아. 이 도로는 전혀 낯익어 보이지 않는데.

정신을 잃다

lose one's spirit (X)
fall unconscious / black out / pass out (O)

'정신을 잃다'에서 '정신'은 spirit가 아니라 consciousness(의식)라는 명사를 써야 한다. 또는 'fall+ unconscious(의식이 없는)'의 조합을 쓰거나 black out, pass out이라는 구동사를 쓴다. 또 펀치를 맞 거나 약을 먹고 정신이 나가는 경우에는 'knock ~ out'이라고 한다.

ex I was coming out of the shower when I felt dizzy and **blacked**[=passed] **out**.
샤워를 하고 나오다 머리가 어지럽더니 정신을 잃었습니다.

She had too much to drink and **passed**[=blacked] **out**.
그녀는 술을 너무 마셔서 필름이 끊겼습니다.

이성을 잃다

lose one's reason (X)
lose one's cool[=temper/head] /
lose control / lost it / be out of control /
get crazy / snap / flip out / go ballistic (O)

'이성'은 영어로 reason이지만, '이성을 잃다'를 직역식으로 'lose one's reason'이라고 하면 콩글리시가 된다. 냉정함을 잃고 화내고 난리를 치는 상황을 나타내는 영어 표현은 매우 많은데, 우선 lose(잃다)와 어울려 one's cool(침착함), one's temper(성미), one's head(머리), control(자제력) 등을 쓸 수 있다. 단순히 'lose it'이라고 해도 같은 의미가 된다. 그 외에 'be out of control', 'get crazy'처럼 표현할 수 있다. 또 '벌컥 화내다'라는 뜻으로 snap, flip out, go ballistic 같은 표현도 쓴다.

ex He **lost his cool**[=lost his temper/lost his head/lost control/lost it] in front of the jury.
배심원단 앞에서 그는 이성을 잃고 말았습니다.

She **got crazy** and started screaming, calling me names.
그녀가 이성을 잃고 막 소리를 치며 제게 욕을 했습니다.

I'm sorry I **snapped**.
제가 잠시 이성을 잃어서 죄송합니다.

He **flipped out** and went after the prison guards.
그는 갑자기 이성을 잃고 교도관을 공격하기 시작했습니다.

He **went ballistic** on the witness stand.
그는 증인석에서 갑자기 버럭 화를 냈습니다.

할 말을 잃다

lose one's words (X)
not know what to say / have nothing to
say / be speechless / be stunned /
be dumbfounded (O)

'할 말을 잃다'를 lose를 써서 직역하려고 하면 엉터리 영어 표현이 된다. 많이 쓰이지는 않지만 'have no words'나 'be at a loss (for words)'라는 표현이 있는데, 가장 쉽게는 'not know what to say', 'have nothing to say' 또는 'be speechless'라고 하는 것이 자연스럽다. 상황이 너무 놀라워 말이 안 나오는 경우에는 'be stunned', 어안이 벙벙해서 말이 안 나오는 경우에는 'be dumbfounded'라는 표현도 있으니 알아 두자.

ex Is this really for me? I do**n't know what to say**. Thank you.
이것 정말 저 주시는 거예요? 뭐라 해야 할지 모르겠네요. 감사합니다.

"Pete. I'm breaking up with you." – "What? I**'m stunned**. I'm **speechless**."
"피트, 저 당신과 헤어질래요." – "뭐라고요? 할 말이 없네요. 너무 놀라서 말이 안 나와요."

Collocations

MAKE

동사 make의 가장 기본 의미는 '만들다'이다. 그렇지만 make는 다양한 명사들과 짝을 이뤄 다양한 맥락에서 사용되므로 그만큼 의미도 다양하다. 우리말의 '~하다'라는 보조 용언처럼 쓰이기도 하는데, 이는 make 외에도 do, take, give 등 많은 동사들이 같은 의미를 나타내기 때문에 기계적으로 생각하면 안 되고, 어울리는 명사들을 개별적으로 익혀야 한다. 그 외에도 대화에서 여러 가지 독특한 의미로 사용되는 make의 용법을 알아보자.

MP3 듣기

01 make a sandwich
샌드위치를 만들다

; dinner, coffee, a table, a video, a law...

make의 가장 기본적인 의미는 '만들다'이다. 이런 의미로 make와 어울리는 명사는 크게 음식과 기타 사물로 나눌 수 있다. 음식 중 대화에서 자주 나오는 명사는 sandwich(샌드위치), toast(토스트), dinner(저녁), breakfast(아침), coffee(커피) 등이다. 기타 명사로는 a table(탁자), a video(비디오), rules(규칙), a law(법률) 등 만들 수 있는 모든 것에 쓸 수 있다. 이 경우, 어울리는 명사에 따라 우리말로는 '(밥을) 짓다', '(커피를) 타다', '(영상을) 제작하다', '(법을) 제정하다'처럼 다양하게 해석된다.

make는 'make A(A를 만들다)'라는 형태 외에도 'make B A(B에게 A를 만들어 주다)'의 형태로도 사용된다.

예시

Let me **make** you **some breakfast**. How about pancakes? Or I could **make some French toast**.
아침 만들어 줄게. 팬케이크 어때? 아니면 프렌치 토스트도 만들 수 있어.

I just **made a fresh pot of coffee**. Can I get you some?
방금 커피를 한 포트 새로 만들었는데. 좀 드릴까요?

This pressurized rice cooker **makes fantastic rice**.
이 전기 압력 밥솥은 밥을 잘 짓습니다.

You can be a YouTuber, too. Just open a YouTube channel, **make some videos**, and put them on your channel.
너도 유튜버가 될 수 있어. 유튜브 채널을 개설하고, 영상을 만든 다음에 채널에 올리면 돼.

As a team leader, you've got to **make rules** and enforce them strictly.
팀 리더로서 규칙을 정하고 엄격하게 적용하셔야 합니다.

The job of the legislature is to **make laws**, but it's a slow process.
의회가 하는 일은 법을 만드는 겁니다. 그렇지만 그것은 느린 과정입니다.

★ legislature 입법부, 의회

02 make noise
소음을 내다, 시끄럽게 하다

; a sound, a racket...

우리말에서는 '소음(noise)을 내다'라고 하는데, 이는 '시끄러운 소리를 만들다'라는 뜻이므로 영어에서는 make를 쓴다. 같은 맥락에서 어떤 '소리를 내도' 'make a sound'라고 한다. 매우 시끄러운 소리는 racket이라고 한다.

'소음'이라는 의미로 noise는 셀 수 없는 명사이지만, noise는 '소리'라는 뜻으로도 쓰이며, 이때는 셀 수 있는 명사로 a noise 또는 noises처럼 쓸 수 있다. 가령, 숨어 있는 사람에게 아무 소리도 내지 말라고 할 때는 "Don't make a noise." 또는 "Don't make any noise."라고 한다.

예시

The neighbor next door called the cops because we were making too much noise.

우리가 너무 시끄럽게 해서 옆집 이웃 사람이 경찰을 불렀어요.

Shall we make some noise to get their attention?

저 사람들 주의를 끌기 위해서 소음을 좀 낼까요?

My car is making a strange sound from the front end.

제 차 앞쪽에서 이상한 소리가 나요.

Will you stop making that racket? You're giving me a headache.

그 시끄러운 소리 좀 그만 낼래? 머리 아파.

03 make a call
전화하다

'전화하다'는 call 자체를 동사로 쓸 수 있다. 또 다른 방법은 call을 명사로 써서 make와 짝을 맞춰 'make a call(전화 한 통화 하다)'의 형태로 쓴다. call 대신에 'make a call'이라는 형태를 쓰는 이유는 call을 명사로 쓰면 수식어를 붙일 수 있기 때문이다. 가령, "잠깐 전화 좀 할게요."는 "I have to make a quick call."이라고 call 앞에 quick을 수식어로 붙이면 된다. 또 "전화할 곳이 있어요."는 "I have a call to make."처럼 make를 뒤로 빼서 call을 수식할 수 있다. 전화할 곳이 여러 군데라면 "I have calls to make."로 복수형 calls를 쓰면 된다.

예시

Can I use your phone? I have an important call to make, and my cell is dead.

네 전화기 좀 써도 돼? 중요하게 전화 할 데가 있는데, 내 전화기가 꺼졌어.

"You've got to help me. You owe me that." – "All right, all right. I'll **make a few calls** and see what I can do."

"자네가 날 꼭 도와줘야 해. 내게 신세진 것도 있잖아." – "알았어, 알았어. 몇 군데 전화 좀 돌려서 어떻게 해 줄 수 있는지 알아보지."

04 make a speech
연설하다

; a presentation, a (sales) pitch...

'연설하다'를 영어에서 동사 하나로만 표현하려면 speak라고 한다. 또는 speech(연설)라는 명사를 써서 'make a speech'라고 할 수 있다. 이렇게 'make+speech' 조합을 쓰면 'make a short speech(짧게 연설하다)', 'make an important speech(중요한 연설을 하다)'처럼 speech를 다양하게 꾸며 줄 수 있다. 이런 맥락으로 비슷하게 사용되는 명사로는 a presentation(프레젠테이션, 발표), a pitch(투자, 판매를 위해 상대방을 설득하려는 설명, 발표) 등이 있다. make 대신에 give를 쓸 수도 있지만 make가 좀 더 일반적이다.

예시

The President is scheduled to **make**[=give] **a big speech** this afternoon on US policy in the Middle East.

오늘 오후에 대통령이 미국의 중동 정책에 관한 중요한 연설을 하기로 되어 있습니다.

I'm **making**[=giving] **a presentation** to the board of directors tomorrow about some ideas I have about launching a new product line.

새로운 상품 라인 론칭에 관한 몇 가지 아이디어에 대하여 내일 이사회에서 발표를 합니다.

Go ahead. **Make your pitch.** But I'm on a busy schedule, so make it short.

어서요. 설명할 것이 있으면 하세요. 그렇지만 난 스케줄이 바쁘니까, 짧게 하세요.

05 make a decision
결정하다, 결정을 내리다

; a call...

'결정하다'는 decide라는 동사가 있다. decide는 타동사로 뒤에 to부정사, that절, what절 등이 붙는다. 또는 decide의 명사형 decision 앞에 make를 붙여 'make a decision(결정을 만들다)'이라고 할 수도 있다. 이 경우 decision이 주어로 가서 "The decision is made.(결정이 내려졌다.)"처럼 수동태 형태로도 자주 쓰인다.

구어에서는 call이라는 명사를 '결정'의 의미로 쓰기도 한다. 따라서 'make a call'은 맥락에 따라 '결정하다'도 되고 '전화하다'도 된다.

It's time for you to **make a decision**. You're either with us, or you're not. Make up your mind.

이제 결정을 내려야 할 시간이야. 우리와 행동을 같이 할지 말지. 마음을 정해.

★ make up one's mind 결정하다

You **made the right decision**. Pressing charges against him is only going to make things worse.

결정 잘했어요. 그 사람을 고소하는 것은 오히려 상황을 더 악화시킬 테니까요.

Can you come to my office right now? There's **a decision to be made**, and it's urgent.

지금 내 사무실로 와 줄래? 결정할 게 있는데, 급한 일이라서.

It's really hard for me to **make a call** on this one.

이 문제에 관해서 결정하는 것이 정말 힘드네.

That's not **your call to make**.

그것은 네가 결정할 사안이 아니야.

06 make a choice
선택하다

'선택하다'는 choose라는 동사가 있다. 주로 뒤에 to부정사가 붙어 사용되며 'decide to ~(~하기로 결정하다)'와 매우 비슷한 의미를 갖고 있다. 또는 choose의 명사형 choice와 make를 결합해서 'make a choice'의 형태로도 쓸 수 있다. 이렇게 하면 "You made the wrong choice.(넌 잘못된 선택을 했어.)"처럼 choice 앞에 형용사를 붙여 쓸 수 있다.

Luna **made a choice**, and she has to deal with the consequences.

루나가 선택한 일이니까 그 결과는 그녀가 알아서 책임져야지.

She didn't want to risk losing her baby. That's **the choice she made**, and I had to accept it, whether I liked it or not.

그녀는 아기를 잃을 수 있는 위험한 일을 하지 않기로 했어요. 그녀가 그런 선택을 했으니, 좋든 싫든 나는 그 선택을 받아들여야 했어요.

★ risk -ing ~할 수 있는 위험을 감수하다

07 make a promise
약속하다

'약속하다'는 promise라는 동사로 표현할 수 있다. 이 동사는 뒤에 that절이나 to부정사를 붙여 쓰거나 목적어 없이 자동사로도 쓸 수 있다. 그런데 promise를 명사로 써서 'make a promise'라고 할 수도 있는데, 이 경우 '당신에게 약속하다'라는 의미로 'make a promise to you' 또는 'make you a promise'라고 표현할 수 있다.

예시

"Can I count on you to keep your promise?" – "Of course, I only **make promises** I can keep."

"당신이 약속을 지킬 거라고 믿을 수 있나요?" – "물론이죠. 저는 지킬 수 있는 약속만 합니다."

★ count on ~ ~에게 의지하다, 믿다

I **made a promise** to you and your children to keep you all safe.

내가 당신과 아이들에게 안전하게 지켜 주겠다고 약속했잖아요.

08 make an excuse
변명하다

'변명하다'와 관련된 동사로는 excuse가 있는데, 이 동사는 'A excuse B for C'의 형태로 'A가 C에 대한 B의 변명[이유]이 되다'라는 의미로만 사용된다. 가령, "그것은(A) 네가(B) 나를 때린 것에 대한(C) 변명이 될 수 없어."는 "That doesn't excuse you for hitting me."라고 한다.

사람을 주어로 해서 '변명하다'라는 뜻을 표현하려면 excuse를 명사로 써서 'make an excuse'의 형태로 쓴다. 일반적으로 '변명하다'는 'make excuses'처럼 excuse의 복수형을 쓴다. 단수형인 'make an excuse'는 보통 특정 상황에서 '~하기 위하여 변명을 대고 양해를 구하다'라는 의미로 사용한다.

예시

I need you right here right now. **Make an excuse** to get out of the meeting and get over here quick.

지금 당장 네가 여기 와야 해. 핑계를 대고 회의에서 나와, 빨리 이쪽으로 와.

"Aren't you late for your meeting?" – "Yes. I'll call, **make an excuse**, and see if I can push it back a couple of hours."

"미팅에 늦지 않았어요?" – "맞아요. 전화해서 양해를 구하고 몇 시간 늦출 수 있는지 알아볼게요."

I'm not going to justify or **make excuses** for my behavior. It was wrong. Please accept my apology.

제 행동을 정당화하거나 변명하지 않겠어요. 잘못된 행동이었습니다. 사과를 받아 주세요.

Stop **making excuses** for Jack. He should be held accountable for his own actions.

잭 대신 변명해 주는 것 그만해요. 자신의 행동에 대하여 책임을 져야지요.

09 make a confession

고백하다, 자백하다

'고백하다'나 '자백하다'는 confess라는 동사가 있다. 이 동사는 "He confessed to stealing Ron's identity.(그는 론의 명의를 도용했다고 자백했다.)", "She confessed to me.(그녀는 나에게 (잘못을) 고백했다.)"처럼 사용한다.

또는 confess의 명사형 confession과 make를 조합해서 'make a confession'이라고 표현한다. 이 표현은 'have a confession to make(할 고백이 하나 있다)' 형태로 자주 사용된다. 가톨릭에서 신부에게 고해성사를 할 때 처음 하는 말이 "Father, I'd like to make a confession.(신부님, 고백하고 싶습니다.)"이다.

예시
No one can force you to **make a confession**, and you have the right to remain silent.

아무도 당신에게 자백을 강요할 수 없고, 당신은 묵비권이 있어요.

I have **a confession to make**. I overheard you talking on the phone the other day. It was about some medical tests you had taken. It sounded serious. Are you all right?

고백할 것이 하나 있어. 지난번에 네가 통화하는 것을 우연히 엿들었거든. 네가 어떤 의학 검사를 받았다는 내용이었어. 심각하게 들리던데. 괜찮아?

10 make threats

협박하다

'협박하다'는 기본적으로 threaten이라는 동사가 있고, 또는 threat라는 명사형을 make와 짝을 맞춰 'make a threat'의 형태로 쓸 수 있다. 이 형태는 보통 'make threats'처럼 복수 명사를 써서 협박하는 행동을 묘사하는 데 사용한다. '누구에게 협박하다'는 'make threats against ~'이다.

예시
"Are you **making threats**?" – "Consider it a warning. If I don't get my money, I'll turn you all in."

"지금 협박하는 거예요?" – "경고로 알아 두세요. 내 돈을 못 받으면 당신들을 모두 신고할 테니까."

He doesn't **make idle threats**. We must take him seriously.

그는 빈말로 협박하는 사람이 아니에요. 그의 말을 심각하게 받아들여야 해요.

This man has been **making threats** against my daughter for weeks. I need you to get a restraining order to keep him away from her.

이 남자가 수주째 내 딸을 협박하고 있습니다. 그 사람이 내 딸 근처에 오지 못하게 접근 금지 명령을 받아 주세요.

11 make an accusation

비난하다, 정죄하다

'비난하다'라는 뜻의 영어 동사는 criticize와 accuse가 있다. 두 동사가 비슷한 맥락에서 쓰일 때도 있지만, criticize는 '잘못됐거나 안 좋은 것을 지적하다'라는 뜻이고, accuse는 '범죄, 문제, 상황에 대한 책임을 묻다'라는 뜻을 갖고 있다.

accuse는 명사형 accusation을 써서 'make an accusation'이라고 할 수도 있다. '특정한 비난'을 뜻하는 경우를 제외하고 보통은 'make accusations'라고 복수형 명사를 쓴다. criticize의 명사형은 criticism이지만 'make criticism'이라고 하지 않는다. 자주 쓰이지는 않지만 criticism은 'hurl criticism at~(~에게 비난을 던지다)'처럼 쓸 수 있다.

예시

So, you're saying I set you up? To take the fall for me? How can you **make an accusation** like that?

그래서 내가 너를 함정에 빠뜨렸다는 거야? 내 대신 책임을 떠맡게 하려고? 어떻게 그런 비난을 할 수 있어?

★ take the fall for ~ ~ 대신에 처벌받다, 책임지다

You should be careful about **making accusations** you can't back up.

입증하지 못할 비난을 함부로 하지 마세요.

Who do you think you are, barging into my office and **making wild accusations**?

당신이 뭔데 감히 내 사무실에 쳐들어와서 황당한 비난을 하는 거예요?

★ barge into ~ ~에 쳐들어가다

12 make changes
변경하다, 변화시키다

무엇을 '변경하다', '바꾸다'는 기본적으로 change를 써서 표현할 수 있다. 가령, "대화 주제를 다른 주제로 바꾸려고 하지 마세요."는 "Don't try to change the subject.", "내 마음을 바꾸려 하지 마세요."는 "Don't try to change my mind."라고 한다. change 와 비슷한 의미로 alter가 있는데, '형태를 조금 변경하다'라는 의미로 쓴다.

'변경하다', '바꾸다'는 change를 명사로 써서 'make a change'라는 형태로 표현할 수도 있다. 여러 가지를 변경하는 경우는 'make changes'라고 한다. 어떤 변화인지를 표현하고자 할 경우에는 뒤에 전치사 in이나 to를 붙이는데, in의 경우는 behavior(행동), life(인생), environment(환경)처럼 변화가 천천히 일어나는 경우에 사용하고, to는 a script(대본), a seating chart(좌석 배치도), structure(구조), a show(TV 프로그램) 처럼 눈에 즉각적으로 드러나는 변화에 대하여 사용한다.

예시
As new owner of this restaurant, I'm going to make some changes around here. First off, I'm going to change the menu to offer more vegan options.

이 식당의 새 주인으로서 몇 가지 변화를 꾀하려고 합니다. 우선, 메뉴를 바꿔서 비건 음식 수를 더 늘릴 생각입니다.

We're currently making some minor changes to the script. I'll get you a copy as soon as we're done.

지금 스크립트를 조금 수정하고 있습니다. 작업이 다 끝나는 대로 한 부 보내 드릴게요.

I'm going to make some major changes in my life. I'm going to clean up my act and turn over a new leaf.

내 인생을 크게 변화시키려고 합니다. 과거의 잘못된 생활 버릇을 고치고 새로운 사람이 되려고요.

★ clean up one's act 과거의 잘못된 생활을 청산하다

13 make a sacrifice
희생하다

'희생하다'라는 뜻의 동사는 sacrifice인데, 이 동사를 명사로 써서 'make a sacrifice' 라고 할 수 있다. 이 경우 'make a big sacrifice(큰 희생을 하다)', 'make many sacrifices(많은 희생을 하다)'처럼 sacrifice 앞에 형용사로 수식어를 넣어 의미를 추가할 수 있다.

예시
I'm willing to make a sacrifice for my best friend. That's what friends do.

저는 제 절친을 위해서는 희생할 용의가 있습니다. 친구란 원래 그런 거니까요.

My wife gave up her career to raise our three children. She **made a huge sacrifice** for our family.

제 아내는 세 아이를 키우기 위해 직장을 포기했어요. 가족을 위해 엄청난 희생을 한 거죠.

14 make an offer
제안하다

; a proposal, a suggestion...

우리말 '제안하다'에 대응하는 영어 동사는 propose, suggest, offer 등이 있다. 우리말로는 똑같이 해석되지만 사용하는 맥락에 차이가 있다. propose는 '계획, 방안 등을 같이 하자고 제안하다', suggest는 '상대방에게 이렇게 해 보는 것이 어떠냐고 아이디어 같은 것을 제안하다', offer는 '일자리, 가격 등 상대방이 받아들이거나 거부할 수 있는 것을 제안하다'라는 뜻으로 쓴다.

위 동사들은 proposal, suggestion, offer라는 명사형으로 make 뒤에 넣어 'make a proposal', 'make a suggestion', 'make an offer'로 표현할 수도 있다. 이 명사들은 'a proposal to make', 'a suggestion to make', 'an offer to make'의 형태로도 자주 쓰인다.

예시

I was so impressed with her knowledge and professionalism (that) I **made her a job offer** right on the spot.

그녀의 지식과 프로 정신에 깊은 인상을 받아서 즉석에서 일자리를 제안했습니다.

We can't **make an offer** on a house without having it checked by a professional inspector.

전문가에게 집을 진단받지 않고는 계약 제안을 할 수 없어요.

I'd like to **make a proposal** to you. Something that I think will benefit both of us.

한 가지 제안을 할게요. 우리 둘 모두에게 이익이 될 수 있는 거라고 생각합니다.

"May I **make a suggestion**?" – "Please do."

"제안 하나 해도 될까요?" – "그러시죠."

15 make an announcement
발표하다

우리말 '발표하다'에 대응하는 영어는 announce이고, 뒤에 동사나 that절을 붙여 사용한다. 또는 announce의 명사형 announcement를 make 뒤에 붙여 'make an announcement'라고 할 수 있다. 행사장에서 이 표현을 쓰면 '안내 말씀 (housekeeping announcement)'이라는 의미로도 사용된다. 발표할 내용이 여러 개라면 announcements라고 복수형을 쓰면 되고, 앞에 important(중요한) 같은 수식어를 붙일 수도 있다.

예시
We'll now switch to the White House where the President is about to **make an announcement** on tax reform.
대통령이 곧 세제 개혁 발표를 할 예정인 백안관으로 마이크를 돌리겠습니다.

Your attention, please. I have **an important announcement to make**.
여러분, 잠깐만 주목해 주세요. 한 가지 중요한 발표가 있습니다.

I have **a few housekeeping announcements to make** before we start. First, put your phone on silent or vibrate.
시작하기 전에 몇 가지 안내 말씀을 드리겠습니다. 먼저 전화기는 무음이나 진동 모드로 해 주십시오.

16 make a plan
계획을 세우다, 짜다

'계획하다'는 기본적으로 plan이라는 동사로 표현할 수 있다. 이 동사는 명사 목적어나 to 부정사를 뒤에 붙여 사용한다. 또는 plan을 명사로 써서 make와 짝을 맞춰 'make a plan'이라고 한다. '특정한 계획'을 세우는 경우는 a plan이라고 단수형을 쓰지만, 보통 일반적인 계획을 말할 때는 'make plans to ~'와 같이 복수형을 쓴다.

예시
"Have you **made any wedding plans**?" – "Not yet, but we want to keep it simple."
"결혼 계획은 짰어요?" – "아직요. 그렇지만 간단하게 하려고 해요."

I'm **making plans** to retire and let my son take over the business.
저는 은퇴하고 아들이 사업을 물려받도록 계획을 세우고 있습니다.

17 make arrangements
주선하다, 준비하다

어떤 것을 '주선하다', '준비하다'는 arrange라는 동사가 있는데, prepare(준비하다)와 달리 arrange는 구체적으로 예약을 하거나 어떤 조치를 미리 취해 놓는 것을 뜻한다. 이 동사는 목적어를 붙여 타동사로 쓸 수도 있고, 전치사 for나 to부정사를 붙여 사용한다.

또는 arrangement라는 명사형을 써서 'make arrangements'의 형태를 사용할 수 있다. 이 경우에도 뒤에 for나 to부정사를 붙여 사용한다.

예시 Let's start **making arrangements** for our honeymoon.
우리 신혼여행 준비를 시작해요.

The hotel was full that day, but the manager **made arrangements** for a room at another nearby hotel.
그날 호텔에 빈방이 없었는데, 매니저가 근처 다른 호텔에 방을 마련해 주었습니다.

I've already **made arrangements** with the hotel to pick you up at the airport.
이미 호텔과 이야기해서 공항에 사람이 차를 가지고 데리러 나가도록 주선해 놓았습니다.

18 make a purchase
구매하다

'사다', '구매하다'는 기본적으로 동사 buy를 쓰면 된다. 그런데 purchase라는 조금 더 격식체의 동사도 있다. buy와 purchase의 가장 큰 차이점은, purchase는 명사로 써서 make와 함께 'make a purchase'의 형태로 쓸 수 있다는 점이다. 이 표현은 '무엇을 사다'라는 맥락에서는 잘 사용하지 않고 구매 행위 자체를 설명하는 데 사용한다.

purchase를 명사로 쓰면 'make a big purchase(액수가 큰 것을 사다)', 'make a small purchase(액수가 작은 것을 사다)', 'make several purchases(여러 개를 사다)'처럼 앞에 다양한 형용사를 붙여 구매 형태를 설명할 수 있게 된다. "The purchase was made last month.(그 구매는 지난달에 이루어졌다.)"처럼 수동태로도 쓸 수 있다.

예시 Each time you **make a purchase** on our app, you're making a small donation to charity.
저희 앱을 이용해 물건을 구매하실 때마다 자선 단체에 소액을 기부하게 됩니다.

Have you **made any large purchases** with your credit card in the past three months?
지난 세 달 동안 신용카드로 큰 액수의 물건을 구매한 것이 있나요?

When **was the purchase made**?
언제 구매하셨나요?

19 make a payment
지불하다, 납부하다

'지불하다'에 해당하는 영어 동사는 pay이고, 이 동사는 'pay a price(가격을 지불하다)', 'pay a fare(운임을 지불하다)', 'pay a bill(청구 비용을 지불하다)'처럼 직접목적어 명사를 붙이거나 'pay for a meal(식사값을 지불하다)', 'pay for a room(방값을 지불하다)'처럼 'pay for ~' 형태로 쓰인다.

또는 pay의 명사형 payment를 써서 'make a payment'라고 할 수 있다. 이렇게 명사형을 쓰면 'make a down payment(계약금을 지불하다)', 'make one's mortgage payments(주택 융자 대출금을 납부하다)', 'make one's last payment on the loan(그 융자에 대한 마지막 대출금을 내다)'처럼 payment 앞에 다양한 단어를 붙여 사용할 수 있다.

예시
I'm trying to raise some quick cash to make a down payment on a piece of land I found.
제가 발견한 땅에 대한 계약금을 치르기 위해 급전을 마련 중에 있습니다.

★ raise (cash) (현금을) 마련하다

My cash flow was tight, but the contractor allowed me to make three payments over three months.
당시 현금 사정이 안 좋았는데, 공사 업자가 3개월에 걸쳐 3회 분납으로 지불하게 해 주었습니다.

You're going to lose your farm if you don't make your mortgage payments.
주택 융자 대출금을 납부하지 않으면 농장을 잃게 됩니다.

20 make a reservation
예약하다

무엇을 '예약하다'에 해당하는 영어 동사는 reserve이고, 이 동사는 뒤에 목적어 명사를 붙여 쓴다. 구어체에서는 reserve보다 book의 빈도가 더 높고, a room(방), a flight(항공편), a tour(투어) 등과 주로 함께 사용한다.

실제 대화에서는 reserve의 명사형 reservation을 사용한 'make a reservation'이 훨씬 더 많이 쓰인다. 여러 건의 예약을 하는 경우에는 'make reservations'라고 한다.

예시
I'd like to make a dinner reservation for tonight for two people.
오늘 저녁에 2명 식사 예약을 하려고 합니다.

I strongly recommend that you **make reservations** because the place is always full.

그곳은 항상 만석이기 때문에 반드시 예약하실 것을 권장합니다.

The concierge helped us **make reservations** for tours and activities.

호텔 컨시어지가 투어와 레저 활동 예약을 도와주었습니다.

21 make a joke
농담하다

'농담하다'에 해당하는 영어 동사는 joke이고, 이 동사는 "Are you joking?(농담하는 거야?)"처럼 사용한다. 또는 joke를 명사로 쓸 수도 있는데, 이때 joke와 어울리는 동사는 make이다. 좀 더 구어적으로는 make 대신 crack을 쓰기도 한다.

예시 It's in bad taste to **make jokes** about others' misfortune.

다른 사람들의 불행을 농담 대상으로 하는 것은 매너 없는 일로 여겨집니다.

★ in bad taste 무례한, 모욕적인

Are we just going to sit around here and **make**[=crack] silly **jokes** about each other?

우리 여기 이렇게 앉아서 서로에 대해 실없는 농담이나 할 거야?

22 make an impression
인상을 주다

'인상을 주다'에 해당하는 영어 동사는 impress로, 'impress someone'이라고 해서 '~에게 인상을 주다'라고 할 수도 있고, 이를 수동태로 만들어 '어떠한 인상을 받았다'라고 사용할 수도 있다.

impress의 명사형 impression을 사용해서 'make an impression (on ~)(~에게 좋은 인상을 주다)'이라는 표현도 많이 사용된다. impression 앞에 good, great 같은 형용사를 넣어 강한 인상을 준 것을 강조하기도 한다.

예시 It's important that you show up in court on time and wear appropriate clothing. You need to **make a good impression** on the judge.

법정에 제시간에 출두하고 적절한 복장을 하는 것이 중요합니다. 판사에게 좋은 인상을 줘야 하거든요.

We only stayed a couple of days at the hotel, but it really **made an impression** on us.

그 호텔에는 이삼 일밖에 안 묵었지만 정말 좋은 인상을 받았습니다.

23 make a wish
소원을 빌다

우리말에 '소원하다'에 해당하는 영어 동사는 wish가 있다. 뒤에 목적어를 붙여 타동사로 쓰거나 'wish for ~'처럼 자동사로 사용한다. 또는 wish를 명사로 써서 'make a wish(하나의 소원을 빌다)'라고 할 수도 있다. 뒤에 that절을 붙여서 소원의 내용을 설명하기도 한다.

예시

Blow out the candles and make a wish. What did you wish for?

촛불 불어 끄고 소원을 빌어. 무슨 소원을 빌었어?

I made a wish on my favorite star. I wished for my mom's cancer to go away. = I made a wish on my favorite star that my mom's cancer would go away.

내가 가장 좋아하는 별을 보고 소원을 빌었어. 엄마의 암이 사라지기를 빌었어.

24 make progress
진전을 보이다

'진전을 보이다'에 해당하는 영어 동사는 progress로, "How's the marketing plan progressing?(마케팅 계획은 어떻게 되어가고 있나?)", "Her therapy is progressing very well.(치료가 잘 되어가고 있다.)"처럼 쓰인다.
그만큼 'make+progress' 조합도 자주 쓰이는데, 이 조합은 주로 'make some progress(조금 진전이 있다)', 'make little progress(별 진전이 없다)'처럼 progress 앞에 형용사를 붙여 진전의 정도를 표현하는 데 사용된다. progress를 주어로 해서 "Progress is being made.(진전이 되고 있다.)"와 같은 수동태 형태로도 사용된다.

예시

Your husband's making good progress. He's well on the road to recovery.

남편은 상태가 빠르게 좋아지고 있습니다. 회복이 잘 되고 있어요.

★ on the road to (recovery) (회복)할 가능성이 높은

I'm amazed how much progress you've made in such little time. Your therapist must be really good.

짧은 시간에 얼마나 좋아졌는지 놀랍네요. 당신 치료사가 진짜 실력이 있나 보네요.

Our plan is well underway and excellent progress is being made.

우리 계획이 잘 진행되고 있고, 상당한 진척이 있습니다.

★ underway 진행 중인

25 make a profit
이익을 얻다, 수익을 내다

우리말 '이익을 얻다', '수익을 내다'에 대응하는 영어 동사는 profit이다. 이 동사는 "You can profit from this deal.(이 거래로 부터 이익을 올릴 수 있어요.)"처럼 쓴다. 미드에서는 흔히 "I don't want to profit from another person's tragedy.(다른 사람의 비극을 이용해서 이득을 취하고 싶지 않아.)"처럼 어떤 상황을 이용해 이득을 취하는 맥락에서 자주 등장한다.

일반적으로 경제적 이득이나 이윤을 얻는 맥락에서는 profit을 명사로 써서 make나 turn과 짝을 맞춰 'make[=turn] a profit'이라고 한다. 'make a profit'의 경우는 사람, 투자, 사업 등이 주어가 되지만, 'turn a profit'은 사람을 주어로 쓰지 않는다.

예시
I'm going to sell this place unless it starts making[=turning] a profit in a couple of months.
몇 달 안으로 이 식당이 이윤을 내기 시작하지 않으면 매각할 겁니다.

If this IPO goes through as planned, we're all going to make huge profits.
이 주식 공모가 계획대로 진행되면, 우리 모두 엄청난 수익을 올리게 될 겁니다.

★ IPO(initial public offering) 주식의 신규 공개

26 make contact (with~)
(~에게) 연락하다

우리말로 '~에게 연락하다'에 해당하는 영어 동사는 contact로, 뒤에 목적어를 붙여 쓴다. 또는 명사 contact를 목적어로 쓸 수 있는데, 이때 contact와 어울리는 동사는 make이다. 연락 대상은 뒤에 전치사 with를 붙여 표현한다. 동사 contact와 비교하면 'make contact'는 연락하려고 노력하거나 시도하는 뉘앙스가 있다.

'make contact with ~'는 '~을 만지다', '~와 접촉하다'라는 뜻으로도 쓴다. 가령, "야생 동물은 만지지 않도록 조심하세요."는 "Be careful not to make contact with wildlife."가 된다.

예시
I'll see if I can make contact with someone I used to know while I was living in Paris.
제가 파리에 살 때 알던 사람과 연락이 닿을 수 있는지 알아보겠습니다.

I've made contact with Brian, and he's on board with our plans.
브라이언에게 연락해 봤는데, 우리 계획에 동참하겠다고 하더라고요.

★ be on board (with ~) (~와) 협조하다, 행동을 같이 하다

Don't try to **make contact with** my daughter ever again.

내 딸에게 다시는 연락하지 마세요.

27 make a toast
건배하다, 축배를 들다

'건배하다'는 영어에서 toast라는 동사 하나로 표현할 수 있다. 이 동사는 "Let's toast to your success!(당신의 성공을 기원하며 건배합시다!)"처럼 사용한다. 또는 toast를 명사로 써서 make와 함께 "make a toast (to ~)"의 형태로 표현할 수 있다. 이 표현은 건배를 제안하는 맥락에서 주로 사용한다.

예시   **Attention, everyone. I'd like to make a toast to the happy couple.**

여러분, 주목해 주세요. 여기 행복한 한 쌍을 위해 축배를 제안합니다.

Why don't we make a toast to a new year and a fresh start?

새해와 새로운 출발을 위해 건배할까요?

28 make a mess
망치다, 어지르다, 엉망으로 만들다

영어 동사 mess는 뒤에 up을 붙여 '~을 망치다', '~을 어지럽히다'라는 의미로 대화에서 자주 사용된다. 가령, "일이 엉망이 되어 미안해."는 "I'm sorry things got messed up."이라고 하고, "내가 우리 관계를 망쳤어."는 "I messed up our relationship."이라고 한다.

mess를 명사로 써서 make와 짝을 이룬 'make a mess (of ~)'도 많이 쓰인다. 뜻은 'mess ~ up'과 거의 비슷하다. 미드에서 of 뒤에 가장 많이 쓰이는 명사는 things(일, 상황), life(인생), relationship(관계) 등이다.

예시   **"I'm sorry. I really made a mess of things." – "No, you didn't. You did what you had to do."**

"죄송합니다. 제가 일을 망쳐 놨네요." – "아니에요. 당신은 해야 할 일을 했을 뿐이에요."

Susan made a mess of the kitchen, and I had to spend hours cleaning it.

수잔이 부엌을 엄청 어질러 놔서 치우느라 몇 시간이 걸렸어요.

You want me to help you clean up the mess you've made of your life?

자네가 인생을 망친 것을 뒷수습하는 걸 도와달라고?

29 make an effort
노력하다

'노력하다'에 해당하는 영어 동사는 endeavor, strive 등이 있는데, 구어체에서는 잘 사용하지 않는다. 대신 '노력'이라는 뜻의 명사 effort를 make의 목적어로 써서 'make an effort'라고 한다. an 대신에 'make every effort(모든 노력을 다하다)', 'make no effort(아무런 노력도 안 하다)'처럼 쓰기도 한다. effort와 어울리는 또 다른 영어 동사로는 put이 있다.

예시
We have an APB out on his car, but I want you to **make every effort** to bring him in unharmed.
그의 차에 지명 수배가 내려져 있지만, 다친 데 없이 잡아오도록 모든 노력을 다하도록 해.
★ APB(all-points bulletin) 모든 경찰서에 전달되는 지명 수배령

Since he moved to London, he's **made no effort** to contact me.
그는 런던으로 이주한 이후, 나에게 연락 한 번 할 생각을 안 했어.

I appreciate **the effort** you're **making** to make my brother feel welcome.
내 남동생을 따스하게 맞아 주려 노력해 줘서 고마워요.

30 make a mistake
실수하다

'실수하다'에 해당하는 영어 동사는 blunder가 있지만, 대화에서는 잘 사용하지 않는다. 대신에 slip up(미끄러지다)을 '(작은) 실수를 하다'라는 의미로 사용한다.
실제 대화에서는 '실수하다'는 mistake(실수)라는 명사와 make의 조합으로 표현하는 것이 일반적이다. mistake 앞에 각종 형용사를 붙여서 'make a big mistake(큰 실수를 하다)'처럼 쓸 수 있다. 가끔 위에 소개한 blunder, slip-up을 명사로 써서 'make a blunder', 'make a slip-up'처럼 쓰기도 한다.

예시
Listen to me. You're **making a serious mistake**. What you're planning to do will only make things worse.
내 말을 들으라고. 넌 지금 큰 실수를 하고 있는 거야. 네가 하려는 일은 상황을 더 악화시킬 뿐이야.

I know I **made a lot of mistakes**. That's why I'm asking for a chance to set them right.
내가 많은 실수를 한 것을 알아요. 그래서 그 실수들을 바로잡을 기회를 달라는 거예요.

I don't want you to **make the same mistakes** I made.
당신이 나와 똑같은 실수를 하지 않았으면 해요.

31 make a deal (with ~)

(~와) 거래 합의하다

___

명사 deal은 이해 당사자 간에 '합의(=agreement)'를 의미한다. 우리말에서도 '거래하다'라고 하는데, 여기서 deal과 어울리는 영어 동사는 make이다. 보통 'make a deal with ~(~와 거래 합의하다)'와 같이 쓰고, 'make ~ a deal(~에게 거래를 제안하다)'라는 형태로도 쓰인다.

> ▶ deal은 동사로도 쓰이지만, 이 동사에는 '합의하다'라는 의미가 없다. 보통 'deal with ~'로 사용되어 '~한 문제나 상황을 다루다'라는 의미로 주로 쓰인다. 간혹 '~와 거래하다'는 의미로 사용되기도 한다.

예시
He **made a deal with** the feds, and as part of the deal, the governor commuted his sentence.

그는 연방 수사국과 거래 합의를 했습니다. 그 거래의 일환으로 주지사가 그의 형기를 감형해 주었습니다.

I don't care whatever **deal** you **made with** him as long as I get my cut.

내 몫을 받기만 한다면 당신이 그와 어떤 합의를 했건 관심 없어요.

32 make a trip

여행하다, (어디에) 잠깐 가다

___

우리말의 '여행하다'에 대응하는 영어 동사로는 travel이 있다. 그런데 travel은 먼 곳으로 '여행 가다'라는 의미로 쓴다. 휴가처럼 '잠깐 다녀오는 여행'의 경우에는 trip이라는 명사를 써야 하고, 이 경우 trip과 어울리는 동사는 make이다.

영어 trip은 '여행'의 의미로 쓰이기도 하지만, 장을 보러 슈퍼에 갔다 오거나 밖에 주차해 놓은 자동차에 물건을 가지러 잠깐 가는 것도 trip이라고 한다.

예시
I'm sorry you've **made a trip** down here for nothing.

여기까지 왔는데 아무런 소득이 없어서 안됐네요.

I'll have to **make a few more trips** to Japan to finalize the deal.

그 거래를 마무리 싯기 위해시 일본을 몇 번 더 갔다 와야 할 겁니다.

I had to **make three trips** to the car to carry in my bags.

내 가방을 다 갖고 들어오기 위해서 차에 세 번 갔다 와야 했습니다.

33 make a living
생계를 꾸리다

우리말에서는 생계(a living)를 '꾸리다', '이어가다'라고 하는데, 영어에서 a living과 짝을 이루는 동사는 make와 earn이다. make가 일반적이고, earn이 좀 더 격식적인 느낌이 있다. a living은 'for a living(생계를 위해서, 직업으로)'의 형태로도 많이 쓰인다.

예시   It's hard to **make a living** as a writer.
작가로서 생계를 꾸리는 것이 쉽지 않습니다.

My mother **made a living** singing in clubs.
저희 어머니는 클럽에서 노래를 부르며 생계를 꾸리셨습니다.

34 make an exception
예외로 하다

우리말에서는 '예외(exception)'로 '하다'라고 하지만, 영어에서 exception과 어울리는 동사는 make이다.

예시   I'm sorry. It's against hospital policy. I can't **make an exception**.
죄송합니다. 그것은 병원 방침에 어긋납니다. 예외를 적용할 수 없습니다.

I normally don't interview job applicants this late in the day, but I'll **make an exception** for you.
저는 보통 이렇게 늦은 시간에 취업 지원자 인터뷰를 하지 않지만, 당신의 경우는 예외로 하겠습니다.

35 make money
돈을 벌다

우리말 '벌다'에 대응하는 영어 동사는 earn으로, '돈을 벌다'는 'earn money'라고 할 수 있다. 그렇지만 실제 대화에서는 make를 압도적으로 더 많이 쓴다. money 대신에 '돈'을 의미하는 dollar(s), buck(s) 등을 쓸 수 있다. buck은 '1달러'의 속어 표현으로, 'make a buck'은 직역하면 '1달러를 벌다'이지만, 실제로는 'earn money'와 같은 의미로 쓰인다. 'make big bucks(큰돈을 벌다)', 'make a quick[fast] buck(쉽게 돈을 벌다)'처럼 쓰기도 한다. 또 '큰돈을 벌다'는 'make a fortune'이라고도 한다.

예시

Her father is a carpenter, and he's **made a lot of money [=made a fortune]** flipping houses.
그녀의 아버지는 목수이신데, 집을 고쳐 팔아 큰돈을 벌었습니다.

Would you like to **make some easy money**? If you help me set up an off-shore account, I'll pay you two grand.
돈 좀 쉽게 벌어 볼래요? 해외 계좌를 개설하는 걸 도와주면 2천 달러를 줄게요.

How much **money** did you **make** last year just in interest?
지난해에 이자로만 얼마를 벌었나요?

All you care about is **making a quick buck** off of others' problems.
당신이 관심 있는 것이라고는 다른 사람들 문제를 이용해 쉽게 돈을 버는 것뿐이죠.

36 make a point
생각[주장]을 밝히다, 전달하다

어떤 의견이나 감정을 '밝히다', '표명하다'에 해당하는 영어 동사는 express가 있다. 그런데 '생각의 요점'이라는 의미의 point가 목적어가 되면 express를 쓰지 않고 make를 써서 'make a point'라고 한다. 그런데 'make a point of -ing'라고 하면 '~하려고 특별히 노력하다'라는 뜻이 되므로 쓰임에 조심해야 한다.

예시

"You lied to me." – "No, I didn't. I just exaggerated to **make a point**. That's all."
"너 나에게 거짓말했잖아." – "아니야. 그냥 내 생각을 전달하려고 과장한 거야. 그것뿐이야."

The point I'm **making** is that now isn't a good time to start a new business.
내 요점은 지금은 새로운 사업을 시작할 적기가 아니라는 거예요.

37 make a move 움직이다, (목적을 위해) 행동에 들어가다
make one's move 기회를 엿보다, 행동에 나서다

move는 동사로는 '몸을 움직이다'를 뜻하지만, '움직이기'라는 명사로 make와 짝을 이뤄 쓰기도 한다. 그런데 'make a move'와 'make one's move'는 의미가 다르다. 'make a move'는 말 그대로 '몸을 움직이다'라는 뜻과 더불어 '~로 이사를 가다', '(어떤 목적의 성취를 위해) 행동에 나서다'라는 의미를 갖고 있다. 또한 'make a move on ~'의 형태로 '(이성에게) 접근하다'라는 뜻으로도 쓰인다.

반면, 'make one's move'는 '기회를 엿보다', '행동에 나서다'라는 뜻으로 쓰인다.

예시

Don't make a move until I get there.

내가 거기 갈 때까지 어떤 행동도 하지 마.

Word on the street is that they are about to make a move to sign Arsenal midfielder Danilo.

항간의 소문에 따르면 그들은 곧 아스날의 미드필더 다닐로를 영입하기 위해 나설 거라고 합니다.

We need to lay low for a while. The police are watching every move we make.

당분간 눈에 띌 행동은 하지 말아야 해. 경찰이 우리의 일거수일투족을 지켜보고 있으니까.

★ lay low 숨어 지내다, 다른 사람 눈에 띌 행동을 하지 않다

He's biding his time, waiting for the right moment to make his move.

그는 행동에 나설 적절한 순간을 기다리며 기회만 엿보고 있어요.

★ bide one's time 때를 기다리다, 기회를 엿보다

38 make sense
이치에 맞다, 말이 되다

sense는 '감각'이라는 뜻 외에도 '의미', '이치'라는 뜻도 있다. 후자의 의미로 쓰일 경우, make와 짝을 이뤄 'make sense'라고 해서 '이치에 맞다'라는 의미를 표현한다.

예시

He kills his wife and leaves the murder weapon behind? That doesn't make any sense.

자기 아내를 살해하고 살인 무기를 두고 간다고? 전혀 이치에 맞지 않는 말이지.

"This makes no sense." – "It makes perfect sense. Try to put yourself in his shoes and see things from his perspective."

"이건 말이 안 되는데." – "완전히 말이 되지. 그 사람 입장이 되어서 그의 관점에서 상황을 생각해 보라고."

39 make a difference
영향을 주다, 영향을 끼치다

differ(다르다)의 명사형 difference는 make와 함께 'make a difference (in ~)'의 형태로 자주 쓰인다. 직역은 '(~에서) 차이를 만들다'로, 실제 의미는 '(~에) 영향을 끼치다'라는 뜻이다. 'not make any difference' 또는 'make no difference'와 같이 부정문의 형태로 쓰면 '상관없다', '중요하지 않다'가 된다.

예시

Your donations, big or small, can make a big difference in many people's lives.

여러분의 기부금은 많든 적든 많은 사람들의 인생에 큰 영향을 줄 수 있습니다.

It **makes no difference** who your parents are. Here, we're all equals.

여러분의 부모가 누구이건 중요하지 않습니다. 여기서 우리는 모두 동등한 위치입니다.

"What time did he leave your office?" – "I'm not sure. One or two o'clock. What **difference** does it **make**?"

"그 사람이 몇 시에 사무실에서 나갔나요?" – "잘 모르겠어요. 1시나 2시경이요. 그게 무슨 상관이 있나요?"

40 make peace (with ~)
~와 화해하다, ~을 받아들이다

peace의 기본적 의미는 '평화'로, 영어에서는 make와 함께 'make peace (with ~)'의 형태를 이뤄서 '~와 화해하다', '~한 사실[현실]을 받아들이다'라는 의미로 쓰인다. 우리말에서는 '평화를 만들다'라고 하지 않기 때문에 쉽게 생각할 수 없는 조합이다.

예시

I went to **make peace with** Stuart, but he slammed the door in my face.

스튜어트와 화해하려고 갔는데, 내 얼굴에 대고 문을 닫아 버리더군요.

I think your father's trying to **make peace with** you before he dies. It's time to forgive and forget.

네 아버지가 돌아가시기 전에 너와 화해하려고 하시는 것 같아. 이제 그만 용서하고 앙금을 풀어.

He's still trying to **make peace with** the fact that his son died.

그는 자신의 아들이 죽었다는 사실을 믿기 힘들어 합니다.

41　make amends
(잘못된 행동에 대하여) 보상하다, 바로잡다

amend는 동사로 '(법안, 발언, 계약 조항 등을) 수정하다', '개정하다'라는 의미를 갖고 있다. 이 동사의 명사형은 amendment(수정, 개정, 수정안)인데, amend 자체도 '과거 잘못의 수정'이라는 의미로 쓰인다. 이 경우, 대부분 make와 짝을 이뤄 'make amends'라는 형태로 과거 잘못된 행동이나 실수를 '보상하다', '바로잡다'라는 의미로 사용된다.

격식체 표현으로 'redeem oneself(자신을 구원하다, 실수나 실패를 만회하다)'가 있다. 이는 말보다 행동으로 그런 생각을 보여 준다는 뜻이 있다. 영어에만 있는 독특한 조합이다.

예시

I'm not here to make excuses. I'm here to **make amends** with you.
난 여기 변명하려고 온 게 아니에요. 당신에게 한 잘못을 바로잡으러 온 거예요.

I want to **make amends** for the pain (that) I've caused you if you could forgive me.
당신이 나를 용서해 준다면, 당신에게 끼친 고통에 대한 보상을 하고 싶어요.

42　make the[one's] bed
잠자리를 정리하다

자고 난 후에 또는 자기 전에 '잠자리를 정리하다', '준비하다'를 영어로 하려면 prepare(준비하다), arrange(정리하다) 같은 동사가 생각나기 쉽지만, 일상 대화에서 bed(잠자리, 침대)와 짝을 이루는 동사는 make이다. 일반적인 경우는 'make the bed', 자신 또는 다른 사람의 침대를 정리하는 것은 'make one's bed'라고 한다. 뒤에 up을 붙여 'make the bed up'이라고 하기도 한다.

예시

Jason, have you forgotten the house rules? Do your homework right after school. No TV until you're done with it. Also, **make your bed** every morning.
제이슨, 집안 규칙 잊었어? 학교 갔다 오면 곧바로 숙제하기. 숙제 끝날 때까지 TV 시청 금지. 그리고 아침마다 자고 난 침대 정리하기.

I **made the bed (up)** in the guestroom.
손님방에 잠자리를 마련해 두었습니다.

43 make a good husband
좋은 남편이 되다, 좋은 남편감이다

'좋은 남편이 되다'를 직역해서 become(~이 되다)이라는 동사를 생각하기 쉽지만, 원어민들은 make를 쓴다. 우리말의 '만들다'와 달리 영어 make는 사람이 '~이 되다', '~이 될 자질이 있다'라는 의미로 쓰인다. 이런 의미의 make와 자주 어울리는 명사로는 husband(남편) 외에 father/dad(아버지), mother/mom(어머니), couple(부부), detective(형사), roommate(룸메이트), parent(부모), cop(경찰) 등이 있다.

이 표현은 "He'll make you a good husband.(그는 너에게 좋은 남편이 될 거야.)"처럼 make 뒤에 간접목적어를 넣어 쓰기도 한다.

> ▶ 참고로 "그는 좋은 남편감이야."는 material(재료)을 써서 "He's a good husband material."이라고 하기도 한다.

예시
You have a good eye for detail. If you just hone your observation skills a little more, you'll make a good detective.
세부적인 것을 잘 파악하는 눈이 있군. 관찰력을 좀 더 갈고 닦으면 훌륭한 형사가 되겠는데.

★ hone (능력)을 갈고 닦다, 연마하다

Look at them! They make a cute couple, don't they?
쟤들 봐! 너무 잘 어울리는 한 쌍이다. 그치?

44 make the deadline
마감을 맞추다

우리말에서 마감(deadline)을 '맞추다'라고 하는데, 영어에서 deadline과 어울리는 동사는 make와 meet가 있다. 참고로 '마감을 못 맞추다', '마감을 넘기다'는 'miss the deadline', '마감을 연장하다'는 'extend the deadline', '마감을 늦추다'는 'push (back) the deadline'이라고 한다.

예시
I had to take out an additional loan to make[=meet] the payment deadline.
납부 기한에 맞추느라 추가 대출을 받아야 했습니다.

★ take out (a lone) (대출을) 받다

There're some final changes we need to make to the cover layout, but we can still make[=meet] the deadline.
표지 디자인을 마지막으로 몇 군데 수정해야 하지만, 마감에는 맞출 수 있습니다.

Come on, everyone. Let's get back to work. We've got a deadline to make[=meet].
자, 여러분. 다시 일을 시작합시다. 마감에 맞춰야 할 일이 있잖아요.

45 make a flight
항공편 시간에 맞춰 도착하다

; a bus, a train...

'항공편(flight) 출발 시간 내에 도착하다'를 직역식으로 하면 'arrive in time for the flight'이 된다. 틀린 영어는 아니지만, 구어체에서는 'make+flight'의 조합을 써서 'make the flight'이라고 한다. make를 '만들다'로만 알고 있으면 쓰기 힘든 조합이다. 이런 맥락에서 make와 어울리는 다른 명사로는 출발 시간이 정해진 a bus, a train 등이 있다.

예시

We need to leave now if we're going to **make our flight**.
시간 내에 비행기를 타려면 우리 지금 출발해야 해요.

It's already 2 o'clock. We're never going to **make the train**.
벌써 2시예요. 기차 시간에 맞춰 가기는 어렵겠네요.

46 make a wedding
결혼식에 참석하다

; a meeting...

'결혼식에 참석하다'를 직역식 영어로 하면 'attend the wedding'이 된다. 이런 식으로 표현해도 틀리지는 않지만, 구어체에서는 make를 써서 'make the wedding'이라고 더 흔히 쓴다. 특히, 다른 일이 있거나 시간이 안 되어 참석하지 못하는 맥락에서 사용한다. 지금 결혼식에 가면서 "We're never going to make the wedding."이라고 하면 "결혼식 끝나기 전에 도착하지 못할 거야."라는 의미가 된다. make를 '참석하다'라는 의미로 쓸 경우, 자주 어울리는 다른 명사로는 meeting이 있다.

예시

I'm afraid I won't be able to **make the wedding**. I need to go home for a family emergency.
결혼식에 참석 못할 것 같아. 급한 집안일 때문에 집에 가야 해서.

Olivia can't **make the meeting**. She called in sick.
올리비아는 회의에 참석 못해요. 아파서 결근한다고 전화 왔어요.

47 make a list 명단에 오르다
make a team 팀에 선발되다

명단(list)에 '오르다'라는 우리말 동사를 직역하면 콩글리시가 되기 쉽다. 우리말과 가장 가까운 영어 표현은 get on으로, 'get on the list'라고 하는 것은 괜찮다. 그렇지만 이런 맥락에서 list와 더 자주 어울리는 영어 동사는 make이다. 이때 make는 '목록[범위] 안에 들어가다'라는 의미가 있다. 같은 맥락에서 어떤 팀에 선발되는 것도 'make a team'이라고 한다.

예시 The service and food quality were very disappointing. I'm not sure how the place **made the list** of top Italian restaurants in this town.
서비스와 음식 품질 모두 실망스러웠어요. 어떻게 이곳이 이 지역 최고의 이탈리아 식당 리스트에 올랐는지 모르겠네요.

They just announced the roster for the all-state team. None of us **made the list** except for you.
방금 주 대표팀 명단을 발표했어. 너 빼고 우리 모두 명단에 들지 못했어.

I have to keep practicing. Otherwise, I won't **make the team**.
난 계속 훈련을 해야 해. 안 그러면 팀에 선발되지 못할 거야.

48 make the cut
커트라인을 통과하다

우리말에서는 '커트라인을 통과하다'라고 하는데, 이를 직역해서 'pass the cut line'이라고 하면 엉터리 영어가 된다. 영어에서는 'make the cut'이라고 하며, 대학 입시처럼 여러 지원자 중에 합격자를 선발하는 맥락에서 사용한다.

예시 "Did you hear from Columbia?" – "Yes. I didn't **make the cut**. But I got accepted to Harvard."
"콜롬비아 대학에서 통보가 왔어?" – "응. 불합격했어. 그렇지만 하버드 대학에 합격했어."

Hundreds of people applied for the tryout, but only 30 of them **made the cut**.
수백 명이 선발 시험에 응시했지만, 단 30명만이 최종 합격했습니다.

Collocations

MEET

동사 meet의 기본적 의미는 '만나다'이지만, 우리말의 '만나다'라는 동사와 달리 기대나 요구를 '충족하다', 마감일 등을 '맞추다', 도전이나 문제에 '성공적으로 대처하다'라는 의미로도 사용된다. 원어민만 쓸 수 있는 meet의 다양한 쓰임을 알아보자.

MP3 듣기

01 meet someone

~와 만나다

meet의 가장 기본적인 의미는 '만나다'이다. 우리말에서 '~을 만나다', '~와 만나다'라고 하듯이, 영어에서도 타동사로 'meet someone'과 'meet with someone' 둘 다 가능하다. 그렇지만 대부분의 경우는 타동사로 쓰고, 'meet with ~'는 공식적인 회의나 협상 같은 맥락에서만 쓴다. 사교적으로 만나는 경우에는 'meet up'이라는 표현을 쓰기도 한다. 가령, "만나서 같이 점심 먹자."라고 할 때는 "Why don't we meet up for lunch?"라고 한다.

meet을 비유적으로 써서 'meet ~ halfway(~을 중간 지점에서 만나다)'라고 하면 '~와 타협하다(compromise)'라는 뜻이 된다.

예시
I'm going on break in 20 minutes. You want to meet me for coffee?

나 20분 있으면 휴식 시간이야. 만나서 커피 마실래?

"It's nice to meet you." – "The pleasure is all mine."

"만나서 반갑습니다." – "오히려 제가 더 반가워요."

I met Annette while I was an exchange student in Paris, and we've become fast friends.

내가 파리에서 교환 학생으로 있는 동안 아네트를 만났는데, 지금은 절친이 되었어.

02 meet a deadline

마감일을 맞추다

; demand...

우리말에서는 마감일(deadline)을 '맞추다'라고 해서 잘못하면 match 같은 동사를 생각하기 쉽지만, 영어에서는 meet를 쓴다. 수요(demand)를 '맞추다'라고 할 때도 meet를 쓴다. 마감일을 못 맞춘 경우에는 'miss the deadline'이라고 한다.

> ▶ 참고로 demand는 셀 수 없는 명사로 써야 '수요'가 되고, demands라고 복수로 쓰면 '요구 사항'이 된다. 이 경우도 'meet their demands'처럼 쓸 수 있는데, 뜻은 '그들의 요구 사항을 들어주다'가 된다.

예시
Barring any unforeseen problems, I think we'll be able to meet[=make] the deadline.

예상치 못한 문제만 발생하지 않으면 마감을 맞출 수 있을 겁니다.

★ barring ~ ~을 제외하고, ~이 없다면

All right, everyone. Let's get back to work. We've got a **deadline to meet**.

자, 모두들. 다시 일을 시작합시다. 맞춰야 할 마감일이 있어요.

We have the factory running 24/7 to **meet demand**.

수요를 맞추느라 공장을 하루도 쉬지 않고 항상 가동하고 있습니다.

03 meet expectations
기대에 부응하다, 기대를 충족하다

; needs, criteria, requirements...

우리말에서는 기대(expectations)에 '부응하다' 또는 기대를 '충족하다'라고 한다. 우리말과 비슷한 영어 표현을 찾자면 'live up to ~(~에 부응하다)', 'satisfy ~(~을 만족시키다)'를 쓸 수 있다.

명사 expectations를 쓰려면 동사 meet가 필요하다. 이런 맥락으로 meet와 어울리는 다른 명사로는 needs(필요로 하는 것), criteria(기준들), requirements(요구 조건, 요건) 등이 있다. 이 명사들은 satisfy 동사를 써도 좋다. 기대를 충족하지 못하는 경우는 not을 붙여 부정문으로 말하거나 'fall short of ~'라는 표현을 쓴다.

예시

We had high hopes for the restaurant, but it didn't **meet** [=live up to/satisfy] **our expectations**.

그 식당에 기대가 컸는데, 기대만큼 좋지는 않았어.

I found this bike repair shop online, and they more than **met**[=lived up to/satisfied] **my expectations**.

이 자전거 수리점을 인터넷에서 발견했는데, 기대 이상으로 만족스러웠습니다.

The house was gorgeous and super-clean, and the host went above and beyond to **meet**[=satisfy] **our needs**.

그 집은 멋있고 매우 깨끗했습니다. 그리고 집주인은 우리가 필요한 것이 없는지 각별히 신경 써 주었습니다.

I'm sorry to tell you that we can't hire you. You don't **meet** [=satisfy] **our recruitment criteria**.

죄송하지만 당신을 채용할 수 없습니다. 저희 회사 고용 기준에 맞지 않습니다.

There are a couple of areas where our product has yet to **meet**[=satisfy] **the FDA requirements**.

우리 세럼이 FDA 요구 조건을 아직 충족하지 못하는 부분이 몇 군데가 있습니다.

04 meet a challenge
어려운 일이나 문제[도전]를 잘 해결하다

우리말에서는 도전(challenge)을 '만나다'라고 하지 않지만, 영어에서 'meet a challenge'라고 하면 '도전적인 문제나 상황을 잘 처리하다'라는 뜻이다. 뒤에 'head-on(정면으로)'을 붙여서 'meet (a problem) head-on'이라고 하면 문제를 회피하지 않고 '정면 돌파하다'라는 뜻이 된다.

예시
I consider this situation **a challenge**, and I'm trying to figure out the best way to **meet it**.
이 상황은 나에게는 도전이라서 그 도전을 해결할 가장 좋은 방법을 생각하고 있는 중입니다.

She's a real fighter. Life has thrown a lot at her, and she's **met every challenge**.
그녀는 진정한 투사입니다. 그녀는 인생에서 많은 어려움을 겪었지만, 모든 도전을 잘 이겨냈습니다.

★ life throws ~ at - -의 인생에서 ~을 겪다

When I was diagnosed with diabetes, I decided to **meet the challenge** head-on. I immediately signed up for a weight loss program and put myself on a healthy diet.
제가 당뇨병 진단을 받았을 때 저는 이 문제를 정면 돌파하기로 결심했습니다. 즉각 체중 감량 프로그램에 가입하고 건강식을 시작했습니다.

I'm not afraid of anything. Whatever life throws at me, I'm ready to **meet it** head-on.
난 어떤 것도 두렵지 않아요. 인생에서 어떤 역경에 닥치더라도 정면으로 돌파할 준비가 되어 있습니다.

자연과 만나다	meet nature (X) **commune with nature / reconnect with nature / lose myself in nature** (O)

우리말에서 산이나 들과 같은 야외에 나가 시간을 보내는 것을 '자연과 만나다'라고 표현하는데, 이를 직역해서 동사 meet를 쓰면 뜻은 통하겠지만 원어민에게는 생소한 표현이 된다. 영어에서는 보통 'commune with ~(~와 교감하다)'라는 표현을 쓴다. 그 외에 'reconnect with ~(~와 다시 연결되다)', 'lose myself in ~(~ 안에서 나 자신을 잃다)' 같은 표현을 쓸 수 있다. 'lose myself in ~'은 '~에 몰입하다', '~에 심취하다', '~을 매우 즐기다'라는 뜻으로도 쓴다.

ex What do you say, we take a picnic lunch and **commune with nature**?
피크닉 겸 점심 먹으면서 자연을 즐기는 것은 어때요?

The trail leads to a small pond where you can **lose yourself in nature** without leaving town.
그 산책길을 따라가면 작은 연못이 나오는데, 도시를 떠나지 않고도 자연을 만끽할 수 있는 곳이죠.

This national park is my favorite place to **reconnect with nature.**
이 국립 공원은 내가 자연이 그리울 때면 찾아오는 곳이에요.

Collocations

MOVE

동사 move의 기본 의미는 자동사나 타동사로 모두 '움직이다'이다. 그런데 move는 우리말 '움직이다'라는 동사와는 어울리지 않는 명사를 목적어로 취할 때가 있다. 우리말 식으로 생각하면 잘 쓸 수 없는 'move+명사' 조합은 어떤 것이 있는지 알아보자.

MP3 듣기

01 someone moves

(몸을) 움직이다, 이사를 가다

; he, I...

move가 자동사로 쓰였을 때는 몸을 '움직이다' 또는 '이사를 가다'라는 의미로 쓰인다. '이사를 가다'의 경우 '어떤 지역으로 이사를 간다'라고 할 때는 'move to ~', '아파트나 집 등으로 이사 간다'라고 할 때는 'move into ~'라고 한다. 가령, '부모님 집에 같이 들어가 살다'의 경우는 'move into one's parents' house'라고 하면 된다. 또는 house라는 단어를 쓰지 않고 'move in with one's parents'라고 해도 좋다.

예시
You can't **move**. The doctor said you have to rest up.

몸을 움직이면 안 돼요. 의사가 가만히 휴식을 취하라고 했잖아요.

Don't **move**. Stay put. I'll be right there to pick you up.

움직이지 마. 그 자리에 그대로 있어. 차를 가지고 바로 데리러 갈 테니까.

Sam and I broke up, and **he moved** to Oklahoma last month.

샘은 저와 헤어지고, 지난달에 오클라호마로 이사 갔어요.

I've temporarily **moved** into my mother's house[=**moved** in with my mother] to look after her while she is recuperating from her knee surgery.

어머니가 무릎 수술에서 회복하시는 동안 병간호하려고 잠시 어머니 집으로 이사 왔습니다.

02 move something

~을 옮기다

; a couch, a car, money, us, me...

타동사 move는 기본적으로 무엇을 '옮기다'라는 의미를 갖고 있다. 우리말에서는 사람을 '옮기다'라고는 잘 하지 않지만, 영어에서는 사람도 move의 목적어로 흔히 사용된다. 가령, 다른 부서로 인사 발령을 냈을 때도 "They moved me to a different division. (회사에서 저를 다른 부서로 발령 냈어요.)"이라고 하면 된다.

예시
Can you help me **move the couch** downstairs?

소파를 아래층으로 옮기는 것 좀 도와줄래요?

Judie, you got to **move your car**. You're parked in a no-parking zone.

주디, 네 차를 다른 곳으로 옮겨야 해. 주차 금지 구역에 주차해 놨더라.

I'm going to **move the money** to an offshore account.

돈을 해외 계좌로 옮겨 놔야겠어요.

I complained about smoking smell in the room, and they **moved us** into another room with a much larger bathroom and a better view.

(호텔) 방에서 담배 냄새가 난다고 문제를 제기했더니 욕실도 더 크고 전망도 더 좋은 다른 방으로 옮겨 줬어.

They promoted me and **moved me** to the New York office.

회사는 나를 승진시켜서 뉴욕 지사로 발령 냈습니다.

03 move one's leg
다리를 움직이다

; one's arm...

타동사로 move의 기본 의미 중 하나는 무엇을 '움직이다'이다. 주로 신체 부위를 가리켜 자의적으로 움직이는 행동에 쓰인다.

예시

I have good news for you. Sam **moved his leg** on his own this morning.

[병원에서] 좋은 소식이 있어요. 아침에 샘이 혼자 힘으로 다리를 움직였습니다.

Are you hurt? Can you **move your arms and legs**?

어디 다친 데 없나요? 팔과 다리는 움직일 수 있어요?

04 move things along 일을 진행시키다
move things around 일을 조정하다

우리말에서는 '일(things)'을 '움직이다'라고 하지 않지만, 영어에서 'move things'는 종종 쓰이는 조합으로, 보통 뒤에 along, around 같은 부사를 붙여 쓴다. 'move things along'은 '일을 진행시키다', 'move things around'는 주로 스케줄에 잡힌 약속들을 조정하는 맥락에서 쓴다. 이 표현은 집 안의 물건들을 이리저리 '옮겨 놓다'라는 뜻도 된다.

예시

We got to **move things along** and close the deal before word gets out to the press.

언론에 소식이 새어 나가기 전에 일을 빨리 진행해서 계약 체결을 끝내야 합니다.

★ word gets out 소식이 외부에 알려지다

Let's **move things along** faster. We're behind schedule.

일을 더 빨리 진행시킵시다. 예정된 스케줄에 뒤쳐져 있으니까요.

"How about 11 o'clock, Thursday?" – "Okay. I'll have to **move some things around** on my schedule, but I can make that work."

"목요일 11시는 어때요?" – "좋아요. 스케줄을 좀 조정해야 하지만 그 시간에 맞출 수 있습니다."

05 move a meeting (to ~)

회의 장소를 (~로) 옮기다

; a party...

우리말에서는 '회의 장소'를 '옮기다'라고 하지만 영어에서는 '장소'를 빼고 'move a meeting'이라고 한다. 물론 '개최지'라는 뜻의 venue를 넣어 'move the venue for my wedding(내 결혼식 장소를 옮기다)'이라고 해도 된다.

예시 **We anticipated a large crowd, so we decided to move the meeting to the auditorium.**
많은 사람이 참석할 것으로 예상되어, 회의 장소를 강당으로 옮기기로 했습니다.

Looks like it's going to rain soon. Let's move the party inside.
곧 비가 올 것 같아요. 파티를 실내로 옮기시죠.

06 move ~ back[up/forward]

~의 날짜를 늦추다[앞당기다]

우리말로 어떤 날짜를 다른 날로 '바꾸다', '변경하다'라고 하는데, 영어에서는 move를 써서 'move ~ to [날짜](~을 [날짜]로 옮기다)'라고 한다. 또 어떤 날짜를 앞당기는 것은 'move ~ up/forward', 늦추는 것은 'move ~ back'이라고 한다. 이와 같이 날짜를 조정하는 맥락에서 move와 자주 어울려 쓰는 다른 명사로는 a meeting(회의), an appointment(약속, 예약), a trial(재판) 등이 있다. trial의 경우는 trial date(재판 날짜)라고 하기도 한다.

예시 **We moved our wedding back a few months.**
우리 결혼식을 몇 달 늦췄어요.

I'll call the clinic and ask if they can move my appointment back a few hours.
진료소에 전화해서 내 예약 시간을 몇 시간 늦출 수 있는지 알아볼게요.

I just got a call from AMT. They wanted to move the meeting up[=forward].
방금 AMT사에서 전화가 왔어요. 회의 날짜를 앞당겼으면 좋겠다고요.

The DA's office filed a petition to move up the trial date [=move the trial date forward].
검찰청에서 재판 날짜를 앞당겨 달라는 청원서를 냈습니다.

07 move someone
~을 감동시키다

영어 move에는 누구를 '감동시키다'라는 뜻도 있다. "나는 그 이야기를 읽고 감동받았다." 는 story를 주어로 해서 "The story moved me."라고 한다. 또는 수동태를 써서 "I was moved by the story."라고도 한다.

move와 비슷한 의미로 touch가 있는데, 'be moved (by ~)'는 a book(책), a song(노래), a movie(영화) 같이 어떤 내용에 감명받았을 때 쓰고, 'be touched (by ~)'는 상대방의 친절함 또는 사려 깊은 행동에 감명받았을 때 사용한다.

예시

Nicole portrayed her character perfectly, and the energy she brought to the big screen really **moved me**.

니콜은 자신이 맡은 배역을 완벽히 소화했고, 영화 화면에서 느끼는 그녀의 에너지는 매우 감동스러웠습니다.

You did well on the stand. I watched **the jury**, and they appeared to **be moved** by your testimony.

증인석에서 증언을 매우 잘하셨어요. 배심원단을 보니까 당신 증언에 감동을 받은 것 같았어요.

Collocations

PASS

동사 pass의 기본 의미는 자동사로 '지나가다', 타동사로 '~앞을 지나가다'
이다. 그렇지만 원어민은 pass를 매우 다양한 맥락에서 여러 의미로 사용한
다. 이런 경우 pass는 어떤 의미가 있고 어떤 명사와 어울리는지 알아보자.

MP3 듣기

01 time passes
시간이 지나가다

; years, a day, a deadline...

pass는 자동사로서 시간이 '지나가다'라는 뜻을 갖고 있다. 이 경우, 주어로 쓰이는 명사는 당연히 day(날), month(달), year(해) 같은 시간 단위이지만, a deadline(마감 기한) 같은 단어도 쓰일 수 있다. 시간뿐만 아니라 태풍(storm) 같은 것이 '지나가다'라고 할 때도 pass를 쓴다.

예시

A lot of time has passed since our last album.

우리가 마지막 앨범을 낸 후로 많은 시간이 지났습니다. (마지막 앨범을 낸 것이 오래전 일입니다.)

It feels like years have passed since then, though it's only been two months.

그 후로 두 달밖에 안 됐지만 수년이 지난 것처럼 느껴집니다.

Not a single day passes that I don't think of Nora.

노라를 생각하지 않고 지나가는 날은 하루도 없어. (매일 노라를 생각해.)

The deadline has long passed.

마감일은 오래전에 지나갔습니다.

02 someone passes
~가 지나가다

; I, we, it...

pass는 자동사로 사람이 자동차 등을 타고 '지나가다'라는 뜻으로도 쓴다. 이 경우 흔히 'pass through ~(~ 지역을 지나가다)', 'pass by ~(~건물/사람 등의 옆을 지나가다)'처럼 부사어나 전치사를 붙여 쓴다. '지나가다'라는 의미의 pass의 주어로는 storm(폭풍) 같은 무생물도 올 수 있다.

예시

"Are you new in town?" – "No. I'm just passing through (town)."

"이곳에 새로 이사 오셨나요?" – "아니요. 그냥 (이곳을) 지나가는 길에 잠시 들른 겁니다."

On our walk around the park, we passed by a couple of nice picnic areas.

그 공원을 산책하면서 우리는 몇 군데 멋진 피크닉 장소를 지나쳐 갔습니다.

The patrol car didn't stop. It just passed by.

순찰차가 서지 않더라고요. 그냥 지나쳐 갔어요.

03 pass someone
~ 옆[앞]을 지나쳐 가다

; a house...

pass는 어떤 것이 움직여 '지나가다'라는 뜻이 있다. 우리말에서는 "내가 그녀 옆을 지나 갔다."라고 하지만, 영어에서는 굳이 '옆(side)'을 언급하지 않고 pass만 써서 "I passed her."라고 한다. 또는 앞에서 설명한 것처럼 pass를 자동사로 써서 "I passed by her." 라고도 할 수 있다.

pass는 앞에 가는 사람이나 자동차 등을 '앞지르다'라는 뜻으로도 쓰인다. 가령, "누군가가 내 오른쪽 차선으로 앞지르려 했다."는 "Someone tried to pass me on my right." 라고 한다.

예시 **She passed me in the hall and didn't even say hello.**

그녀가 홀에서 나를 지나쳤는데 인사조차 하지 않더라고.

Every morning, on my way to work, I pass this old house that looks like it's about to collapse.

매일 아침 출근길에 저는 곧 쓰러질 것 같은 오래된 집 앞을 지나쳐 갑니다.

04 pass a test
시험에 합격하다, 통과하다, 붙다

; the bar exam, a lie detector test...

pass의 기본 의미 중에는 시험 등에 '통과하다', '합격하다', '붙다'가 있다. 이런 의미로 쓰이는 경우, pass 뒤에 붙는 명사로는 'a written test(필기 시험)', 'a lie detector test(거짓말 탐지기 검사)', 'the bar exam(변호사 시험)' 같은 각종 시험, 건물이나 자동차 관련 inspection(검사) 등이 있다. pass 뒤에 'with flying colors'를 붙이면 '좋은 성적으로', '아무 문제없이', '당당히' 합격한다는 말이 된다.

예시 **I passed the written test on the first try, but it took me three tries to pass the road test.**

운전 면허 필기 시험은 한 번에 붙었는데, 주행 시험은 세 번 시도한 끝에 붙었어요.

I bought a six-year old sedan second hand for 4K, and it had just passed inspection.

저는 방금 자동차 검사를 마친 6년된 승용차를 4천 달러에 중고로 샀습니다.

05 pass the salt
소금을 건네주다

; the ball, the torch...

마지막으로 pass는 기본적으로 무엇을 남에게 '건네주다'라는 뜻으로 쓰인다. 우리말에서도 pass를 차용해서 '공을 패스하다'라는 식으로 사용한다. 'pass the torch(횃불을 건네다)'는 올림픽 봉화를 다른 주자에게 넘기듯이 '(어떤 직책이나 임무 등을) 다른 사람에게 넘기다'라는 뜻으로 쓴다. 또 'pass the buck'은 '책임을 떠넘기다'라는 관용 표현으로, buck은 카드 게임에서 '패를 나눠주는 사람(card dealer) 앞에 놓인 표지'인데, 그 buck이 다른 사람에게 넘어가면 그 사람이 dealer가 된다는 데서 유래된 표현이다.

예시

Can you please pass the salt?

[식탁에서] 소금 좀 건네주시겠어요?

Bob decided to retire and pass the torch to his son.

밥은 은퇴하고 자신의 자리를 아들에게 물려주기로 했습니다.

**"So, you're going to pass the buck to an underling?" –
"No. What I'm trying to do is not 'passing the buck' but
'delegating'."**

"그러니까 부하 직원에게 책임을 떠넘기겠다는 건가?" – "무슨 말을. 내가 하려는 것은 '책임을 떠넘기는 것'이 아니라 '임무를 위임하는 것'이라고."

06 pain passes
통증이 가시다, 사라지다

; heartbreak, hurt, crisis, danger...

우리말에서는 '통증(pain)이 가시다', '통증이 사라지다'라고 하는데, 영어에서는 pass를 쓴다. 통증도 태풍이나 시간처럼 지나가는 것으로 보는 셈이다. 같은 맥락에서 pass와 어울리는 다른 명사로는 heartbreak(실연), hurt(마음의 아픔), crisis(위기), danger(위험) 등이 있다.

예시

I'm fine now. The pain has passed.

이젠 괜찮아요. 통증이 가셨어요.

**I know how heartbroken you are, but the hurt will pass in
time.**

실연 때문에 지금 얼마나 힘든지 알지만, 그 아픔은 시간이 지나면 가실 거예요.

The danger of a tsunami has now passed for the island.

그 섬에서 쓰나미가 발생할 위험은 지금은 사라졌습니다.

**We need to keep a clear head until the current crisis has
passed.**

지금의 위기가 사라질 때까지 정신 똑바로 차리고 있어야 합니다.

07 someone passes (away)
~가 죽다

---

pass의 '지나가다'라는 의미가 연장되어 '죽다(die)'라는 뜻으로도 쓰인다. 이승을 거쳐 저승으로 가는 것을 죽음으로 해석한 셈이다. 동사 pass만 써도 되지만, 보통 뒤에 away를 붙여 쓴다. die보다 좀 더 공손한 표현이다.

예시   **I was raised by my grandmother. When she passed (away),** I was put into a foster home.
저는 할머니 밑에서 자랐습니다. 할머니가 돌아가셨을 때 저는 양부모님 댁에 맡겨졌습니다.

Sam changed his will the day before he passed (away). He has left half of his estate to his family and half of it to charity.
샘은 죽기 전날에 유언장을 수정했어요. 재산의 반은 가족에게, 나머지는 자선 단체에 기부되도록 했습니다.

08 pass (on ~)
(~을) 사양하다, (~을) 하지 않다

---

pass의 '지나가다'라는 기본 의미가 확장되어 'pass (on ~)((~에 대하여) 지나가다)'라고 하면 상대방이 제안하는 것을 '사양하다', '하지 않다'라는 뜻이 된다. 실제 해석은 'pass on' 뒤에 오는 명사에 따라 조금씩 달라지는데, 예를 들어, 'pass on an offer'은 '제안을 받아들이지 않다', 'pass on desert'는 '디저트를 먹지 않다', 'pass on an opportunity'는 '기회를 놓치다'가 된다.

예시   **"Would you like to join me for some champagne?"** – **"No. I think I'll pass. It's been a long day."**
"저랑 샴페인 같이 마실래요?" – "아니요. 사양하겠습니다. 오늘 좀 피곤한 하루였어요."

"I'm here to give you a piece of advice." – **"I'll pass. I'm tired of people telling me how to live my life."**
"너에게 충고 하나 해 주려고 왔어." – "(충고라면) 사양하겠어. 인생을 사는 법에 대해 가르치려는 사람들에게 질렸어."

I think I'll pass on lunch. I had a big breakfast.
점심은 먹지 않을 생각이야. 아침을 푸짐하게 먹어서.

I'm so full I think I'm going to pass on dessert.
너무 배가 불러서 디저트는 먹지 않겠습니다.

09 pass the word along
소식을 전달하다

우리말에서는 내가 들은 정보를 다른 사람에게 '전해 주다', '전달하다'라고 하는데, 영어에서는 news/word(소식)나 information(정보)도 물건처럼 건네는 대상으로 보아 pass를 쓴다. 다만, 이 경우에는 뒤에 부사 along을 붙여 'pass ~ along to -(-에게 ~라는 내용을 전달하다)'의 형태로 쓴다. along 대신에 on을 쓰기도 한다. 'pass ~ along'은 정보뿐만 아니라 중간에 받은 물건을 전달할 때도 쓴다.

예시

The rehearsal has been pushed back to 5 o'clock. Will you pass the word along to the other people?
리허설이 5시로 연기되었습니다. 다른 사람들에게도 소식을 전달해 주시겠어요?

"I'm calling to inform Mrs. Porter that her loan application has been turned down." – "That's too bad. She'll be disappointed, but I'll pass the message along."
"포터 부인에게 대출 신청이 거절되었음을 알려 드리려고 전화했습니다." – "유감스러운 소식이네요. 실망하시겠지만, 메시지를 전달해 드리겠습니다."

10 pass the time
시간을 때우다

우리말에서는 '시간(time)을 때우다'라고 해서 fill(메우다)과 같은 영어 동사를 생각하기 쉽지만, 이런 맥락에서 쓰이는 영어 동사는 pass이다. 이 경우는 항상 'pass the time'이라는 형태로 쓴다.

> ▶ 비슷한 표현으로 'kill time'이 있는데, 이는 좀 더 비생산적인 일을 하며 시간을 흘려보내는 느낌이 있다.

예시

What do you want to do to pass the time? Play cards or do a crossword puzzle?
시간을 무엇으로 때울까요? 카드놀이 아니면 십자말풀이?

Wherever I go, I always bring a book with me to pass the time.
어디를 가든 저는 항상 자투리 시간을 때우려고 책을 갖고 다닙니다.

참고

I sometimes stop by this shop to shop or just to kill time.
저는 쇼핑하거나 그냥 시간 때우려고 이 가게에 가끔 들릅니다.

I've a couple of hours to kill until I have to leave for the airport.
공항으로 출발하기 전에 몇 시간 정도 시간 여유가 있습니다.

11 pass judgement (on ~)
(도덕적 우월성을 갖고 ~을) 평가하다, 비판하다

pass sentence
(판사가) 형의 선고를 내리다

자신은 도덕적으로 우월한 것처럼 다른 사람의 언행에 대하여 뭐라고 하는 것을 영어로는 'pass judgment'라고 한다. 또, 판사가 형의 선고를 내리는 것도 'pass sentence'라고 한다. 이 경우 pass는 상대방에 대한 평가나 판결을 '내리다'라는 의미를 갖고 있다. pass를 단순히 '지나가다'나 '건네주다'로만 알고 있으면 쓸 수 없는 표현이다.

예시 **How dare you get on your high horse and pass judgment on me when you've had everything handed to you all your life, and I've had to work very hard to get to where I am?**

넌 평생 모든 것이 다 주어진 삶을 살았고 난 이 자리에 오기까지 얼마나 힘들게 고생했는데 감히 자신이 도덕적 우위에 있는 양 거만하게 나에 대해서 뭐라 하다니!

★ get on one's high horse 자신이 도덕적 우위에 있는 양 거들먹거리다

Mr. Crane, do you have anything to say before I pass sentence?

크레인 씨, 제가 형을 언도하기 전에 하실 말씀이 있습니까?

12 pass an opportunity up
기회를 잡지 않다, 놓치다

; a chance...

'~을 지나치다'라는 뜻의 타동사 pass의 의미를 활용하여 'pass an opportunity up' 또는 'pass up an opportunity'라고 하면 '기회를 잡지 않다'라는 뜻이 된다. 앞서 'pass on an opportunity'도 비슷한 뜻으로 소개했는데, 이 경우 pass는 자동사이고 on은 전치사인데 반하여 pass up은 〈타동사+부사〉로 문법적 성분이 다르다.

예시 **Sam will show up. He never passes up an opportunity for a free meal.**

샘은 올 거예요. 공짜 밥 먹을 기회를 놓치는 사람이 아니거든요.

When you're in the Charleston area, don't pass up a chance to eat at the seafood restaurant.

칠스딘 지역에 갈 일이 있다면 그 해산물 식당에 꼭 한번 가서 먹어 부세유

Collocations

PICK

동사 pick은 기본적으로 무엇을 '고르다', '선택하다'라는 뜻이 있고, 뒤에 up을 붙여서 '집어 들다'라는 의미로 쓰인다. 이런 기본 의미를 확장해서 훨씬 더 다양한 맥락에서 pick을 사용할 수 있는데, 어떤 명사와 조합을 이루는지 알아보자.

MP3 듣기

01 pick a gift
선물을 고르다, 선택하다, 선발하다

; a place, a date, a time, a name, you...

pick의 가장 기본적인 의미는 사물이나 사람을 '고르다', '선택하다', '선발하다'이다. 그런데 대부분의 영어 학습자들은 이런 의미를 표현할 때 choose나 select 같은 동사를 먼저 생각한다. 실제 대화에서는 pick이 더 자주 쓰이므로 잘 익혀 두자.
선물이나 드레스 같이 여러 가지 중에서 고르는 경우에는 pick 뒤에 out을 붙여 쓰는 경우가 많다.

예시

I was wondering if you'd come with me tomorrow and help me **pick (out) a gift** for my aunt?
내일 나와 같이 가서 우리 고모님 선물 고르는 것을 도와줄 수 있어요?

Why don't I take you to dinner? You **pick the place**.
내가 저녁 살게요. 장소는 당신이 선택해요.

"Have you **picked a date** for the wedding yet?" – "No, not yet, but I'm thinking New Year's Eve."
"결혼식 날짜는 정했어요?" – "아직이요, 그렇지만 12월 31일이 어떨까 생각 중이에요."

You couldn't have **picked a better time** to show up.
때마침 잘 왔어요. (나타나는 데 더 나은 시간을 선택할 수 없었다.)

Have you **picked a name** for the baby, yet?
아기 이름은 정했나요?

02 pick up the phone
수화기를 집어 들다

; a gun...

pick이 두 번째로 많이 쓰이는 방식은 뒤에 up을 붙여 무엇을 '집어 들다'라는 의미로 쓰인다. 원어민들은 이와 같은 'pick ~ up'의 기본 의미를 확장해서 다양한 다른 의미를 표현하기 때문에, 동사 pick을 사용한 표현 중 활용도가 가장 높은 표현이다.

예시

It's me, Pete. If you're there, please **pick up the phone**. It's an emergency.
나야, 피트. 지금 거기에 있으면 전화 좀 받아. 급한 일이야.

Alan got into a fight with a man. The other man **picked up a gun** and shot him.
앨런이 어떤 남자와 싸우게 됐는데요. 다른 남자가 총을 집어 들고 그를 쐈어요.

★ get into a fight[argument] 싸움[언쟁]을 벌이다

03   pick an apple
사과를 따다

우리말에서는 과일을 '따다', 꽃을 '꺾다'라고 하는데, 영어에서는 동사 pick 하나만을 사용한다.

예시   **The apple pie is fresh out of the oven. I made it with the apples I picked myself.**
애플 파이는 오븐에서 방금 구워낸 겁니다. 내가 직접 딴 사과로 만들었어요.

We went on a field trip today to a strawberry farm where we picked strawberries.
우리는 오늘 딸기 농장에 견학 가서 딸기를 땄어요.

You can't cherry-pick the cases you want to take.
당신이 맡고 싶은 사건만 선별해서 맡을 수는 없습니다.

Let's go out into the garden and pick some flowers to make a welcome bouquet for your brother.
정원에 가서 네 오빠에게 줄 환영 꽃다발 만들 꽃 좀 꺾어 오자.

04   pick a lock
자물쇠를 따다

자물쇠를 '따다'도 영어에서는 동사 pick을 쓴다.

예시   **Looks like someone picked the lock on the front door.**
누군가가 앞문의 자물쇠를 딴 것 같습니다.

"The door is locked. How are we supposed to get into the house?" – "You keep an eye out. I'll pick the lock."
"문에 자물쇠가 잠겨 있어. 집 안에 어떻게 들어가지?" – "넌 망 보고 있어. 내가 열쇠를 딸 테니까."

★ keep an eye out (for ~) (~이 오는지/나타나는지) 지켜보다

05 pick a pocket
소매치기하다

___

우리말에서는 '소매치기하다'라고 하는데, 영어에서는 마치 과일을 따듯이 '주머니를 딴다'는 의미로 'pick a pocket'이라고 한다. 'a pick pocket'은 명사로 '소매치기꾼'이라는 뜻이다.

예시 **Where did you get this money? Did you pick someone's pocket on the way over?**
이 돈이 어디서 난 거야? 설마 오는 길에 소매치기한 건 아니지?

The temple has many monkeys roaming around. They're very good at picking pockets. They're lightning fast.
그 사원에는 원숭이들이 많이 돌아다닙니다. 소매치기 도사들이죠. 번개 같이 빨라요.

★ roam around 배회하며 돌아다니다

06 pick a fight (with ~)
(〜에게) 싸움을 걸다

___

우리말에서는 싸움(fight)을 '걸다'라고 하는데, 영어에서는 pick으로 표현한다.

예시 **I'm sorry I picked a fight with you the other day. I'd just been under a lot of pressure.**
저번에 시비를 걸어서 미안해. 스트레스를 많이 받다 보니.

I'm not here to pick a fight with you. I just wanted to tell you how sorry I am for the way I acted the other night.
당신과 싸우려고 온 것이 아니에요. 지난밤에 내가 한 행동에 대해 사과하고 싶었을 뿐이에요.

07 pick one's brain
〜의 머리를 빌리다

___

'〜의 머리를 빌리다'를 우리말 식으로 하면 'borrow one's head'가 되는데, 이는 콩글리시 표현이다. 지식을 뜻하는 '머리'는 brain(뇌)이라고 하며, '빌리다'는 과일을 따듯이 상대방 뇌에 있는 지식을 따온다는 의미로 동사 pick을 쓴다.

예시 **"Hi, Rachel. What's up?" – "I was wondering if you'd have some time later today. I'd like to pick your brain about something."**
"안녕, 레이첼. 무슨 일이야?" – "오늘 시간 좀 낼 수 있나 해서. 머리를 좀 빌릴 일이 있거든."

"Brian is a highly successful investment banker." – "Really? Maybe you can hook me up with him so I can **pick his brain on some job opportunities.**"

"브라이언은 요즘 잘 나가는 투자 은행가예요." – "그래요? 그럼 취직 건으로 의견 좀 구하게 나를 소개해 줄 수 있어요?"

08 pick up (a call)
(전화를) 받다

'pick ~ up'의 목적어로 a call(전화 걸기)을 쓰면 걸려 온 전화를 '받다'가 된다. 전화를 거는 맥락이 분명한 경우, 목적어 없이 자동사로 'pick up'만 쓰기도 한다. 주어로 사람뿐만 아니라 'mobile phone(휴대 전화)', 'answering machine(자동응답기)' 같은 것도 쓸 수 있다.

예시 He hasn't shown up, and he[his mobile] isn't **picking up calls**.

그가 아직 오지 않았는데, 전화도 안 받아요.

Don't put your phone on vibrate (mode) again. And please **pick up** when I call.

다시는 전화를 진동으로 해 놓지 마. 그리고 내가 전화하면 좀 받아.

I dialed the number, but the answering machine **picked up**.

그 번호로 전화를 했는데 자동응답기가 받았습니다.

09 pick up some files
파일을 가지러 가다, 찾으러 가다
; one's dry-cleaning...

'pick ~ up'은 맥락에 따라 세탁이나 수리를 맡긴 옷, 자동차 등을 '찾으러 가다', 서류 등을 어떤 장소에 '가지러 가다'는 뜻으로 쓴다.

예시 Can we stop at my office on the way? I need to **pick up some files**.

가는 길에 내 사무실에 좀 들렀다 갈 수 있을까요? 파일을 가져와야 해서요.

I'm going out to **pick up my dry-cleaning**. Do you want me to bring you back something?

드라이클리닝 맡긴 옷 찾으러 갈 건데. 돌아오는 길에 뭐 좀 사다 줄까요?

10 pick someone up
~을 차로 데리러 가다, 체포하다

'pick ~ up'의 목적어로 사람을 넣으면 마치 길에서 그 사람을 집어 올리듯 '자동차로 데리러 가다'라는 뜻이 된다.

〈pick+사람+up〉은 문맥에 따라서 누구를 '체포하다'라는 뜻도 될 수 있다. 가령, "Let's pick him up."은 말의 흐름상 "그 사람을 차로 데리러 가자."보다는 "그 사람을 체포해 오자."일 가능성이 더 높다.

예시 **Someone from my office will pick you up at the airport and take you to your hotel.**
저희 사무실 직원이 공항에 차로 모시러 가서 호텔까지 바래다 드릴 겁니다.

Can you pick up Susan from her piano lesson this afternoon? I have to go to a PTA meeting.
오늘 오후에 피아노 레슨 끝나고 수잔을 데리고 올 수 있어요? 저는 학부모 모임에 가야 해요.

★ PTA(Parent-Teacher Association) 학부모 모임

11 pick up some milk
우유를 사다

; a few things...

'pick ~ up'의 목적어로 사야 하는 품목명을 넣으면 상점에 잠깐 들러서 그 물건을 '사다'라는 뜻이 된다.

예시 **Can you pick up some milk on the way home?**
집에 오는 길에 우유 좀 사올래요?

I need to stop at Walmart to pick up a few things for the party tomorrow night.
월마트에 들러서 내일 밤 파티에 필요한 물건 몇 가지를 사야 해요.

12 pick up a few phrases
몇 가지 표현을 귀동냥으로 배우다

; words, phrases, manners, an accent…

'pick ~ up'의 목적어로 French(프랑스어) 같은 언어(language)나 words(단어), phrases(어구), expression(표현) 같은 언어와 관련된 단어를 쓰면 그런 것을 '배우다', '익히다'라는 의미가 된다. 언어 외에 manners(매너), an accent(악센트), a habit(습관) 같은 단어를 써도 '몸에 익히다'라는 의미이다. 정식으로 배우는 것이 아니라 마치 물건을 집어 들 듯 귀동냥이나 관찰을 통해 배운다는 뜻이다. 그렇지만 'pick up some Chinese'라고 하면 '포장 중국 음식을 가지러 가다'라는 뜻도 될 수 있기 때문에 맥락을 고려해야 한다.

예시

"I didn't know you speak French." – "I picked up a few phrases while I interned in Paris."

"프랑스어를 하시는 줄은 몰랐네요." – "파리에서 인턴 생활할 때 몇 가지 표현을 익힌 정도입니다."

Jason! Where did you pick up such bad language? I forbid you to use it in this house again.

제이슨! 어디서 그렇게 못된 말을 배웠니? 집 안에서는 다시는 쓰지 마라.

I always start my day with a cup of tea before I go to work. It's a habit I picked up from my parents.

저는 출근 전에 항상 차 한 잔으로 하루를 시작합니다. 저희 부모님에게 배운 습관이지요.

13 pick up a message
남겨 놓은 메시지를 확인하다

자동 응답기에 남겨 놓은 메시지를 '확인하는' 것을 맡겨 놓은 물건을 '찾아가는' 것으로 보아 'pick up a message'라고 한다.

예시

"I just picked up your message. What happened? Are you hurt?" – "No. I just had a fender bender."

"방금 메시지를 받았어요. 무슨 일이에요? 다친 데는 없고요?" – "없어요. 그냥 가벼운 접촉 사고가 났어요."

★ a fender bender (펜더가 휘는 정도의) 가벼운 접촉 사고

I just picked up a message from Tony. He missed his connecting flight in Amsterdam.

방금 토니에게서 메시지가 왔습니다. 암스테르담에서 연결 항공편을 놓쳤대요.

14 pick up tips
도움이 될 만한 정보를 얻다, 입수하다

; information...

유용한 정보(tips), 일반적인 정보(information), 비밀 정보(intelligence) 같은 것들을 귀동냥으로 입수하는 것을 영어에서는 물건처럼 '집어 들다(pick up)'라고 표현한다.

예시 "You're really good at makeup." – "Thanks. I **picked up some tips** from makeup artists when I was in a couple of off-Broadway shows."

"화장을 정말 잘 하시네요." – "고마워요. 오프 브로드웨이 연극에 몇 편 출연했을 때 메이크업 전문가들에게서 요령을 익혔죠."

Both my parents were physicians. So, I **picked up a lot of medical information** growing up.

제 부모님 두 분이 다 의사였습니다. 그래서 자라면서 많은 의학 정보를 귀동냥으로 습득했지요.

15 pick up the tab
(대신) 계산하다, 비용을 부담하다

a tab은 '계산서'로, 'pick up the tab'이라고 해서 계산서를 집어 드는 행동을 '계산하다' 라는 의미로 쓴다. 보통 다른 사람 또는 집단을 대신해서 계산하는 상황에서 사용된다.

예시 Order anything you'd like. The company is **picking up the tab**.

먹고 싶은 것 뭐든지 시키세요. 회사에서 비용을 부담하는 것이니까요.

My father offered to **pick up the tab** for our honeymoon at a 5 star hotel in Hawaii.

우리 아빠가 하와이 5성급 호텔에서의 신혼여행 비용을 내 주시겠다고 했어요.

16 pick up the slack

(결원으로 생긴) 일의 공백을 메우다

---

slack는 '밧줄이 늘어진 것'을 뜻한다. 'pick up the slack'은 느슨해진 밧줄을 잡아당겨 팽팽하게 하는 것을 말하며, 비유적으로 결원으로 일 처리가 지연되는 '공백 상황을 메우는 것'을 뜻한다.

예시 **Until we find a replacement for Adam, we all need to pick up the slack.**

아담의 후임자를 찾을 때까지 우리 모두가 공백을 메워야 합니다.

With Peter and Jason out of commission due to injuries, the coach has decided to call up a rookie from Triple-A to help pick up the slack.

피터와 제이슨이 부상으로 출전 명단에서 빠져서, 코치는 빈자리를 메우려고 트리플 A 리그에서 신인 선수를 차출하기로 결정했습니다.

17 pick up the pace

(운전이나 일의) 속도를 내다

움직이거나 일 하는 속도(pace)를 집어 드는(pick up) 것은 '속도를 빠르게 내다'라는 뜻이 된다.

예시 **We'd better pick up the pace if we want to finish on time.**

시간 내에 일을 끝내려면 속도를 내야겠습니다.

We're running behind schedule. Let's pick up the pace.

예정보다 늦어지고 있습니다. 속도 좀 냅시다.

Collocations

PLAY

동사 play의 기본 의미는 놀이, 게임, 스포츠를 '하다', 악기를 '연주하다'이다. 그런데 play는 타동사뿐만 아니라 자동사로도 쓰여서 "Let's play for money.(돈 내기하자.)"처럼 목적어 없이도 쓰인다. 또한 이런 기본적 의미를 벗어난 맥락에서도 play를 쓸 수 있기 때문에 다양한 명사와의 조합을 알아 보고 원어민 감각을 따라잡아 보자.

MP3 듣기

01 kid plays
아이가 놀다

play는 자동사로 '놀다'는 뜻이 있다. 말 그대로 아이들이 뛰어 놀거나 장난감을 가지고 노는 행동을 의미한다. 참고로, '위험한 일을 벌이다'라는 뜻의 '불장난하다'는 영어로 'play with fire(불을 갖고 놀다)'라고 한다.

예시 "Where's Tessa?" – "**She**'s in the backyard, **playing** in the sand box."
"테사는 어디에 있어요?" – "뒷마당에요. 모래 상자 안에서 놀고 있어요."

Sweetie, why don't **you** go **play** with toys for a minute? Mommy has to make some calls.
아가야, 잠깐 가서 장난감 갖고 놀래? 엄마 통화 좀 할게.

When Helen and I lived next door to each other, our **kids** used to **play** together a lot.
헬렌과 내가 바로 옆집에 살았을 때는 우리 아이들이 함께 자주 놀았죠.

02 play cards
카드놀이를 하다(스포츠 운동을 하다)　　; a computer game, golf, tennis...

play의 기본 의미 중 하나는 놀이, 경기, 스포츠를 '하다'이다. 가령, '카드놀이 하다'는 'play cards', '축구하다'는 'play soccer', '테니스/골프를 치다'도 'play tennis/golf'라고 한다. 그런데 'play tennis' 같은 경우는 "Do you play tennis?(테니스 하세요?)"처럼 어떤 운동을 '일상적으로 하다'라는 의미이고, "테니스 칠래요?"처럼 실제 경기를 하는 경우는 앞에 'a game of ~'를 붙여서 "Do you want to play a game of tennis?"라고 하는 것이 자연스럽다.

> ▶ 'play a game (with ~)', 'play games (with ~)'는 맥락에 따라 단순하게 '게임하다'가 아니라 '(~을) 속이려고 하다'라는 뜻이 되기도 한다. "속이려고 하지 말고 솔직히 말해라."라고 하려면 "Don't play games with me."라고 할 수 있다. "너 지금 무슨 수작을 부리고 있는 거냐?"는 "What kind of a game are you playing?"이라고 한다.

예시 "You want to **play cards**?" – "No. I'm tired of **playing cards**. Let's go outside. How about a game of mini-golf?"
"카드놀이 하는 것 어때?" – "싫어. 카드놀이는 신물이 난다. 밖에 나가자. 미니 골프 한 판 어때?"

He ditched a cushy job as a banker to **play computer games** for a living.
그는 직업적으로 컴퓨터 게임을 하려고 은행원으로서의 안락한 직업을 포기했습니다.

★ ditch ~ ~을 버리다 / for a living 직업으로, 생계로

"How about **playing a game of pool**?" – "Sure. What are we playing for? Money?"

"당구 한 판 할까?" – "좋아. 뭐 내기할 건데? 돈?"

I used to **play soccer** in school. But I wasn't good enough to make a professional team.

저는 학교 다닐 때 축구를 했어요. 하지만 프로 팀에 들어갈 만한 실력은 안 됐죠.

03 play (the) harmonica

하모니카를 연주하다

; (the) violin...

play의 기본 의미 중 하나는 악기를 '연주하다'이다. play 뒤에 악기명을 넣을 때 the를 넣거나 뺄 수 있는데, 일반적으로 악기 자체를 연주하는 맥락이라면 the를 붙이고, 전문적으로 어떤 악기를 연주한다고 말하는 맥락이라면 the를 생략한다.

예시   I learned to **play the harmonica** as a child.

저는 어릴 때 하모니카 연주하는 것을 배웠습니다.

"What line of work are you in?" – "I'm a musician. I **play violin** in a local orchestra."

"어떤 직종에 종사하시나요?" – "전 음악가입니다. 지역 오케스트라에서 바이올린을 연주합니다."

04 play a song

노래를 틀다

; music...

play는 타동사로 노래(song)나 음악(music)을 '틀다'라는 뜻으로도 쓰인다.

예시   Hey, listen. That's our song. It's **the song** they **played** at our wedding. We danced to it.

잠깐, 들어봐요. 저거 우리 노래잖아요. 우리 결혼식 때 틀어 줬던 노래요. 노래에 맞춰 우리가 춤을 췄었죠.

What's going on, Mom? You're **playing music**, and dancing. I haven't seen you dance in ages.

엄마, 무슨 일이에요? 음악을 틀고 춤추고 계시잖아요. 엄마가 춤추시는 건 오랫동안 못 봤는데.

05 music plays
노래가 나오다, 연주되다, 재생되다
; a song...

앞에서 play가 타동사로 '노래[음악]를 틀다'라는 뜻으로 쓰인다고 설명했다. 그런데 자동 사로 a song, music을 주어로 쓰면 노래나 음악이 '재생되다', '연주되다', '들리다', '방송 에서 나오다'라는 의미도 된다는 것을 아는 사람이 별로 없다. 우리말에서 '연주되다'라고 하 기 때문에 "Music is being played."처럼 수동태로 생각할 수 있는데, 자동사로도 사용 되므로 그대로 써도 된다.

예시

"Let's have a party and celebrate!" – "Good idea. I have ice cream in the fridge. Let's get **some music playing**, too."
"축하 파티하자!" – "좋은 생각이야. 냉장고에 아이스크림이 있어. 음악도 좀 틀어야지."

I heard **a song** on the radio this morning, and **it** has been **playing** in my head all day.
오늘 아침에 라디오에서 노래를 하나 들었는데, 하루 종일 머릿속에서 계속 들려요.

What's **that song playing** in the background?
[전화상에서] 지금 뒤에 틀어 놓은 노래는 뭐야?

06 someone plays (+형용사/전치사)
~가 (어떻게) 행동하다

play는 사람을 주어로 해서 자동사로 쓰면 어떻게 '행동하다(=behave)'라는 뜻이 된다. 보통 'play dirty(치사하게 행동하다, 치사한 수법을 쓰다)'처럼 〈play+형용사〉의 형태나 'play by the rules(규칙에 따라 행동하다, 규칙대로 하다)'처럼 〈play+전치사구〉의 형 태로 쓰인다. 'play by the rules'는 'play by the book'이라고도 하는데, 여기서 the book은 '법이나 규정이 담긴 책자'를 뜻한다.
〈play+형용사〉의 형태로 대화에서 많이 사용되는 표현 중에는 'play nice with ~(~ 에게 친절하게 대하다, ~와 싸우지 않다)', 'play dumb(알면서 모르는 척 시치미 떼 다)', 'play fair(페어플레이하다, 공정하게 대응하다)', 'play dead(죽은 척하다)', 'play innocent(잘못된 행동을 하고 시치미 떼다)' 등이 있다.

예시

I know you two have some history, but I want to make sure that **you**'ll **play nice** with each other as long as you're working on the same team.
자네 둘이 과거에 안 좋은 사이였던 것은 알지만, 같은 팀원으로 일하는 동안은 서로에게 친절하게 대해야 해.

"I backstabbed you? What are you talking about?" – "Don't **play dumb** (with me)."
"내가 너를 배신했다고? 뭔 소리야?" – "시치미 떼지 마."

You'd better watch your back with him. **He plays dirty** to get what he wants.

그 사람은 조심해야 해. 자기가 원하는 것을 얻기 위해서 치사한 수법을 쓰는 사람이니까.

She's straight-laced. **She** always **plays by the rules**[=book].

그녀는 곧이곧대로 하는 사람이에요. 항상 규정대로 하거든요.

07 things play out
일이 진행되다, 전개되다, 벌어지다

; that, the trial, one's plan...

things(상황, 일), the trial(재판), a plan(계획) 또는 대화에서 이미 나온 상황을 가리키는 지시대명사 that 등을 주어로 해서 play를 자동사로 쓰면, 그런 일들이 '전개되다', '진행되다'라는 뜻이 된다. 이 경우에는 항상 'play out'이라고 뒤에 out을 붙인다. 부사 out이 붙어 일이 전개되거나 벌어지는 느낌을 표현한다.

예시 Let's wait and see how **things play out** for a while. Right now, there's too much uncertainty.

한동안 상황이 어떻게 전개되는지 지켜보기로 하지요. 현재는 불확실한 것이 너무 많아요.

"Why don't we pick her up and bring her in for questioning?" – "How do you think **that**'ll **play out**? If she denies it, we'll just have to let her go because we have no evidence."

"그 여자를 체포해서 연행한 후에 취조해 보면 어떨까요?" – "그러면 어떤 일이 벌어질 것 같아? 그 여자가 부인하면 증거가 없으니 풀어 줘야 하잖아."

★ pick ~ up 체포하다 / bring ~ in ~을 경찰서에 연행하다

Since our **plan** didn't **play out** the way we wanted it to, we'll go to plan B.

우리 계획이 원했던 대로 전개되지 않아서 플랜 B를 가동해야 합니다.

08 play a role
배역을 맡다, 역할을 하다, 원인으로 작용하다

; a veteran, hero, a part...

우리말에서는 영화의 배역을 '맡다'라고 하기 때문에 take를 쓰기 쉽다. 완전히 틀린 영어는 아니지만, take를 쓴다면 보통 'take on a role'의 형태로 쓴다. 같은 말을 play를 써서 말할 수도 있는데, play에 이미 어떤 '역할을 맡다'라는 뜻이 있기 때문에 'play a role'이라고만 해도 된다.

영화에서 배역을 맡아 연기하는 의미가 확장되어 'play a role in ~'이라고 하면 '~에서 일종의 역할을 하다', '~한 일에 기여하다', '~의 원인 중 하나가 되다' 등의 뜻을 갖는다. role은 part로 바꿔 쓸 수 있고, 흔히 앞에 important, key, major(중요한) 같은 형용사를 붙여 쓸 수 있다.

또 〈play+사람명〉의 형태로 쓰면 '~역을 담당하다'라는 뜻이 확장되어 '~처럼 행동하다'라는 뜻이 된다. 가령, '영웅처럼 행동하다'는 'play hero', '남녀 사이에 다리를 놓아 사귀게 하다'는 'play matchmaker(중매쟁이처럼 행동하다)'라고 한다.

예시

According to the lab report, it's likely that food poisoning **played a role[=part]** in your father's death.
검사 보고서에 따르면 식중독이 아버님의 사망의 원인 중 하나였을 가능성이 높습니다.

"Don't blame yourself. Sometimes things just don't work out the way we hope." – "Thanks for saying that, but I know my greed **played a major part[=role]**."
"자책하지 마세요. 때로는 일이 우리가 희망하는 대로 안 풀리는 때도 있어요." – "그렇게 말씀해 주셔서 고맙습니다만, 제 탐욕이 (실패의) 중요한 이유였던 것을 압니다."

In the film, he **played (the role of) a Vietnam veteran** suffering from PTSD.
그 영화에서 그는 외상 후 스트레스 장애를 겪고 있는 베트남 참전 제대 군인 역을 맡았습니다.

Are you trying to **play matchmaker** with me and Alan?
나하고 앨런 사이에 중매쟁이 노릇 하려는 거야?

"I couldn't stand by and watch her being mistreated." – "So, you decided to **play hero** and jumped to her rescue?"
"그녀가 부당한 대접을 받는 것을 그냥 보고만 있을 수 없었어요." – "그래서 영웅이 되어서 그녀를 구해 주려 나서기로 했다는 건가요?"

09 play someone (for a fool)

~을 속이다, 이용해 먹다, 바보 취급하다

play의 목적어로 사람을 넣어서 "You played me."처럼 표현하면 "네가 나를 속였다.", "네가 나를 이용해 먹었다."라는 뜻이 된다. 악기를 연주하듯 사람을 속여 자신의 이득을 취한다는 의미이다. 뒤에 'for a fool' 같은 말을 붙이면 '나를 바보로 알고 속였다'라는 뜻이다. 대화에서는 a fool 대신 비슷한 속어 단어인 a sucker를 쓰기도 한다.

예시

"You played me." – "I played you? What are you talking about?"

"넌 나를 속였어." – "내가 널 속였다고? 뭔 말이야?"

I can't believe this. You played me for a fool.

어떻게 이럴 수 있어. 네가 날 바보 취급하다니.

10 play a trick on ~

~을 속이다, ~에게 장난질하다

; a joke, a prank...

'누구를 놀려 주거나 골탕을 먹이려고 하는 행위' 또는 '장난'을 영어에서는 a trick, a prank, a joke라고 하며, 이런 명사들과 어울리는 동사는 play이다.

'play tricks on ~'의 형태로 one's mind(~의 마음, 정신), one's brain(~의 뇌), one's eyes(~의 눈) 같은 사물을 주어로 써서 "Your mind is playing tricks on you.(너의 정신이 너를 속이고 있어.)"라고 하면 '헛것을 듣고 있다', '보고 있다', '착각하고 있다'라는 뜻이 된다. 또 one's memory를 주어로 하면 '잘못 기억하고 있다', '기억에서 혼동하고 있다'가 된다.

예시

"We were just playing a trick on Sarah." – "Yeah, but you went too far."

"우리는 그냥 사라에게 장난친 건데요." – "그래, 그렇지만 너무 나갔어."

★ go too far (언행에서) 지나치다

I'll take your word for it. But if I even get a hint you're trying to play a trick on me, this deal is off.

당신 말을 곧이곧대로 믿을게요. 그렇지만 나를 속이려는 낌새가 보이기만 해도 이 거래는 무효입니다.

We were there with you, and we saw no one in the window. Maybe your mind was playing tricks on you.

우리도 거기에 같이 있었는데, 창문에서 아무도 못 봤잖아. 네가 헛것을 본 걸 거야.

Collocations

PULL

대부분 동사 pull을 '(끌어) 당기다' 정도로만 알고 있다. 그렇지만 일상 영어에서 pull은 우리말 '당기다'와는 다른 의미로 쓰일 때가 많다. 따라서 pull의 목적어로 어울리는 명사의 종류도 훨씬 다양하다. 원어민이 아니면 잘 쓰지 못하는 'pull+명사' 조합을 알아보자.

MP3 듣기

01 pull the trigger
방아쇠를 당기다
; the cord, the curtains...

pull의 가장 기본적 의미는 '(잡아) 당기다'이다. 이런 의미로 미드에서 pull이 가장 많이 등장하는 맥락은 'pull the trigger(총의 방아쇠를 당기다)'이다. 그 외에도 rope, cord, curtain 같은 명사와 자주 어울린다. 또 '총을 꺼내 ~에게 들이대다'라는 뜻의 'pull a gun on ~'이라는 표현에서도 pull이 쓰인다. 참고로, '커튼을 열다[닫다]'는 'pull the curtains open[closed]' 또는 'open[close] the curtains'라고 하면 된다.

예시

Your honor, I'll prove that she wasn't of sound mind when she pulled the trigger.
재판장님, 저는 제 의뢰인이 방아쇠를 당겼을 때 정상적 정신 상태가 아니었음을 입증하겠습니다.

When I give the cue, pull the rope.
내가 신호를 주면 로프를 잡아 당겨요.

When the alarm went off this morning, I pulled the cord out of the wall and went back to sleep.
아침에 알람이 울렸을 때 벽에서 코드를 잡아당겨 빼고 다시 잠에 들었습니다.

Could you pull the curtains open for me?
커튼 좀 당겨 열어 줄래요?

02 pull a file
파일을 꺼내다
; records...

우리말에서 '파일을 당기다'라고 하면 이상하지만, 영어에서 'pull a file'은 파일함에서 어떤 파일을 '꺼내다', '찾아오다'라는 뜻으로 쓰인다. file 대신에 records를 쓰면 '기록을 꺼내다'라는 뜻이다.

예시

Can you pull a file for me?
파일 좀 하나 찾아 줄 수 있겠어요?

I pulled Brian's file and looked through the cases he worked on.
브라이언의 파일을 꺼내서 그가 수사했던 사건들을 쭉 살펴봤습니다.

Can you pull her medical records and see when she was diagnosed with lymphoma?
그녀의 의무 기록을 꺼내서 림프종 진단을 받은 것이 언제인지 좀 알아봐 줄래요?

We pulled his phone records for the past two months.
지난 두 달 동안 그의 통화 내역을 뽑아 봤습니다.

03 pull one's funding
자금 지원을 철회하다

우리말의 '당기다'라는 단어의 뜻과 달리, 영어에서 pull은 자금 투자나 지원 등을 '철회하다'라는 뜻으로도 쓰인다.

예시

TEC pulled their funding. My company is at the brink of going under.
TEC가 자금 지원을 철회했습니다. 회사가 파산하기 일보 직전이에요.

I just heard through the grapevine that ETW is going to **pull their support** for Anderson's campaign.
방금 ETW가 앤더슨의 선거 유세에 대한 지원을 철회할 것이라는 소문을 들었습니다.

★ hear through the grapevine 풍문으로 듣다

04 pull a stunt
깜짝쇼를 하다

'깜짝쇼'를 영어로는 a stunt라고 한다. 우리말에서는 '깜짝쇼를 벌이다'라고 하지만, 영어에서는 'pull a stunt'라고 한다. 여기서 pull은 '(어떤 안 좋은 행동을) 하다'라는 뜻으로, 이런 의미로 pull과 어울리는 다른 명사들로는 a trick(속임수), a scam/con(사기), a ~ act(~한 행동) 등이 있다.

예시

Don't you ever **pull a stunt** like that again!
다시는 이런 깜짝쇼는 하지 말아요!

If you **pull another stunt** like that, there's going to be hell to pay.
또 이런 깜짝쇼를 벌이면 진짜 큰일 날 줄 알아.

★ there'll be hell to pay 엄청난 대가를 치러야 할 거다, 가만 두지 않겠다

James **pulled a dirty trick** on me. He stole my marketing idea and pitched it to the board as his own.
제임스가 나에게 치사한 사기를 쳤어요. 내 마케팅 아이디어를 훔쳐다 이사회에서 자기 것처럼 발표했어요.

Don't **pull that innocent act** with me. I've seen it too many times.
그렇게 모르는 척하지 말아요. 그런 수작은 이미 여러 번 봤으니까.

She's **pulling a scam** on you.
그녀가 당신에게 사기치고 있는 거예요.

05 pull a muscle
근육을 다치다

우리말에서는 근육(muscle)을 '다치다'라고 하지만 영어에서는 pull을 쓴다. 참고로 근육에 조금 무리가 간 정도는 'tweak a muscle'이라고 한다. 가령, "근육에 조금 무리가 간 것 같아."는 "I think I just tweaked a muscle or something."이라고 한다.

예시 I think I **pulled a muscle** in my thigh. I have difficulty walking, and it hurts when I put pressure on it.
허벅지 근육을 다친 것 같아요. 걷기가 힘들고, 허벅지에 힘을 주면 아파요.

"My back's been sore all morning." – "Maybe you **pulled a muscle** working out yesterday."
"아침 내내 허리가 아파." – "어제 운동하다 근육을 다쳤나 보네."

06 pull an all-nighter
밤샘하다

; a night shift...

'(일이나 공부를 하려고) 밤샘하다'는 'study[work] all night'이라고 한다. 이 표현의 all night을 이용하여 영어에서 '밤샘하기'를 an all-nighter라고 하고, 동사 pull을 함께 쓴다. 비슷한 맥락에서 pull과 어울리는 다른 명사로는 shift(교대 근무)를 들 수 있다. '야간 근무하다'는 'pull a night shift'라고 한다. 이 경우 pull 대신에 work를 써도 좋다. 참고로 '연속 근무'는 'a double shift', '심야 근무'는 'the graveyard shift', '추가 근무'는 'an extra shift'라고 한다.

예시 "You sound tired." – "I just **pulled an all-nighter** at the station."
[전화상에서] "목소리가 피곤하게 들리네." – "경찰서에서 방금 야간 근무를 하고 왔어."

I might even have to **pull an all-nighter**. So, don't wait up.
어쩌면 밤샘 근무를 해야 할지도 몰라요. 그러니까 기다리지 말고 먼저 자요.

Someone called in sick. So, I'm **pulling**[=working] **an extra shift** tonight.
직원 한 명이 아프다고 출근을 안 했어. 그래서 오늘 밤에 추가 근무를 할 거야.

★ call in sick 전화해서 아프다고 하고 결근하다

Vida couldn't come. She's stuck at the hospital, **pulling** [=working] **the graveyard shift**.
바이다가 오지 못했어요. 심야 근무하느라 병원에 묶여 있어요.

286

07 pull rank
상급자의 권위를 내세우다

군대나 조직의 상급자가 계급(rank)이나 직책이 높은 것을 들어 다른 사람에게 명령에 따르게 하는 것을 영어로는 'pull rank'라고 한다. 여기서 pull은 권위 같은 것을 '내세우다(=evoke)'라는 의미를 담고 있다.

예시 **I don't want to pull rank, but I'm the CEO of this company. So, what I say goes.**
내가 서열이 높은 것을 내세우려는 것은 아니지만, 나는 이 회사 대표예요. 그러니 내 말을 따르요.

"Are you pulling rank on me?" – "No. I'm not pulling anything on you."
"지금 나보다 상급자인 것을 내세우는 건가요?" – "내세우는 것 아무 것도 없어요."

08 pull punches
때리는 척하며 때리지 않다, 순화해서 말하다

주먹으로 때리는 동작을 하면서 실제로는 때리지 않거나, 힘을 빼고 때리는 경우를 영어에서는 'pull punches(펀치를 당기다)'라고 한다. 일상 대화에서는 이를 비유적으로 써서 안 좋은 소식을 전하거나 상대방을 비판할 때 '순화해서 말하다'라는 뜻으로 쓰는데, 보통 not을 붙여서 '순화하지 않고 있는 그대로 또는 생각하는 대로 말하다'라고 훨씬 많이 쓴다.

예시 **Don't pull any punches. Tell me exactly what you think. I can take criticism.**
말을 부드럽게 하려고 신경 쓰지 마. 생각하는 대로 말해 줘. 타인의 비판을 수용 못하는 사람은 아니니까.

09 pull strings
백을 쓰다

아는 사람을 통해서 어떤 편의를 제공받는 것을 '백을 쓴다'라고 하는데, 영어에서는 'pull strings(끈을 당기다)'라고 한다. 인형극을 할 때 무대 위에서 끈으로 인형을 움직이는 상황에서 유래된 표현이나.

예시 **Dr. Forrester has a long waiting list of patients, so I pulled strings to get him to take your case.**
포레스터 박사는 대기 환자가 매우 많아요. 그래서 백을 써서 당신 치료를 맡도록 했어요.

10 pull the plug on ~

~을 중단하다

이 표현은 콘센트에 꽂혀 있는 기기의 플러그를 빼는 행동에 빗댄 것으로, 자금 지원을 중단해서 어떤 일이 시작되거나 계속되지 못하게 중단시킨다는 뜻으로 쓴다.

예시 **The new CEO has pulled the plug on several projects that have been bleeding money.**

새로 임명된 CEO는 계속 손실을 보고 있던 몇 개의 사업을 중단시켰습니다.

★ bleed money[cash] 재정적으로 큰 손실을 보다

This whole deal smells fishy. I'm pulling the plug on it.

이 거래에 뭔가 수상한 데가 있어요. 그래서 저는 거래를 중단할 겁니다.

★ smell fishy 수상한 점이 있다

술이 당기다

alcohol pulls (X)
have a craving for alcohol (O)

우리말에서는 어떤 음식이 갑자기 먹거나 마시고 싶을 때 '~이 당기다'라고 한다. 이를 직역해서 pull을 쓰면 콩글리시가 된다. 이런 맥락에서 쓰는 영어 표현은 'have a craving for ~'이다. craving은 무엇에 대한 '갈망', '욕구'라는 뜻이고, 흔히 craving 앞에 sudden(갑작스러운), major/strong(강한) 같은 형용사를 붙여 쓴다.

ex **I'd been on the wagon for over a month. But yesterday I had such a strong craving for alcohol I couldn't help giving in.**

한 달 넘게 금주를 하고 있었는데, 어제 얼마나 술이 당기던지 어쩔 수 없이 포기했어.

★ on the wagon 금주 중인

I have a sudden craving for Vietnamese food. Let's order in from that place on Charles Street.

갑자기 베트남 음식이 당기네. 찰스 가에 있는 그 식당에서 배달시켜 먹자.

PUT

동사 put은 기본적으로 어디에 무엇을 '놓다', '넣다', '얹다'라는 의미를 갖고 있다. 이 의미에서 put의 목적어로 쓸 수 있는 명사들은 대부분 사물이다. 그런데 put은 이런 사물 외에 life(인생), time(시간), faith(신뢰), a wedding(결혼식) 등과 같은 다양한 명사들과도 조합을 이룬다. 원어민처럼 다채롭게 put을 사용할 수 있도록 다양한 용법을 알아보자.

MP3 듣기

01 put one's hand (on ~)
(~ 위에) 손을 놓다, 얹다

; gun, signature, these, them...

put의 기본적인 의미 중 하나는 어디에 무엇을 '놓다'이다. put의 의미상 뒤에 오는 명사 목적어 뒤에는 반드시 there(거기), here(여기), 'on the table(탁자 위에)', 'on the ground(땅 위에)' 같은 장소를 나타내는 부사나 전치사구가 따라온다. put 대신에 좀 더 조심스럽게 놓는 의미로 place를 쓸 수도 있다.

'놓다'라는 의미의 put과 어울릴 수 있는 명사는 거의 모든 사물이 해당된다. 또, 이런 사물들을 가리키는 these, those, it, them 같은 대명사들도 쓸 수 있다.

영어에서는 '서명하다'도 'put a signature(서명을 놓다)'라고 한다.

예시
Put[=Place] your hand on the Bible. Raise your right hand.
[법정에서 증인 선서할 때] 성경책 위에 손을 얹고 오른손을 드세요.

Put[=Place] your gun on the ground and step back.
총을 바닥에 내려놓고 뒤로 물러나.

"Where do you want me to **put these**?" – "Just **put[=place] them on** the desk."
"이것들은 어디에 놓을까요?" – "그냥 책상 위에 놔 주세요."

02 put money (in ~)
(~ 안에) 돈을 넣다

; a car, popcorn, them...

물건을 넣는 장소가 공간 안쪽인 경우에 put은 우리말에서 '넣다'가 된다. 이 경우 put과 어울리는 명사는 계좌에 들어가는 money(돈)처럼 어떤 것 안에 넣을 수 있는 모든 사물이 가능하다. 이런 사물들을 가리키는 these, those, it, them 같은 대명사들도 쓸 수 있다.

예시
Did you **put money in** the parking meter?
주차 미터기에 돈 넣었어요?

I've **put some money in** your account.
당신 계좌에 돈을 조금 넣었어요.

I'll **put the car in** the garage.
차를 차고에 넣고 올게요.

I just **put popcorn in** the microwave.
방금 전자레인지에 팝콘을 넣었어요.

Jack, can you take those bags upstairs and **put them in** the closet?
잭, 저 가방들을 위층으로 가져가서 옷장에 넣어 줄래?

03 put a statement out
성명서를 내다
; a press release, a book, food...

사물을 밖에 놓는 의미로 put을 쓸 경우에는 우리말로는 '내다', '내놓다'가 된다. 이런 의미로는 a statement(성명서), a press release(보도문), a book(책), food(음식) 같은 명사들이 자주 사용된다.

예시

DATACOM put out a press release announcing that its CEO, Paul Taylor, is stepping down as of tomorrow.
데이터콤은 대표이사 폴 테일러가 내일 자로 사임한다는 내용의 보도문을 냈습니다.

She **put out a new book** titled *The Joys of Country Living*.
그녀는 '시골 생활의 즐거움'이라는 제목의 새 책을 내놓았습니다.

We'll make a big pot of coffee and **put out some snacks and drinks**.
커피 한 주전자를 새로 끓이고 간식거리와 음료를 내놓을 겁니다.

04 put effort into ~
~에 노력하다, ~에 노력을 투자하다
; time, energy...

보통 effort(노력)와 짝을 이루는 영어 동사는 make이지만, put도 effort와 어울려 "I put a lot of effort into this research.(이 연구에 많은 노력을 투자했다.)", "If we both put in a little more effort, things will get better.(우리 둘이 조금만 더 노력하면 상황이 좋아질 거다.)", "You have to be willing to put forth an effort.(노력을 하려는 의지가 있어야 한다.)"처럼 자주 사용한다. 즉, 무엇을 위해 노력하는지를 표현하려면 'put effort into ~' 뒤에 명사나 -ing를 넣어 표현하고, 그렇지 않은 경우에는 'put in effort'나 'put forth an effort'의 형태로 쓴다.
'put effort into ~'처럼 어떤 것에 무엇을 '투자하다', '기울이다'라는 맥락에서 쓰이는 다른 명사로는 time(시간), energy(에너지) 등이 있다. 물론, 돈(money)을 투자한다는 의미로도 쓸 수 있다. 우리말의 '넣다', '놓다'는 이런 식으로 사용하지 않기 때문에 직역식 영어로는 쉽게 생각하기 어려운 표현 방식이다.

▶ 참고로 'put in hours(시간을 안에 넣다)'라고 하면 '~ 시간 근무하다'는 뜻이 된다.

예시

We're **putting every effort into** trying to find out what went wrong.
어떤 문제가 있었는지 알아내기 위하여 최선의 노력을 다하고 있습니다.

I'm sorry, Jack. I know how much **effort** you **put into** trying to save this company.
뭐라 위로해야 할지 모르겠네, 잭. 자네가 이 회사를 살리려고 얼마나 노력했는지 알아.

They **put forth a great effort** but were unable to turn the game around.

그들은 노력을 많이 했지만 게임을 뒤집지는 못했습니다.

I've **put a lot of time and energy into** building this company. I can't let it fall apart.

이 회사를 키우는 데 많은 시간과 에너지를 투자했어요. 회사가 무너지게 내버려 둘 수 없어요.

I **put in 80 hours** at work last week.

지난주에 저는 직장에서 80시간을 근무했습니다.

05 put an end[a stop] (to ~)

(~을) 끝내다, 종식시키다, 막다

무엇을 '끝내다', '종식시키다'라는 뜻의 end라는 동사를 써도 되지만, 또 다른 방법은 end 를 명사로 써서 동사 put과 함께 'put an end to ~(~에 종식을 놓다)'처럼 표현할 수 있다. 비슷한 맥락에서 stop을 명사로 써서 'put a stop to ~'라고 하면 '~을 끝내다', '막다'라는 뜻이 된다.

예시 There's a lot of corruption in this organization, and I intend to **put an end to** it.

이 기관에는 부패가 만연해 있습니다. 저는 그런 부패를 종식시킬 생각입니다.

He's just using her to make money. Somebody has to **put a stop to** it.

그는 그녀를 돈벌이로 이용하고 있을 뿐이에요. 누군가가 더 이상 그렇게 하지 못하게 막아야 합니다.

06 put a rush (on ~)

(~을) 급행으로 처리하다

영어에서 rush는 '서두르다'라는 동사 의미 외에 '급하게 하기'라는 뜻의 명사로도 쓰인다. 명사 rush는 put과 어울려 'put a rush on ~'이라는 형태로 '~을 특별히 빨리 처리하다', '~을 급행으로 처리하다'라는 뜻으로 쓰인다.

예시 "How long will it take to get the test results back?" – "I **put a rush on** them, but it could still take a couple of days."

"검사 결과를 받는 데 얼마나 걸릴까요?" – "급행으로 처리해 달라고 하긴 했지만 2~3일은 걸릴 겁니다."

"Can I **put a rush on** my order?" – "Yes. Just choose 'Expedited Shipping' during checkout."

"주문을 특별히 빨리 받을 수 있나요?" – "네. 결재하실 때 '신속 배송'을 선택하세요."

07 put faith[trust] (in ~)
(~을) 신뢰하다, 믿다

우리말의 '놓다', '넣다'와 달리 영어에서는 faith(믿음), trust(신뢰) 같은 명사도 put의 목적어로 쓴다. 'put faith in ~(~ 안에 신뢰를 넣다)'이라고 하면 '~을 신뢰하다'가 된다.

예시 Della and I have been close friends for over twenty years. I **put a lot of faith in** what she says.
델라와 난 20년지기예요. 델라가 하는 말을 저는 전적으로 신뢰합니다.

I need you to **put your trust in** me. I promise I'll do everything within my power to help your family keep your home.
나를 믿어 줘야 해요. 모든 수단을 동원해서 당신 가족이 집을 잃지 않도록 도와주겠다고 약속할게요.

08 put weight on ~
~에 힘을 주다, 압박을 가하다
; pressure...

우리말에서는 발목을 다쳤을 때 "발에 너무 힘을 주지 마세요."라고 한다. 이를 직역해서 "Don't give power ~." 식으로 말하면 완전히 콩글리시가 된다. 이런 맥락에서 힘은 weight(무게)라고 하며, 동사 put과 짝을 이루어 "Don't put too much weight on your ankle."이라고 한다. 우리말에서는 '발목 위에 무게를 놓다'라고 하지 않으니까 직역식으로는 생각하면 어려운 표현이다. 같은 맥락에서 '압박하다', '압력을 가하다', '힘을 주어 누르다'도 'put pressure on ~(~ 위에 압력을 놓다)'이라고 한다.

예시 "I think I twisted my ankle." – "Okay. Don't try to get up. Don't **put any weight on** it. I'll go get some ice."
"나 발목을 삔 것 같아." – "알았어. 일어서려고 하지 마. 발목에 힘을 주면 안 돼. 가서 얼음 가져 올게."

I'm not saying this to **put pressure on** you, but I need to know if you want to participate in the T Project by the end of this week.
압박하려고 이 말을 하는 것은 아니지만, T 프로젝트에 참여할 건지 이번 주말까지 알려 줘야 해요.

You keep **putting**[=applying] **pressure on** the wound. I'll go find help.
상처 부위를 계속 누르고 있어요. 내가 가서 도와줄 사람을 구해 올 테니까.

09 put things into perspective
상황을 보는 관점이 달라지다

; one's life, the problem...

우리말의 '놓다', '넣다'와 달리 영어 put은 things(일, 상황) 같은 명사도 목적어로 쓴다. 'put things into perspective(상황을 관점 안에 넣다)'라고 하면 '상황을 다른 관점에서 새롭게 보게 해 주다'라는 뜻이 된다. 이런 맥락에서 life(인생), the problem(그 문제) 같은 명사도 put의 목적어로 쓴다.

예시

Losing a loved one can put things in perspective.
사랑하는 가족을 잃게 되면 세상을 다시 생각하게 되죠.

Weeks of hiking the desert trail put my life into perspective.
몇 주 동안 그 사막 코스를 하이킹하고 나니 인생을 보는 눈이 달라졌습니다.

10 put a team together
팀을 조직하다, 짜다, 만들다

; a conference...

우리말에서는 '팀을 놓다', '넣다'라고 하지 않지만, 영어에서는 team도 put과 어울려 쓸 수 있다. 'put together a team' 또는 'put a team together'라고 하면 '팀을 조직하다', '짜다', '만들다'라는 organize의 의미를 갖는다. 이런 맥락에서 put과 자주 어울리는 명사로는 a group(그룹), a conference(회의), a party(파티), a menu(메뉴), a project(프로젝트), a list(목록, 명단), a resume(이력서) 같은 명사들이 있다. 명사에 따라 우리말로 '준비하다'라고 번역되기도 한다.

예시

I'm going to schedule an operating room and put a team together so we can operate as soon as possible.
수술실을 예약하고 팀을 짜서 가능한 한 빨리 수술에 들어가도록 하겠습니다.

Let's get some new recipes and put together a new menu.
새로운 요리법을 구해서 새로운 메뉴를 짜 보자고.

My team is putting together a new metaverse game **project**.
우리 팀은 새로운 메타버스 게임 프로젝트를 준비 중이에요.

I've put together a list of people to invite.
초대할 사람들 명단을 짜 봤어요.

I need all of you to help me put together a party for Friday.
모두 금요일 파티를 준비하는 거 도와줘야 해.

11 put things[the pieces] together
상황을 파악하다

위에서 언급한 'put ~ together' 구문은 조각을 '짜 맞추다'라는 뜻으로도 쓰인다. 이런 맥락에서 'put things together(상황을 함께 놓다)'이나 'put the pieces together(조각을 함께 놓다)'은 '여러 정보를 연결하고 종합해서 상황을 파악하다'라는 의미로 사용된다. 참고로, 'put two and two together'도 같은 의미를 가진 관용구이며, 대화에서 자주 사용된다.

예시 I'm still trying to **put the pieces together** on this case.
아직 이 사건의 상황을 파악하려고 노력하는 중이야.

It's a matter of time before they **put things together** and take action to scuttle our plan.
그쪽에서 상황을 파악하고 우리 계획을 무산시키려고 대책을 취하는 것은 시간문제입니다.

I eventually **put two and two together** and figured she was a scammer.
궁극적으로 정보를 종합해서 그녀가 사기꾼이란 것을 알아냈지요.

12 put a bike together
자전거를 조립하다
; a model airplane, a cabinet, a cradle...

앞서 설명한 'put ~ together(~을 함께 놓다)'은 '~을 조립하다'라는 뜻으로도 쓰인다. 따라서 '자전거를 조립하다'는 'put a bike together' 또는 'put together a bike'라고 한다. 이런 맥락에서 a model airplane(모델 비행기), a cabinet(캐비닛), a cradle(아기 침대) 등 조립하는 모든 물건을 put의 목적어로 쓸 수 있다.

예시 I can't believe Bobby **put together the bike** on his own.
바비가 혼자 저 자전거를 조립했다니 믿어지지 않네요.

Do you want me to help you **put together the model airplane**?
모형 비행기 조립하는 것 도와줄까?

13 put the wedding off
결혼식을 미루다, 연기하다

우리말에서는 결혼식(wedding)을 어디에 '놓다'라고 하지 않지만, 영어에서 put은 wedding과도 어울려 쓰인다. 'put the wedding off(결혼식을 떨어뜨려 놓다)'라고 하면 '결혼식을 연기하다'라는 뜻이 된다. 'put off the wedding'이라고 해도 된다. 이런 맥락에서 put과 자주 어울리는 명사는 a trip(여행), a discussion(논의), a meeting(회의) 등이 있다.

예시

All things considered, it'd be better if we **put the wedding off** until spring.
전반적인 상황을 고려해 봤을 때 결혼식을 봄까지 미루는 것이 좋겠네요.

I'm going to **put off my trip** to Europe for a few weeks.
유럽 출장을 몇 주 연기할 겁니다.

Let's **put this discussion off** until the next session.
이 논의는 다음 회기까지 미루도록 합시다.

We can't **put the meeting off** indefinitely.
회의를 무한히 연기할 수는 없습니다.

14 put one's life on hold
(정상적인) 생활을 보류하다

우리말에서는 인생(life)을 어디에 '놓다', '넣다'라고 표현하지 않지만, 영어에서는 life도 put의 목적어로 써서 'put one's life on hold'라고 표현할 수 있다. 여기서 'on hold'는 '잠시 중단된', '보류된'이라는 뜻으로, 'put one's life on hold'는 '정상적인 생활을 추구하는 것을 잠시 중단하다'라는 뜻이 된다. 가족의 병간호를 위해 직장을 쉬거나 학업을 중단할 경우 이런 표현을 쓸 수 있다.

이런 맥락에서 put은 things(일, 상황), one's dreams(자신의 꿈), one's future(자신의 미래), one's career(자신의 커리어) 같은 명사와 어울려 쓰인다.

예시

I don't want you to **put your life on hold** for me. I can take care of myself.
나 때문에 네 인생에 지장이 생기는 것을 원하지 않아. 나 혼자 지낼 수 있어.

There's too much uncertainty right now. I think it's best if we **put things on hold** for a while.
지금 불확실한 것이 너무 많아요. 잠시 상황을 동결하는 것이 좋겠습니다.

I had to **put my dreams on hold** to get a job and save money.
직장을 갖고 돈을 저축하기 위하여 내 꿈을 실현하는 것을 잠시 보류해야 했습니다.

15 put one's affairs in order
일상사를 정리하다

우리말에서는 자신이 하는 일(affairs)을 어디에 '놓다'라고 하지 않지만, 영어의 경우는 affair를 put의 목적어로 쓴다. 'put ~ in order(~을 질서 안에 놓다)'는 '~을 정리하다'라는 의미로, one's affairs(~의 일, 일상사)를 목적어로 쓰면 죽을 날이 얼마 남지 않은 사람이 '인생을 정리하다'라는 뜻이 된다. 이런 맥락에서 one's life(자신의 인생), things(일, 상황) 같은 명사도 put과 짝을 이룬다.

> ▷ in order는 기본적으로 '정리된', '준비된'의 의미를 갖고 있다. 가령, 어떤 신청에 필요한 "모든 서류들이 다 갖춰졌다."는 "All the paperwork is in order." 또는 "I have all the paperwork in order."이라고 한다.

예시

He was diagnosed with a terminal illness and advised to start putting his affairs in order.
그는 불치병 진단을 받고 인생 정리를 시작하라는 권고를 받았습니다.

I need some time off to put my life in order.
내 인생을 정리할 시간이 필요해요.

Collocations

Verb 32

RAISE

동사 raise는 타동사로만 쓰이며, 기본 의미는 '~을 올리다'이다. 그렇지만 원어민들은 raise를 다른 맥락에서도 사용하기 때문에 기본 의미만 알고 있다면 사실상 이 동사를 모르는 것이나 마찬가지다. 원어민들은 raise를 어떤 맥락에서 주로 사용하는지 알아보자.

MP3 듣기

01 raise something

~을 들다, (국기 등)을 게양하다, ~을 올리다 ; one's hand, a flag, a glass...

raise의 기본 의미는 '무엇을 (위로) 올리다'로, 뒤에 오는 목적어에 따라 '손을 들다', '국기를 게양하다', '잔을 들어 올리다'처럼 우리말에서는 해석이 조금씩 달라진다.

'raise one's hand'는 단순히 '~의 손을 들다'이지만, 'raise a hand'라고 hand 앞에 a를 붙이고 뒤에 전치사 to나 against를 넣으면 '~을 때리다', '~에게 손찌검하다'라는 뜻이 된다. 가령, "난 절대 내 아이에게 손찌검을 하지 않아요."는 "I never raise a hand to[=against] my own child."라고 한다.

예시 **All in favor of funding a new science center. Please raise your hands.**

새로운 과학관 설립에 예산을 지원하는 것에 찬성하는 분들. 손 드세요.

★ in favor of ~ ~에 찬성하는

The Secretary of State visited the capital to raise[=hoist] the Stars and Stripes over a restored American embassy.

국무장관은 수복된 미 대사관저에 국기를 게양하기 위하여 그 도시를 방문했습니다.

★ the Stars and Stripes 미국 국기

Raise your glasses so we can toast.

건배하게 다들 잔을 드세요.

02 raise children

아이들을 키우다 ; a family, him, me...

'올리다'라는 raise의 기본 의미가 확장되어 '(아이를) 키우다'라는 뜻으로도 쓰인다. 이런 의미에서 raise 뒤에 오는 명사로는 a child(아이), a baby(아기), my son(나의 아들), 또는 이런 단어를 받는 대명사 him, me 같은 것들이 있다. 또 'raise a family'처럼 family도 자주 등장하는데, 여기서 family(가족)는 '아이들'을 뜻한다. '키우다'라는 의미의 격식체 단어로 rear가 있고, 'bring ~ up'이라는 구동사도 있으니 함께 기억해 두자.

raise는 사람뿐만 아니라 pigs(돼지), cows(소) 같은 사육용 동물을 키운다고 할 때도 쓸 수 있다. 그렇지만 dogs(개), cats(고양이) 같은 반려동물(pet)에는 쓰지 않는다.

예시 **Over the years, this neighborhood has become a slum and is not a good environment to raise children.**

지난 몇 년간 이 동네는 빈민가화 되어서 아이들을 키우기에 좋은 환경이 아닙니다.

I love him, but I'm not sure if I'm ready to settle down and raise a family, yet.

난 그를 사랑하지만, 결혼하고 정착해서 아이를 키울 준비가 되었는지 확신이 없어요.

Justin is a fine young man, well-mannered, sensible, and smart. You've done a great job of **raising him**.

저스틴은 매너 좋고, 분별력 있고, 똑똑한, 훌륭한 젊은이예요. 아드님을 참 잘 키우셨습니다.

My parents **raised me** to believe that I can be anything I want to be.

저희 부모님은 제가 원하는 것은 뭐든지 될 수 있다고 믿도록 저를 키우셨습니다.

03 raise money
돈[기금]을 마련하다
; funds, capital...

대화에서 raise가 가장 많이 쓰이는 맥락 중에 하나가 돈이나 자금을 '마련하다'라는 뜻이다. 이런 의미의 raise와 어울리는 명사들로는 money(돈), funds(자금, 돈), capital(자본) 등이 있다.

예시
Crowdfunding might be a good way to **raise money**[=capital] to start a business or launch a product.

크라우드펀딩은 새 사업을 시작하거나 신제품을 출시할 때 필요한 자금을 마련하는 좋은 방법일 수 있습니다.

The doctor says Cathy needs surgery, and we're trying to **raise the money** to pay for her operation.

의사가 캐시에게 수술을 받아야 한다고 해서, 수술비를 지불할 돈을 마련하려고 노력 중입니다.

We're putting together a yard sale to **raise funds** for war refugees.

우리는 전쟁 난민들을 위한 기금을 마련하기 위하여 야드 세일을 준비하고 있습니다.

04 raise my voice (to ~)
(화가 나서 ~에게) 소리치다, 목청을 높이다

화가 나서 '목소리를 높이다'라고 할 때 increase 같은 동사를 쓰면 엉터리 영어가 된다. 이 경우에는 동사 raise를 쓴다. yell(소리치다)과 비슷한 의미이다.

예시
I'm sorry I **raised my voice**. I know you're trying to help.

소리쳐서 미안해요. 당신이 날 도와주려 하는 것 알아요.

Please don't **raise your voice to** me. I know you're upset, but you need to keep a level head if you're going to want to come out of this unscathed.

내게 소리치지 말아요. 언짢은 것은 이해하지만, 이 상황을 무사히 넘기려면 냉정해야 합니다.

05 raise questions
의문을 제기하다, 의심스럽다

; doubts, concerns...

의문이나 질문(question)을 '제기하다'라고 할 때 동사 raise를 쓸 수 있다. 이 경우, 주어가 사람이 되면 그 사람이 '의문을 제기하다'가 되고, 주어가 상황이 되면 그것 때문에 '의문스럽다'라는 뜻이 된다. questions 대신에 doubts를 써도 좋다. 'raise concerns'라고 하면 '우려를 표하다'는 뜻이 된다.

예시
Jack raised some questions about Tim's job performance, and I have some issues of my own.
잭이 팀의 업무 능력에 관하여 의문을 제기했는데, 나도 몇 가지 의문스러운 점이 있습니다.

The way he's been going behind my back raises some serious questions about how straight up he is.
그가 나 몰래 여러 일을 벌이고 있는 것을 보면 그가 얼마나 정직한지 의심스럽습니다.

★ go behind one's back 몰래 행동하다 / straight up 정직한

The recent accident raised questions about the city's traffic safety system.
최근의 그 사고로 도시의 교통 안전 시스템에 대하여 의문이 제기되었습니다.

06 raise suspicion
의심을 사다, 의심하게 만들다

어떤 행동이 다른 사람의 의심(suspicion)을 '사다' 또는 다른 사람들로 하여금 '의심을 갖게 하다'라는 뜻을 표현할 때도 raise를 쓴다.
앞의 'raise questions'와 비슷해 보이지만, 'raise questions'는 확신(confidence)이 흔들리는 상황이고, 후자는 의심(doubt)을 갖게 하는 상황이다.

예시
The Feds are watching us. Don't do anything to raise suspicion. Lay low for a while.
연방 정부에서 우리를 감시하고 있어. 의심 살 행동을 하지 마. 당분간 눈에 띄지 말라고.

"What if I call Barbara and ask where her husband is now?" – "No. That's going to raise suspicion."
"바바라에게 전화해서 지금 남편이 어디 있냐고 물어보면 어떨까?" – "아니. 수상하다고 생각할 거야."

07 raise awareness (for/of/about ~)

(~에 대한) 인식을 제고하다

인식(awareness)을 '제고하다'라는 표현은 우리말에서도 자주 쓰이는데, 보통 떠올릴 수 있는 동사는 increase일 것이다. increase, heighten 같은 동사를 써도 틀리지는 않지만, 대화에서 원어민들은 압도적으로 raise를 많이 사용한다. 'raise awareness'처럼 awareness를 바로 붙여 써도 되고, 'raise people's awareness of ~(~에 대한 사람들의 인식을 높이다)'처럼 써도 된다.

예시

We're organizing a campaign to **raise awareness for** children in poverty.

저희는 빈곤 속 아이들에 대한 의식을 제고하는 캠페인을 준비하고 있습니다.

Maybe we can start a school club to **raise awareness for** this issue.

이 문제에 대한 인식을 높이기 위하여 학교 동아리를 하나 만드는 게 좋겠어.

08 raise one's spirits

~의 기분을 풀어 주다, 기운이 나게 해 주다

영어에서 spirit(영혼)을 복수형으로 써서 'one's spirits'라고 하면 '기분(=mood)'이 된다. 이런 의미의 spirits를 목적어로 써서 '기분을 좋게 하다', '기분을 풀어 주다', 의기소침한 사람을 '기운 나게 해 주다'라는 뜻을 만들 수 있는데, 동사는 raise나 lift를 쓴다. 실제 대화에서는 raise보다 lift가 더 많이 쓰인다.

예시

I know just the thing to **raise**[=lift] **your spirits**. How about we go on a shopping spree?

네 기분을 풀어 줄 확실한 방법을 알고 있어. 우리 한바탕 쇼핑이나 하는 것 어때?

That sounds like postpartum depression. You could do something to **raise**[=lift] **her spirits**.

듣고 보니 산후우울증 같네요. 아내분의 기운을 북돋워 주기 위해서 뭔가를 해 보시죠.

09 raise one's hopes
기대를 갖게 하다

누구로 하여금 '기대를 갖게 하다'라는 말을 영어로 직역하면 'make someone have expectations'처럼 되지만, 이는 완전히 콩글리시이다. 원어민들은 'raise+hopes'의 조합을 써서 'raise one's hopes(~의 희망을 올리다)'라고 한다. 또는 'get one's hopes up'이라고도 한다. 'raise false hopes(가짜 희망을 올리다)'라는 표현도 자주 쓰이는데, '헛된 희망을 갖게 하다'라는 뜻이다.

예시

The procedure may work, but there's also a chance it won't. So, we don't want to **raise her hopes**[=get her hopes up] and disappoint her.
그 수술이 효과가 있을 수 있지만, 안 그럴 가능성도 있습니다. 그래서 기대를 부풀렸다 실망시키는 일을 피하려는 거지요.

I don't want to **raise**[=give] **false hopes**, but things may not be as bad as they seem.
헛된 기대를 갖게 하려는 것은 아니지만, 상황이 생각하는 것처럼 비관적이지는 않을 수 있어.

10 raise hell
난리치다, 강하게 항의하다

'raise hell'을 직역하면 '지옥을 들어 올리다'가 되는데, 실제 뜻은 소리 지르며 시끄럽게 '난리치다', '강하게 항의하다(=protest strongly)'라는 의미로 쓰인다.

예시

My boss will **raise hell** if I come back empty-handed.
내가 빈손으로 돌아가면 사장님이 난리치실 겁니다.

The residents **raised hell** about the decision to close the community pool.
그곳 주민들은 공동 수영장을 폐쇄하려는 결정에 강력하게 항의했습니다.

11 raise the stakes
판돈을 올리다, 더 공격적으로 나가다, 더 큰 도박을 하다

---

stakes는 포커 도박의 '판돈'이라는 뜻으로, 'raise the stakes'의 직역은 '판돈을 올리다'이고, 실제 포커 게임에서 자주 쓰인다. 관용적으로는 '위험을 안고 더 공격적으로 나가다', '더 과감한 대책을 취하다'라는 의미로 확장해서 쓰인다.

예시 **You want to raise the stakes to five bucks?**
판돈을 5달러로 올릴까?

You're going to raise the stakes until I back down? Well, I've got news for you. It won't happen.
내가 물러설 때까지 계속 더 강수를 둘 거야? 분명히 말해 둘게. 그런 일은 절대 없을 거야.

The President is raising the stakes to fight climate change.
대통령은 기후 변화에 대처하기 위하여 더 과격한 대책을 들고 나왔습니다.

12 raise (a few) eyebrows
사람들을 경악하게 만들다, 눈살을 찌푸리게 하다

"She raised her eyebrows."는 "그녀는 눈썹을 치켜올렸다."인데, 주어로 사람 대신에 어떤 행동 묘사를 쓰고 'raise eyebrows'라고 하면 그런 행동이 다른 사람들로 하여금 '놀라게 하다', '경악하게 만들다', '눈살을 찌푸리게 하다'라는 뜻이 된다.

예시 **If you keep splurging on luxury items like you are now, it's going to raise eyebrows.**
당신이 지금처럼 사치품에 계속해서 돈을 많이 쓰면, 사람들이 의아하게 생각할 겁니다.

★ splurge on ~ ~에 큰돈을 쓰다, 돈을 펑펑 쓰다

Going to church in that outfit is sure to raise a few eyebrows.
교회에 그런 옷을 입고 가면 분명히 사람들이 놀라 쳐다볼 거야.

고양이를 키우다

raise a cat (X)

have a cat / own a cat (O)

앞에서 언급했지만 개나 고양이 같은 애완동물을 '키우다'라고 할 때 grow나 raise 같은 동사를 쓰면 틀린 영어가 된다. 이 경우에는 have, keep, own과 같은 '소유하다'라는 뜻의 동사를 써야 한다. 다만, horses, cows, pigs 같은 가축을 키운다고 할 때는 raise를 쓸 수 있다.

ex We **have two dogs**, a German rottweiler, and a relative new-comer, a Yorkshire terrier.

저희는 개를 두 마리 키우고 있는데, 독일계 로트와일러와 좀 더 나중에 입양한 요크셔테리어입니다.

Have you ever **had**[=owned] **a cat**?

고양이 키워 보신 적 있으세요?

Max is a sheepdog. I've **had him** since he was a puppy.

맥스는 양치기 개입니다. 강아지 때부터 키웠죠.

REPAIR

동사 repair는 대부분 고장 난 물건을 '수리하다'라는 뜻으로만 알고 있다. 그렇지만 우리말의 '수리하다'와 달리 원어민들은 repair를 소원해진 인간 관계(relationship)나 무형의 피해(damage), 손상된 인체 장기를 복원하거나 복구한다는 뜻으로도 쓴다. 우리말식 사고로는 쓸 수 없는 repair의 다양한 용법들을 알아보자.

MP3 듣기

01 repair a roof
지붕을 수리하다

; a system, one's car...

repair의 기본적인 의미는 고장 난 물건을 '수리하다'이다. car(자동차), watch(시계) 같은 기계 장치뿐만 아니라 roof(지붕) 같은 집안 구조물, desk(책상) 같은 가구, system(시스템) 같은 컴퓨터 장치 등의 명사들이 repair와 어울린다. repair 대신에 fix라는 동사도 많이 쓰인다.

예시

I know a thing or two about carpentry. I'll help you **repair the roof** and paint it.
제가 목공일을 좀 압니다. 지붕 수리하고 페인트칠하는 것을 도와드릴게요.

★ know a thing or two about ~ ~에 대하여 좀 알다

We need to shut down the network and **repair the damaged systems**.
네트워크를 완전히 다운시켜서 손상된 시스템을 수리해야 합니다.

I've been **repairing my car** since I was 20.
저는 20살 때부터 제 차를 직접 수리했어요.

02 repair damage
피해를 복구하다, 부상을 치료하다, 타격을 만회하다

damage(물리적 피해, 신체 부상, 무형의 타격)를 입은 것을 '복구하다', '회복하다', '만회하다'라고 할 때, 대부분 'economic recovery(경제 회복)' 같은 용어에서 힌트를 얻어 recover이라는 동사를 생각할 것이다. 물론, recover가 틀린 표현은 아니지만, 일반 대화에서 damage와 가장 많이 어울리는 동사는 repair이다. '부상'을 의미하는 damage를 제외하면 undo나 fix라는 동사도 쓸 수 있다. repair를 '수리하다'로만 알고 있다면 '피해를 수리하다'가 떠오르지 않으므로 영어로 생각하기 어려운 조합이다.

예시

I'll try to **repair**[=undo] **the damage** by attacking her credibility on cross examination tomorrow.
타격을 만회하기 위하여 내일 반대 심문에서 그녀의 신뢰성을 공격할 겁니다.

We're going to have to operate as soon as possible to **repair the damage** from the bullet.
총상을 치료하기 위하여 가능한 한 빨리 수술을 해야 합니다.

You did a terrible mistake, but it's still not too late to **repair**[=undo] **the damage**.
당신이 엄청난 실수를 했지만, 피해를 복구하기에 아직 늦지 않았습니다.

03 repair the lung
손상된 폐를 치료하다, 복원하다

; the artery...

repair는 손상된 신체 부위를 '치료하다', '복원하다'라는 의미로도 쓰인다. repair 대신에 좀 더 구어적 표현으로 fix를 쓸 수 있다. 우리말에서는 손상된 폐를 '수리하다'라고 하지 않으니까 이런 맥락에서 repair를 생각하기 어렵다.

예시
We need to go in, repair the lung, and remove the bullet.
수술해서 손상된 폐를 치료하고, 총탄을 제거해야 합니다.

★ go in (의사가) 개복 수술하다

We were able to repair the damaged artery, but he lost a lot of blood. He's lucky to be alive.
손상된 동맥은 복원했습니다만, 출혈을 많이 했습니다. 살아 있는 것이 행운이죠.

Dr. Lee repaired your heart and stopped you from bleeding to death.
이 박사님이 당신의 손상된 심장을 치료해서 출혈로 사망하는 것을 막았습니다.

04 repair a relationship
손상된 관계를 복원하다

; our marriage, our friendship...

우리말의 '수리하다'라는 단어는 물건에만 쓰지만, 영어 repair는 파탄 난 관계(broken relationship)를 복원한다는 맥락에서도 쓴다. 사용 빈도는 덜하지만, repair 대신 mend(수리하다, 수선하다)라는 동사도 쓸 수 있다.

예시
It's too late to repair[=mend] our relationship.
우리 관계를 회복하기에는 너무 늦었어요.

Help me repair[=mend] my relationship with my father.
제가 아버지와의 관계를 복원하는 것을 도와주세요.

I want to repair[=mend] my family, but I don't know where to start.
난 우리 가족 관계를 회복시키고 싶지만 어디서부터 시작해야 할지 모르겠어요.

Collocations

RUN

run은 우리말의 '뛰다'에 대응하는 동사이다. 그렇지만 우리말에서 '뛰다'는 대부분 목적어가 없는 자동사로 쓰이는데 반해, 영어 run은 'run+명사' 형태의 타동사로 쓰이는 경우가 많다. 'run+명사' 조합은 우리말에는 없는 것이기 때문에, 한국 영어 학습자들이 잘 쓰지 못한다. 원어민들이 쓰는 방식으로 run을 폭넓게 사용해 보자.

MP3 듣기

01 run a marathon
마라톤을 뛰다

; a race...

'마라톤을 뛰다'는 영어에서도 run을 사용해서 'run a marathon'이라고 한다. 우리말의 '뛰다'가 타동사로 영어 run과 일치하는 거의 유일한 경우이다. '경주에 참가해서 뛰다'도 'run a race'라고 한다.

예시

Are you all right? You look like you just ran a marathon.
너 괜찮니? 막 마라톤 경기를 끝낸 사람처럼 보이는데.

I feel energetic. I feel like I could run a marathon.
나 기운이 넘쳐. 마라톤을 뛰어도 될 것 같은 기분이야.

I need to get some sleep. I'm running a race tomorrow.
나 눈 좀 붙여야 돼. 내일 경주에 나가니까.

02 run a company
회사를 운영하다, 경영하다, 관리 책임을 맡다, 담당하다

; a store, a fund...

'회사(company)를 운영하다'를 영어로 말한다면 대부분 operate(운영하다)나 manage(관리하다)를 떠올린다. 그런데 실제 영어에서는 잘 쓰이지 않고 원어민들은 압도적으로 run을 많이 쓴다. run을 타동사로 쓸 때 가장 많이 쓰는 맥락이 '운영하다'이다. '회사'는 firm, business라고 해도 좋고, 그 외에 restaurant(식당), bar(술집), store(상점), school(학교) 등 다양한 사업체나 기관을 목적어로 쓸 수 있다. run은 맥락에 따라 '경영하다', '관리나 운영 책임을 맡다', '담당하다' 등 다양하게 해석된다. 가령, 회사에서 IT부서를 맡고 있는 경우에 "I run the IT department."라고 하면 된다. '펀드를 운영하다'는 'run a fund'라고 하고, things(일반적 상황)를 목적어로 써서 'run things'라고 하면 어떤 상황에서 '총책임을 맡고 있다'라는 말이 된다. 또 'run one's life'라고 하면 어떤 사람의 '인생을 좌지우지하다', '인생에 간섭하다'라는 뜻이 된다.

예시

My parents are running a small grocery store in the Bronx.
제 부모님은 브롱크스에서 작은 잡화점을 운영하고 계십니다.

My father retired. I'm running things around here now.
제 아버님은 은퇴하셨고 지금은 제가 여기 일을 맡고 있습니다.

I'm running this operation. I'm in charge here.
이 작전 총괄 책임은 내가 맡고 있어요. 내가 책임자죠.

Who's running the investigation?
그 수사는 누가 담당하고 있나요?

I worked at various big banks, **running investment funds**.

저는 여러 큰 은행에서 투자 펀드 운영을 담당했습니다.

Stop telling me how to run my life. It's my life.

내게 인생을 어떻게 살라는 말 좀 그만해요. 내 인생이잖아요.

03 run a scam[con]

사기 치다, 사기극을 벌이다

사기를 치는 것은 명사로 scam, con 등의 단어를 쓴다. 이들 단어를 동사로 써서 "Are you trying to scam me?(너 내게 사기 치려는 거야?)"처럼 쓸 수도 있다. 그런데 명사로 쓸 경우에는 동사는 run과 주로 쓰고, 또는 사용 빈도는 낮지만 work도 함께 쓴다. 사기 치는 대상은 전치사 with나 on을 붙여 'run a scam[con] with/on ~(~에게 사기 치다)'의 형태로 표현한다.

예시

He was arrested for **running a time-share scam** in Florida.

그는 플로리다에서 회원제 콘도 사기극을 벌이다가 체포됐다.

I'm not trying to **run a scam** or make a quick buck.

내가 지금 사기를 치거나 한탕 하려는 것이 아니야.

★ make a quick buck (불법적 수단으로) 쉽게 돈을 벌다

I can't believe you **ran a con** on Bill. He saved your life.

빌에게 사기를 치다니 믿을 수가 없네. 네 목숨을 구해 준 사람이잖아.

04 run a test[an analysis/a check]

검사[분석/점검]하다

'의학적 검사(test)를 하다'를 우리말처럼 do를 써서 'do a test'라고 해도 아주 틀리지는 않지만, 95%는 run을 쓴다. run은 test뿐만 아니라 an analysis(분석), a diagnostic (test)(진단), a scan(스캔), a check(조회, 점검) 등 모든 종류의 검사, 점검, 조회, 분석과 관련된 명사들과 어울려 쓴다. 이런 행위의 대상을 표현하려면 analysis와 check의 경우, 장소나 파일 같은 것을 눈으로 '점검'하는 의미로 쓰일 때에만 of를 쓰고, 나머지는 on을 붙여 표현한다.

예시

She looks okay. I'm going to **run a few tests** (on her) just to be sure, but everything seems normal.

그녀는 괜찮아 보여요. 혹시 몰라서 몇 가지 검사를 하기는 하겠지만, 다 정상적으로 보입니다.

★ just to be sure 혹시 몰라서, 만일에 대비하여

The forensic team **ran an analysis** of the skin cells from under the victim's fingernails.

과학 수사팀이 피해자 손톱 밑에서 채취한 피부 세포를 분석했습니다.

"What's wrong with the system?" – "I don't know. I have to **run a full diagnostic** (on it)."

"시스템에 무슨 문제가 있는 거지?" – "모르겠어. 정밀 진단을 해 봐야겠어."

I need you to **run a quick background check** on someone.

급히 신원 조회를 해 줘야 할 사람이 있어요.

I **ran a thorough check** of the premises, but there are no signs of forced entry.

영내를 샅샅이 점검했는데, 외부에서 강제로 침입한 흔적은 없습니다.

05 run a program

프로그램을 돌리다

; spellcheck

우리말에서는 컴퓨터 소프트웨어 또는 프로그램을 '돌리다'라고 하지만, 영어에서는 run을 쓴다. program이 아니라도 spellcheck(철자 검사)처럼 컴퓨터상에서 구동하는 모든 소프트웨어를 돌리는 것은 run으로 표현한다.

예시

It's not a virus. I **ran an antivirus program**, but it found nothing. I suspect a hacker.

바이러스는 아니에요. 바이러스 검사 프로그램을 돌려 봤는데, 아무 것도 안 나왔어요. 해커의 소행 같아요.

Make sure you **run spellcheck** before you hand in your report. Your last one had a lot of spelling errors.

보고서를 제출하기 전에 철자 검사 프로그램을 돌리도록 하세요. 지난번 보고서에 철자가 틀린 곳이 많았어요

06 run a machine

기계를 돌리다, 작동시키다

발전기 같은 기계를 '돌리다', '작동시키다'라고 하면 영어로 operate(가동하다, 작동시키다)라는 동사가 먼저 생각날 수 있다. 그런데 이 동사는 문어체에서나 쓰이고, 일반적으로는 run과 함께 쓴다. 참고로 '커피 머신', '복사기' 같은 것을 쓸 줄 모를 때, "이거 어떻게 작동시키는지 모르겠어요."는 "I don't know how to run this."라고 해도 되지만, "I don't know how to make this work."이라고 해도 좋다.

It only takes half a day to learn to **run the machine** and maintain it.

그 기계를 작동시키고 정비하는 법을 배우는 것은 반나절이면 충분합니다.

I can't figure out how to **run this washing machine**.

이 세탁기를 어떻게 쓰는 건지 도저히 모르겠네요.

We don't have enough fuel to **run the generator**.

발전기를 돌릴 연료가 부족합니다.

07 run an errand

심부름하다, 볼일을 보다

영어로 '심부름'은 errand라고 한다. 우리말에서는 '하다'라는 동사를 쓰는데, 영어에서 errand와 짝을 이루는 동사는 run이다. errand는 '간단한 볼일'이라는 뜻으로도 쓰인다. 참고로, 일반적으로 '볼일'은 business라고 하며, 이 경우에 '볼일을 보다'는 'take care of'를 가장 많이 쓰고, 'attend to'라는 표현도 쓴다. 예를 들어, "급히 볼일이 있습니다."는 "I have some urgent business to take care of."라고 한다.

예시

"You want to meet me for lunch?" – "I can't. I've got to **run some errands** for my boss."

"만나서 점심 같이 할래?" – "안 돼. 상사 심부름을 해야 해서."

She's running a little late. I just got a text from her. She said she had some **errands to run**.

그녀는 조금 늦는대. 방금 문자를 받았어. 몇 가지 볼일이 있다네.

08 run a campaign

캠페인을 벌이다, 선거 유세하다

영어에서 campaign은 일반적으로 '캠페인'과 '선거 유세'라는 두 가지 의미로 쓰인다. 우리말에서는 '~을 벌이다', '하다'라는 동사를 쓰기 때문에 do를 쓰기 쉽지만, 영어에서 campaign과 짝을 이루는 동사는 run이다. 문어체 영어에서는 '캠페인을 벌이다'라는 의미로 wage, mount 등의 동사도 간혹 쓰인다.

예시

We're **running an ad campaign** for our new women's line, and it's getting a good reception.

저희 여성 신상품 라인에 대한 광고 캠페인을 하고 있는데, 반응이 좋습니다.

I'm not interested in **running a smear campaign**. That's not my style.

저는 상대 후보를 인신 공격하는 선거 운동에는 관심이 없습니다. 그건 제 스타일이 아니거든요.

I have my hands full **running a campaign** and a business.

선거 운동도 하면서 기업을 운영하느라 손이 모자랍니다.

★ have one's hands full 매우 바쁘다

09 run a fever
열이 나다

우리말에서는 '열'을 주어로 '나다'라는 동사를 쓰기 때문에, 영어로 말할 때 heat를 주어로 하기 쉽다. 그렇지만 영어에서는 사람을 주어, fever를 목적어로 쓴다. 이때 fever와 짝을 이루는 동사는 run이다. have나 have got을 써서 "She's got a slight fever.(그녀는 약간 열이 있어요.)"처럼 표현할 수도 있다.

예시 "How's Dianne?" – "She lost her lunch, and she's **running a high fever**. Maybe we should take her to a doctor."

"다이앤은 (몸 상태가) 어때요?" – "점심 먹은 것을 토했고, 고열이 나요. 병원에 데려가야 할 것 같아요."

10 run a story
기사를 내보내다, 싣다

신문 기사는 영어로 article, story, piece라고 한다. 우리말에서는 기사를 '내보내다' 또는 '싣다'라고 하기 때문에, 대부분 publish(출판하다) 같은 동사를 생각한다. publish를 써도 틀리지는 않지만, 원어민들은 거의 대부분 동사 run을 쓴다.

예시 We're **running a story** about your connection with a drug lord named Santo, and I'm hoping to get a comment.

우리 신문이 당신과 산토라는 이름의 마약 왕과의 관계에 관한 기사를 내려고 하는데, 거기에 대한 입장을 들었으면 합니다.

The New York Times **ran a piece** yesterday about a man on death row who's claiming he's been wrongly accused.

'뉴욕 타임즈'는 어제 자신이 무고로 유죄 판결을 받았다고 주장하는 사형수에 관한 기사를 실었습니다.

★ on death row 사형 선고 집행을 기다리고 있는

11 run a bath
목욕물을 받다

___

우리말에서는 욕조에 목욕할 물을 '받는다'라고 한다. 그래서 잘못하면 get(얻다)이나 fill(채우다) 같은 동사를 생각하기 쉽다. 그렇지만 영어에서 목욕물은 a bath라고 하고, 동사 run과 짝을 이뤄 쓴다. run 대신에 draw를 써서 'draw a bath'라고도 한다. '~을 위해 목욕물을 받아 주다'는 'run[=draw] ~ a bath', 'draw a bath for ~'의 형태로 쓴다. 직역식으로는 상상하기도 어려운 조합이므로 잘 익혀 두자.

예시
I'm wiped out. I can't wait to get back to my hotel room and run[=draw] a bath.
매우 피곤하네요. 빨리 호텔방에 돌아가서 목욕물을 받아 목욕이나 했으면 좋겠어요.

★ wiped out 녹초가 된

You must be tired. I'll go run[=draw] you a bath. Or do you want to eat first?
피곤하시겠어요. 제가 가서 목욕물 받아 놓을게요. 아니면 식사 먼저 하시겠어요?

12 run a red light
적색 신호를 무시하고 지나가다

; a stop sign...

___

우리말의 '지나가다'를 직역해서 'pass through a red light'이라고 생각하기 쉬운데, 정확하게는 'go through a red light'이라고 한다. 그런데 대부분의 원어민들은 run을 타동사로 써서 'run a red light'이라고 한다. '우선 멈춤' 표지판을 무시하고 가는 경우도 'run a stop sign'이라고 한다.

예시
"You just ran a red light." – "No, I didn't. It was yellow, and blinking."
"너 방금 적색 신호등을 그냥 지나 왔잖아." – "안 그랬어. 노란색이었고 점등이었는데."

You just ran that stop sign over there. License and registration, please.
저쪽 우선 멈춤 표지판에서 서지 않으셨어요. 면허증과 자동차등록증을 보여 주세요.

13   run the risk (of ~)
(~할) 위험을 감수하다

'어떤 안 좋은 일이 일어날 가능성'이라는 의미의 '위험'은 risk라고 한다. 우리말에서는 위험을 '감수하다'라고 하니까 영어에서도 bear(참다), endure(견디다) 같은 동사를 생각하기 쉽지만, risk와 짝을 이루는 영어 동사는 run과 take이다. run은 거의 대부분 'run the risk of ~(~할 위험을 감수하다)'의 형태로 쓰이며, take는 'take a risk(리스크를 감수하다)'처럼 risk 뒤에 다른 말을 붙이지 않고 사용한다. 'run the risk of ~'에서 of 뒤에는 명사나 동명사(-ing)를 쓴다.

가령, "내 면허를 잃을 수도 있는 일은 하지 않겠다."는 "I won't run the risk of losing my license."라고 한다. 그런데 "네가 면허를 잃을 수 있는 일을 나는 하지 않겠다."라고 문장의 주어와 위험을 감수하는 사람이 다른 경우, "I won't run the risk of <u>you</u> losing your license."처럼 you를 -ing 앞에 끼워 넣으면 된다. 이 문장들은 risk를 동사로 써서 "I won't risk losing my license.", "I won't risk you losing your license."처럼 간단하게 표현할 수도 있다.

예시
Your honor, if you release him on bail, you **run the risk of** him fleeing.
판사님, 그를 보석으로 풀어 준다면 도주할 위험이 있습니다.

If word gets out about this, we **run the risk of** losing the deal.
이 일이 외부에 알려지면 거래가 무산될 가능성이 있습니다.

★ word gets out (어떤 일이) 외부에 알려지다

14   run the numbers
계산하다

'계산하다'는 calculate라는 동사 하나로 표현할 수 있다. 그런데 이 동사는 타동사로, 'calculate profits(이윤을 계산하다)'처럼 반드시 목적어를 함께 쓴다. 그냥 '계산하다'라고 할 때는 calculation이라는 명사를 써서 'make a calculation'이라고 한다. calculation 대신에 numbers를 쓸 경우에는 run과 짝을 맞춰 'run the numbers'라고 한다. 우리말의 '주판알을 굴리다', '계산기를 두드리다'와 비슷한 표현이다.

예시
Let me **run the numbers** a little bit and think about it.
계산기 좀 두드려 보고 생각 좀 해 볼게요.

I've **run the numbers**. Even if we pay 9 percent interest on the loan, we can turn a profit in three months.
내가 계산해 봤어. 대출 이자로 9%를 지급해도 3개월 안에 영업 이익을 낼 수 있어.

★ turn a profit 이익을 내다

15 run one's mouth
입을 놀리다, 수다 떨다

___

우리말에서는 말을 함부로 하거나 횡설수설하며 수다 떠는 것을 '입(mouth)을 놀리다'라고 한다. 영어에서는 이 경우 동사 run을 써서 'run one's mouth'라고 한다. 뒤에 off를 붙여 'run one's mouth off' 형태로 쓰기도 한다.

예시

You'd better stop **running your mouth**, or you're going to get yourself into big trouble one of these days.
함부로 입 놀리는 거 그만해. 안 그러면 언젠가 큰 사고를 칠 테니까.

You should be careful about what you tell him. He has a reputation for **running his mouth**.
그 사람에게 말할 때는 조심해야 해요. 입이 싼 것으로 정평이 나 있으니까.

16 run someone ~ dollars
~ 달러가 들다

; bucks...

___

어떤 것이 '~의 비용이 들다'에 해당하는 영어 동사는 cost이다. 이 동사는 "It cost me 10 dollars.(나에게 10달러가 들었다.)"처럼 cost와 액수 사이에 me와 같은 간접목적어를 넣어 쓴다. 미국 구어 영어에서는 run도 cost와 같은 의미와 문장 형식으로 사용한다. dollar는 구어체에서 buck이라고 한다.

예시

The basic tour will **run you** 35 **dollars**. It includes lunch and a guided tour of the island.
기본 투어 비용은 35달러입니다. 여기에는 점심과 가이드가 딸린 섬 일주 관광이 포함됩니다.

Their sandwiches can easily feed two, and the chicken club sandwich I tried **ran me** 12 **bucks.**
그곳 샌드위치는 2명이 먹어도 될 정도고요. 제가 먹어 본 치킨 클럽 샌드위치는 12달러였어요.

17 run interference
다른 사람 대신 문제를 해결해 주다

다른 사람이 끼어들어 '간섭하다'는 영어로 interfere라고 한다. 그런데 interference(간섭)라는 명사를 쓸 경우, 동사 run과 짝을 맞춰 'run interference'라고 한다. 이 표현은 원래 미식축구에서 볼을 가지고 상대방 진영으로 뛰는 자기 편 선수를 보호하기 위하여 상대 선수의 태클을 막는 것을 의미한다. 일반 회화에서는 관용적으로 '다른 사람이 비난이나 공격받는 것을 대신 막아 주거나 문제를 해결해 주다'라는 의미로 쓴다.

예시

Everything's going to be fine. And I'll run interference between you two if there's an issue.
다 잘 될 거예요. 그리고 만약 둘 사이에 문제가 있으면 내가 나서 해결해 줄게요.

You go off on your own and make a big mistake. And you want me to run interference for you?
네가 독자적으로 행동하다 사고친 거잖아. 그러면서 나에게 무마해 달라는 거야?

★ go off on one's own 독립하다, 독자적으로 행동하다

You said you were going to run interference with the DA.
당신이 나서서 검찰에 잘 이야기해 주겠다고 했잖아.

어색한 콜로케이션

투잡을 뛰다

run two jobs (X)
have two jobs / work two jobs (O)

우리말에서 '투잡을 뛰다'라고 하는데 이를 직역해서 'run two jobs'라고 하면 엉터리 영어가 된다. 영어에서는 같은 말을 할 때 'two jobs'와 어울리는 동사는 work나 have이다.

ex **I'm a single mom, working two jobs, raising a kid, and going to college. I don't have time for dating.**
나는 싱글 맘으로 투잡을 뛰고, 아이를 키우고, 대학까지 다니고 있어요. 그래서 데이트할 시간이 없어요.

"How do you pay for all this?" – "I have two jobs."
"이 모든 비용을 어떻게 감당하나요?" – "투잡을 갖고 있거든요."

SEE

동사 see의 기본 의미는 무엇 또는 누구를 '(눈으로) 보다'이다. 또 '만나다'라는 의미에서 누구를 '보다'라는 뜻으로도 쓰인다. 그런데 원어민들은 이외에도 누구와 '사귀다', 전문의의 '진찰을 받다', 무엇을 '이해하다', '알다' 등의 의미로도 쓴다. 원어민 영어에서 see는 목적어 자리에서 훨씬 다양한 명사들과 어울리는데, 이 용법들을 알아보자.

MP3 듣기

01 see something
~을 보다
; a movie, the news, the way, an opportunity...

see의 기본 의미는 어떤 것을 '보다'이다. a man(남자), the sky(하늘), a movie(영화) 같은 사람이나 물체뿐만 아니라 the way ~(~하는 식), an opportunity(기회), that side of ~(~의 그런 측면, 모습) 같은 추상적인 것도 see의 목적어가 된다.

> '보다'라는 뜻으로는 look, watch도 있는데, see는 어떤 것이 눈에 들어와 보게 되는 경우이고, look은 의도적으로 보는 경우, watch는 계속해서 (지켜) 보는 경우에 쓴다. 따라서 상대방에게 "이것 좀 봐요."라고 할 때는 "See this."가 아니라 "Look at this."라고 해야 한다. 그렇지만 "내 눈에는 안 보이는데."는 "I can't see it."이 된다. a movie의 경우, 보러 간다고 할 때는 '(go) see a movie', 보고 있는 상황은 'watch a movie'가 된다. 따라서 "영화 보러 가자."는 "Let's go see a movie.", "지금 TV에서 영화 보고 있다."는 "I'm watching a movie on TV."가 된다.

예시

I've never **seen that man** before in my life.
난 평생 저 남자를 본 적이 없어요.

You want to meet up this afternoon and go **see a movie** or something?
오늘 오후에 만나서 영화를 보러 가든지 할까?

Have you **seen the news** today? The police arrested Dr. Coleman on medical fraud charges.
오늘 뉴스 봤어? 경찰이 콜먼 박사를 의료 사기 혐의로 체포했어.

"Alisha and I are just friends." – "You think I'm stupid? I've **seen the way** you look at her."
"알리샤와 나는 그냥 친구일 뿐이야." – "내가 바보인 줄 알아? 네가 알리샤를 쳐다보는 눈길을 내가 줄곧 봐 왔는데."

I can understand why you did it. You **saw an opportunity** to make a big buck, and you grabbed it.
당신이 왜 그런 일을 했는지 이해가 갑니다. 일확천금을 벌 기회를 포착하고 잡은 거죠.

I've never **seen that side** of her before.
그녀의 그런 모습은 본 적이 없어요.

02 see someone
~을 만나다

'보다'라는 see의 기본 의미가 비유적으로 확장되어 누구를 '만나다'라는 뜻으로도 쓰인다.

예시

"Hi, Scott. I didn't expect to **see you** here." – "Me, neither. But I'm glad to **see you**."

"안녕, 스캇. 여기서 만날 줄은 몰랐는데." – "나도. 그렇지만 만나서 반갑다."

I've got some work to do. So, I've got to go, but I'll **see you** soon.

나 할 일이 있어. 가 봐야겠다. 조만간 또 봐.

03 see a man
남자와 사귀다, 이성적으로 만나다

see의 '만나다'라는 의미가 이성 간에 쓰이면 '사귀다'라는 뜻이 된다.

예시

"Are you dating anyone now?" – "Yes. I've been **seeing a man** for two months now."

"사귀는 사람 있어요?" – "네. 두 달 째 어떤 남자와 사귀고 있어요."

My parents want me to break up with Susan. But I can't stop **seeing her** because I truly love her.

우리 부모님은 내가 수잔과 헤어지기를 원해요. 그렇지만 그녀와 만나는 걸 그만둘 수 없어요. 그녀를 정말로 사랑하니까요.

04 see a doctor
의사의 진찰을 받다, 상담을 받다

; a therapist...

see가 doctor(의사), therapist(정신과 상담 치료사) 같은 단어와 어울리면 전문의로부터 '진찰이나 상담을 받다'라는 뜻이 된다. 의사가 주어가 되어 "의사 선생님이 와서 진찰해 주실 거예요."라고 할 때도 "The doctor will see you now."라고 한다.

"너 의사의 진찰을 받아 봐야 해."를 두 가지로 표현하면, "You need to see a doctor."이라고 하거나 수동태를 써서 "You need to be seen by a doctor.(의사에 의해 진찰되어야 한다.)"라고 할 수 있다. 두 번째의 경우는 check를 써서 "You need to be checked by a doctor."라고도 할 수 있다.

예시

He took the afternoon off. He was feeling under the weather. So, he went to **see a doctor**.

그는 오후에 조퇴했어요. 몸이 안 좋대요. 그래서 병원에 갔어요.

★ feel under the weather 몸 상태가 안 좋다

He needs psychological help. I've been trying to get him to **see a therapist**, but he's refusing.

그는 정신과 치료가 필요해요. 전문의 진료를 받도록 하려고 계속 설득 중인데 안 가려고 해요.

05 see someone home
~을 집에 바래다주다

see 뒤에 사람을 쓰고 〈to+장소〉를 붙이면 누구를 어디까지 '바래다주다'라는 뜻이 된다. 가령, 상대방을 차까지 바래다주겠다는 말은 "I'll see you to your car."라고 하고, 'to your car' 대신 'to the door(문까지)', 'to the elevator(엘리베이터까지)' 등으로 바꿔 쓸 수 있다. '집에 바래다주다'라는 'see you home'의 경우, home(집으로) 자체가 부사이기 때문에 전치사 to가 필요 없다. see 대신에 walk를 써도 비슷한 말이 되는데, "I'll walk you home."이라고 하면 거기까지 걸어서 바래다주겠다는 뜻이 된다.

> ▶ see you 뒤에 out이라는 부사를 붙여 "I'll see you out."이라고 하면 사무실이나 집에 찾아 온 사람을 "문밖까지 배웅해 줄게요."가 되고, off를 붙여 "Thank you for coming to see me off."라고 하면 다른 지역으로 가는 사람이 공항에 배웅 나온 사람에게 "나를 배웅해 주러 와 줘서 고마워요."가 된다.

예시

"Can I **see you home**?" – "No. That's not necessary, but thank you."

"집까지 바래다 드릴까요?" – "아니요. 괜찮습니다. 고마워요."

"Where are you parked?" – "In the parking garage." – "I'll **see you to** your car. It's pretty dark out there."

"주차는 어디에 했나요?" – "주차 건물에요." – "차까지 바래다 드릴게요. 밖이 많이 어두워요."

06 see the point (in ~)

(~하는 것의) 의미를 이해하다, 알다

; one's point, what (you ~)...

동사 see의 가장 중요한 의미 중 하나가 어떤 것을 '이해하다(understand)'이다. 이 경우 see와 어울리는 명사로는 'the point in ~(~하는 것의 의미, 중요성)', 'one's point(말의 요점)', 'the logic(논리)' 같은 일반 명사뿐만 아니라 'what you ~(당신이 ~하는 것)', 'why that ~(왜 그것이 ~한지)' 같은 why, what 등의 명사절도 포함된다. 상대방의 말에 대한 대답으로 "그렇군요.", "알겠어요."는 목적어 없이 "I see."라고 한다.

특히 의문사 명사절은 see와 자주 어울려 쓰인다.

예시

I don't see the point in discussing this anymore.

이 논의를 더 이상 해야 할 이유를 모르겠습니다.

"You understand? We have to be prepared for the worst-case scenario." – "Yeah, I see your point."

"이해가 가요? 최악의 상황에 대비해야 한다고요." – "그래요. 말뜻은 알겠어요."

If the company is so lucrative, why would you want to sell? I don't see the logic.

회사가 그렇게 돈이 잘 벌리면 왜 매각하려는 거죠? 논리가 이해가 안 되네요.

Do you see what I'm talking about?

내가 무슨 말하는 건지 알겠어요?

Don't you see what you've done?

당신이 어떤 일을 벌인 건지 모르겠어요?

I don't see why that upsets you.

왜 그것 때문에 그렇게 화가 나 있는지 모르겠네요.

| (협박조로)
너를 두고 보다 | see you later(X)
get you / you pay (O) |

상대방에게 협박의 말로 "너 두고 보자."라고 할 때 see를 써서 말하면 콩글리시가 된다. 원어민들은 동사 get을 써서 "I'll get you for this." 또는 주어를 you로 해서 "You'll pay for this."라고 한다. 그런데 협박이 아니라 어떤 상황이 돌아가는 것을 '두고 보자'라고 할 때는 see를 써서 "Let's see how it goes." 또는 "Let's see how it plays out.", "We'll see about that."이라고 한다.

ex I'll **get you** for this, Sam. I'll make **you pay** for this. You'll be sorry.

너 두고 보자, 샘. 반드시 대가를 치르게 할 거야. 후회하게 될 거라고.

SELL

동사 sell은 자동사로는 '팔리다', 타동사로는 무엇을 '팔다'라는 뜻을 갖고 있다. 그런데 원어민들은 sell을 어떤 아이디어나 제안을 다른 사람이 받아들이도록 '설득하다'라는 뜻으로도 쓴다. 이런 원어민들의 쓰임을 알아보자.

MP3 듣기

01 a cell phone sells
휴대 전화가 팔리다

; a moisturizer...

sell은 자동사로 '팔리다'라는 뜻을 갖고 있다. 우리말의 '팔리다'는 사동형이기 때문에 영어로 말할 때 "A is being sold well."처럼 수동태로 말하는 경우가 있는데, 그럴 필요 없이 "A is selling well."이라고 하는 것이 자연스럽다.

예시 **The cell phone** was launched at $450, but **it**'s **selling** for as low as $250.
그 휴대폰은 450달러에 출시되었는데, 현재는 최저 250달러에 판매되고 있습니다.

We recently launched **a new moisturizer**, and **it**'s **selling** like hotcakes on Amazon.
우리는 최근에 새로운 보습 화장품을 출시했는데, 아마존에서 불티나게 팔리고 있습니다.

★ sell like hotcakes[like crazy] 불티나게 팔리다

02 sell insurance
보험을 팔다

; a restaurant, furniture, one's soul...

sell은 타동사로 무엇을 '팔다'라는 뜻으로도 쓰인다. insurance(보험), a restaurant(식당), furniture(가구) 같은 유형의 물건뿐만 아니라 one's soul(~의 영혼)처럼 무형의 것도 sell의 목적어가 될 수 있다.

예시 "What line of work are you in?" – "I **sell insurance** (for a living)."
"어떤 직업에 종사하시나요?" – "저는 직업적으로 보험 판매를 합니다."

Larry used to run **a restaurant** in Boston, but he **sold it** two months ago.
래리는 보스턴에서 식당을 하고 있었는데, 두 달 전에 매각했습니다.

Do you know a place that **sells secondhand furniture**?
중고 가구 파는 곳 아세요?

You have to be careful with that man. I know he'd **sell his soul** to the devil to get what he wants.
저 사람을 조심해야 해요. 내가 알기로 저 사람은 자신이 원하는 것을 손에 넣기 위해서는 자신의 영혼을 악마에게라도 팔 사람이니까.

03 sell ~ out / sell ~ down the river
~을 배신하다

타동사 sell의 목적어로는 사람도 올 수 있다. 실제 대화에서 대부분 sell 뒤에 부사 out을 붙여 'sell ~ out'의 형태로 '~을 배신하다(betray)'라는 의미로 사용된다. 참고로 'sell ~ down the river(~을 강 하구로 팔다)'라는 관용 표현도 '~을 배신하다'라는 뜻으로 미드에 자주 등장한다. 미국에서 노예가 거래되던 시절에 나온 표현이다.

예시
Justin is a bad apple. He'd **sell you out** in a heartbeat for a free meal.
저스틴은 질이 안 좋은 사람입니다. 그는 공짜 밥 한 그릇에도 주저하지 않고 당신을 배신할 사람입니다.

★ in a heartbeat 순식간에, 주저하지 않고

She'll **sell you down the river** in a heartbeat if it benefits her.
그녀는 자신에게 이익이 된다면 눈 하나 깜짝하지 않고 당신을 배신할 여자예요.

04 sell ~ an idea / sell ~ on an idea
~가 아이디어를 받아들이게 설득하다

sell은 idea(아이디어), proposal(제안) 같은 것을 누구에게 '설득하다'라는 의미로도 쓰인다. 이 경우 'sell me an idea(나에게 아이디어를 팔다)'처럼 idea를 목적어로 쓰거나, 'sell me on an idea(아이디어에 있어서 나를 팔다)'처럼 설득 대상인 사람을 목적어로 쓸 수 있다. 후자의 경우, '나'를 주어로 해서 "I'm sold on an idea.(나는 그 아이디어가 좋다고 설득되었다.)"처럼 수동태 형태로도 자주 쓰인다.

예시
She tried to **sell me the idea** of us going into business together. I said I'd think about it, but I**'m** not quite **sold on the idea**.
그녀가 동업하자고 설득하더군. 일단 생각해 보겠다고 했는데, 그다지 내키지는 않아.

I'll ask for a continuance. I can **sell the judge on the idea**.
재판 연기를 요청할 생각입니다. 제가 판사를 설득시킬 자신이 있어요.

Frankly speaking, I**'m** not completely **sold on the idea**.
솔직히 말해서, 그게 좋은 아이디어인지는 확신이 안 섭니다.

Collocations

SET

동사 set의 기본 의미는 '놓다'로, put보다 더 주의해서 의도적으로 놓는 느낌이 있다. 그런데 원어민이 set을 일상적으로 사용하는 맥락을 보면 '놓다'로는 해석되지 않는 경우가 많다. 원어민은 set을 얼마다 다양하게 사용하는지, 또 그런 맥락에서 set과 자주 어울리는 명사는 무엇인지 알아보자.

MP3 듣기

01 set a vase (on the table)
화분을 (탁자 위에) 놓다

; a gun, foot...

set의 기본적인 의미는 '놓다'이다. 비슷한 의미의 put에 비하여 set은 좀 더 조심스럽게 천천히 내려놓는 의미가 있다. 그렇지만 '놓다'라는 의미로는 put과 큰 차이가 없고, 실제 대화에서는 put을 더 많이 사용한다.

> 우리말에 '발을 들여 놓다'라는 표현이 있는데, 여기서 '놓다'는 동사 set을 쓴다. 다만, 'set my foot(내 발을 놓다)'이라고 하면 틀리고, my를 빼고 'set foot'이라는 정형화된 형태로 쓴다.

예시
"Where do you want me to put **this vase**?" – "Just **set**[=put] **it** on the table."
"이 화분을 어디에 놓을까요?" – "그냥 탁자에 놓아 주세요."

Take **your gun** out of its holster, **set it** on the ground, and step away.
권총을 총집에서 꺼내서 땅에 천천히 놓고 뒤로 물러나라.

I'll never **set foot** in this house again.
이 집에는 앞으로 절대 발을 들여 놓지 않을 거예요.

02 set a date
날짜를 정하다

; rules, standards, terms, limits...

일반적으로 '결정하다'에 대응하는 영어 동사는 determine이지만, 날짜(date)를 정한다는 맥락에서는 set을 쓴다. 또 여러 날짜 중 '선택하다'라는 의미로 pick을 쓰기도 한다. '정하다'라는 의미의 set과 짝을 이루는 대표적인 명사들로는 bail(보석금), rules(규칙), standards(기대하는 기준), a course(코스, 방향), terms(조건) 등을 들 수 있다. 그 밖에 privacy를 중시하는 영미 문화에서 '개인 간에 침해해서는 안 되는 경계선(boundaries)'과 '할 수 있는 일의 한계(limits)'를 정한다고 할 때도 set을 함께 쓴다. set은 타동사이기 때문에 'a date is set(날짜가 정해지다)'과 같은 수동태 형태로도 자주 쓰인다.

> '약속 날짜'를 '정하다' 또는 '잡다'라고 할 때 set 뒤에 up을 붙여 'set up an appointment'라고 한다. 이 표현은 병원 등에 '예약하다'라는 의미로도 사용된다.

예시
"Jake, have you **set a date** for your wedding yet?" – "Not yet, but you'll be the first to know when we do."
"제이크, 결혼 날짜는 정했어?" – "아직. 그렇지만 정하면 너에게 제일 먼저 알려 줄게."

He'll remain in police custody until **a trial date is set**.

재판 날짜가 정해질 때까지 그는 유치장에 갇혀 있을 겁니다.

Since we're all going to be on the same team, we need to **set some ground rules**.

우리 모두가 같은 팀에서 일하게 되었으니 기본 규칙을 정해야겠습니다.

We need to start **setting limits** for Brian. We must teach him what's acceptable and what's not.

브라이언에게 조금씩 한계선을 정해 줘야겠어요. 어떤 행동이 용납되고 안 되는지를 가르쳐 줘야 한다고요.

You seem to **set very high standards** for yourself.

자신에게 너무 높은 기대치를 정해 놓으신 것 같아요.

I envy your ability to **set a course** of action and stick to it.

난 당신이 어떤 방침을 정하면 끝까지 지키는 능력이 부러워요.

This is my proposal. Look it over. And then we can **set up an appointment** to go over the particulars.

이것은 제 제안서입니다. 검토해 보시죠. 그런 후에 약속을 정해서 구체적인 내용을 같이 검토하도록 하지요.

03   set a record

기록을 세우다

우리말의 '세우다'만 보면 raise(일으키다), erect(서게 하다, (동상 등을) 세우다) 같은 동사를 생각할 수 있지만, '기록을 세운다'라는 맥락에서 record와 짝을 이루는 동사는 set 이다.

예시

The show **set a new record** in terms of viewer ratings.

그 쇼는 시청률에서 새로운 기록을 세웠습니다.

Are you trying to **set a speed record**? Slow down before we get pulled over.

지금 속도 신기록을 세우려 하는 거야? 경찰에 단속되기 전에 속도를 줄여.

★ be[get] pulled over (달리는 차를 세우게 해서) 경찰에 단속되다

333

04 set an example
모범을 보이다, 모범이 되다

___

모범(a good example)을 '보이다'나 '되다'라고 해서 show, become 같은 동사를 쓰면 틀린다. 이런 맥락에서 example과 어울리는 영어 동사는 set이다.

예시 As a teacher, I always try to **set a good example** for my students.
교사로서 저는 항상 제 학생들에게 모범이 되려고 노력합니다.

I'm supposed to be a role model for my kids. What kind of **example** would I be **setting** for them by avoiding responsibility?
제가 아이들에게 모범이 되어야 하잖아요. 책임을 회피하면 아이들에게 무슨 모범이 되겠어요?

05 set a precedent
전례를 만들다, 전례가 되다

___

전례를 '만들다'를 직역해서 동사 make를 써도 뜻은 통하지만, 원어민들은 99% 동사 set을 쓴다.

예시 "Why can't you do it?" - "Because that would **set a bad precedent**."
"왜 그렇게 하면 안 돼요?" – "그렇게 하면 나쁜 선례가 만들어지니까 그렇지."

The Roe vs. Wade case **set a precedent** for abortion rights in the US.
로 대 웨이드의 재판은 미국에서 낙태권이 확립되는 선례가 되었습니다.

06 set the table

상을 차리다

; a place...

'차리다'라는 우리말 동사만 보면 영어로 prepare(준비하다) 같은 동사를 생각하기 쉽다. 그렇지만 '밥상을 차리다'라는 맥락에서 table과 궁합이 맞는 동사는 set이다. 우리말에서도 대화에서 '테이블을 세팅하다'라고 set을 차용해 쓰기도 한다. table뿐만 아니라 식탁 위에 식사할 자리를 준비해 주는 것은 'set a place'라고 한다.

예시

Why don't you go set the table? And I'll get dinner started.

가서 밥상 차리실래요? 제가 저녁 준비를 시작할게요.

Please come on in. We're about to have dinner. Why don't you join us? I'll ask Mia to set another place at the table.

어서 들어오세요. 막 저녁 식사를 하려던 참인데. 같이 하시죠. 미아에게 식탁에 자리를 하나 더 만들어 달라고 할게요.

07 set a bomb

폭탄을 설치하다

; a trap...

우리말로 '설치하다'라고 하면 동사 install을 생각하기 쉽다. 'a security system(보안 장치)', 'security cameras(보안 카메라)' 같은 장치를 설치한다고 할 때는 install을 쓴다. 그렇지만 폭탄의 경우에는 set을 쓴다. 비슷한 맥락에서 set과 어울리는 다른 명사로는 a trap(덫, 함정)이 있다. '폭탄이 설치되어 있다'라고 할 때는 be set이라는 수동태로 표현할 수도 있다.

> ▶ 'set a bomb off'와 혼동하지 않도록 한다. 'set ~ off'는 폭탄을 '터뜨리다'로, detonate와 같은 뜻이다. 가령, "그가 Union Station에서 폭탄을 터지게 했다."는 "He set off the bomb at Union Station."이라고 한다.

예시

We still don't know who set the bomb, but we're running down some leads.

아직 누가 폭탄을 설치했는지는 모르지만, 몇 가지 단서를 쫓고 있습니다.

Why did he set the bomb to go off in the middle of the night?

왜 그가 한밤중에 폭탄이 터지게 설치했을까요?

★ go off (폭탄이) 터지다

He set a trap and I walked right into it.

그가 덫을 놓았는데 내가 바로 그 덫에 걸려든 거지.

08 set an alarm
알람을 맞춰 놓다

'맞추다'라는 우리말의 다양한 의미 중 알람을 '맞추다'에 해당하는 영어 동사는 set이다. 그래서 '알람을 맞추다'는 'set an alarm'이라고 하고, set과 어울리는 다른 명사로는 timer(타이머)가 있다.

> ▶ 참고로 "스프링클러가 타이머로 작동한다."는 특별한 동사 없이 "The sprinklers are on a timer."라고 하고, "나는 주로 전기 밥솥을 타이머로 맞춰 놓는다."도 "I usually have the rice cooker on a timer."라고 한다.

예시

I can't believe I overslept. I swear I set my alarm.
늦잠을 잤다니 믿을 수가 없네. 분명히 알람을 맞춰 놨는데.

I have a pizza in the oven. I set the timer in case I get distracted.
피자를 오븐에 데우고 있어요. 다른 일 하느라 잊을까 봐 타이머를 맞춰 놓았어요.

★ get distracted 주의가 산만해지다, 다른 일에 정신 팔리다

Don't forget to set the timer on the coffeemaker.
커피메이커에 타이머 맞춰 놓는 것 잊지 마세요.

SHOW

동사 show는 타동사로 무엇을 '보여 주다', '표하다'라는 기본 의미를 갖고 있다. 그런데 영어 show는 우리말에서는 잘 안 쓰이는 명사와 어울리는 경우가 있다. 그리고 show와 빈번히 어울리는 명사 중에는 관용적인 것도 있다. 또한, 대부분의 독자들은 show를 타동사로만 생각하지만 목적어 없이 '보이다'라는 자동사로 쓰일 때도 있다. show에 담긴 원어민 영어 감각을 익혀 보자.

MP3 듣기

01   show interest
관심을 보이다, 보여 주다(~을 보니 —을 알 수 있다)

; one's support...

show의 기본적 의미는 무엇을 '보여 주다'이다. 이 경우 interest(관심, 흥미), support (지지, 응원), appreciation(감사), respect(존경심) 같은 감정 명사들과 자주 어울려 쓰인다. 또, '~ show that …(~이 …라는 사실을 보여 주다)', '~ shows how …(~이 얼마나 …한지를 보여 주다)'처럼 that절이나 how절 같은 의문사절이 목적어로 올 수도 있다. 이 경우 우리말로는 '~을 보니 …을 알 수 있다'라고 번역되기도 한다.

예시

He **showed some interest** in the job offer but didn't seem too keen.

그는 우리의 일자리 제안에 관심을 조금 보였지만 아주 큰 관심은 아니었습니다.

We're all here to **show our support** for Paul.

우리 모두는 폴을 응원하기 위해 여기에 나왔습니다.

Did you really draw this yourself? This **shows (that)** you have real talent.

이거 정말 네가 그린 거야? 이걸 보니 너 정말 재능 있다.

You really think if we help Ed, he'll be grateful to us? That just **shows how** little you know about him.

넌 정말로 우리가 에드를 도와주면 고마워할 거라고 생각하는 거야? 그를 몰라도 정말 모르는구나.

02   show ~ compassion
~에게 연민의 정을 보여 주다

; one's appreciation...

show는 목적어와의 사이에 간접 목적어를 넣어 'show you compassion(너에게 연민의 정을 보여주다)'처럼 쓰이기도 한다. 이 경우 목적어로는 compassion(연민의 정), appreciation(감사) 같은 명사 외에 how 의문사절, how to ~(어떻게 ~하는지, ~하는 방법) 같은 명사구가 사용된다.

예시

I've **shown you compassion** and tried to help you in any way I could. And this is how you repay me?

난 너에게 연민의 정을 보여 주고 어떻게든 도와주려 했어. 근데 이런 식으로 갚는 거야?

I just wanted to stop by and **show (you) my appreciation** for what you did for me the other day.

그냥 지난번에 도와준 것에 대하여 감사를 표하고 싶어서 잠깐 들렀어요.

We're excited to compete in the World Cup and have a chance to **show the world how** good we are as a team.

우리는 월드컵에서 뛸 수 있게 되어, 그리고 세계에 우리가 얼마나 훌륭한 팀인지 보여줄 수 있는 기회를 갖게 되어 기쁩니다.

Here, let me **show you how** to do it. Once you get the hang of it, it's really quite easy.

자, 내가 어떻게 하는지 보여줄게요. 일단 요령만 익히면 매우 쉽습니다.

★ get the hang of ~ ~의 요령을 익히다

03 something shows
티가 나다, (성격을) 드러내다, 겉으로 보이다

; one's pregnancy, one's jealousy...

show는 자동사로 무엇이 '보이다', '드러나다'라는 뜻으로도 쓰인다. 사물이 주어가 되기도 하지만, "Her pregnancy is showing.(그녀가 임신한 티가 납니다.)" 같은 표현도 가능하다. 이 경우 보통 "She's showing."이라고 사람을 주어로 해서 말한다. 또 상대방의 질투심(jealousy), 편견(bias), 속물 근성(snob)이 드러나 보일 때 "Your jealousy is showing."처럼 말할 수 있다. 보통 앞에 'Careful'이라는 단어를 붙여서 상대방에게 경고나 주의를 주는 뜻을 표현한다.

예시 She's five months along, but **she**'s barely **showing**.

그녀는 임신 5개월째인데, 임신한 티가 거의 안 납니다.

"She's just lucky to have rich parents." – "Careful, Cora. **Your jealousy** is **showing**."

"그녀는 부모가 돈이 많아서 운이 좋을 뿐이야." – "조심해, 코라. 질투심 내는 거야?"

"This place is cheap-looking, and the food is too pedestrian." – "Careful, Bill. **Your snobbery** is **showing**."

"이 식당은 싸구려 티가 나고, 음식도 너무 서민적이야." – "조심해, 빌. 굳이 속물 티를 낼 필요 없잖아."

04 show someone (to/around ~)
(~까지/주변을) …을 안내하다

show 뒤에 you 같은 인칭대명사나 사람 이름을 넣고, 〈to/around+장소〉 같은 전치사구를 붙이면 '당신을 ~로 안내하다', '당신에게 ~을 구경시켜 주다'의 의미가 된다.

예시 Why don't I **show you to** your room? After you're finished unpacking, I'll **show you around** the place.

제가 방으로 안내해 드릴게요. 짐을 푸신 후에 제가 이곳을 구경시켜 드리겠습니다.

Keep me posted on your father's progress. I'll **show you to the door.**

아버님 병세에 관해서 계속 소식 주세요. 문까지 바래다 드리죠.

05 show promise
가능성[잠재력]을 보여 주다, 장래가 촉망되다

promise는 일반적으로 '약속'이지만, 셀 수 없는 추상 명사로 '가능성', '잠재력', '촉망되는 장래' 등의 의미가 있다. 따라서 'show+promise' 조합은 사람, 작품, 일 등이 그런 가능성이나 잠재력이 있다는 뜻이 된다. promise를 '약속'으로만 알고 있으면 쓸 수 없는 원어민 표현이다.

예시   The novel **showed a lot of promise**, but it was hard to get into the story.

소설이 잠재력은 많은데, 이야기에 몰입하는 것이 힘들었어요.

Vera is a junior designer fresh out of design school, but she's **showing great promise**.

베라는 디자인 학교를 졸업한 지 얼마 안 되는 초급 디자이너이지만, 장래가 상당히 촉망됩니다.

06 show (some) wear and tear
오래된 티가 나다, 나이 먹은 티가 나다

; its age...

우리말의 어떤 '티가 나다'라는 말은 동사 show를 쓴다. '오래된[낡은] 티'는 wear 또는 wear and tear, age 같은 명사를 쓴다. 'show one's age'는 "She's showing her age.(그녀는 이제 나이 먹은 티가 난다.)"처럼 사람에게도 쓸 수 있다.

예시   The hotel is old. So, it **shows** signs of **wear (and tear)** on the outside, but inside it's very clean and well-kept.

그곳은 지은 지 오래된 호텔이에요. 겉에서 보면 낡은 티가 나지만, 내부는 매우 깨끗하고 관리가 잘 되어 있습니다.

★ well-kept 관리가 잘 된

After 15 years in business, the pool hall **shows its age**.

그 당구장은 영업을 시작한 지 15년이 되어서 오래된 티가 나요.

07   show one's face
얼굴을 내밀다, 나타나다

우리말에서 어디에 '나타나다'라는 것을 '얼굴을 내밀다'라고 하는데, 이 경우 영어에서는 동사 show를 써서 'show one's face'라고 한다. 주로 부정적인 맥락에서 사용한다. 어디에 '나타나다'는 일반적 의미로는 'show up'이라는 관용 표현을 써도 좋다.

예시   **How dare you show your face around here after what you did to my family!**
우리 가족에게 한 짓이 있는데 여기가 어디라고 감히 얼굴을 내미는 거야!

If you show your face here again, I'll turn you over to the police.
또 다시 이곳에 나타나면 경찰에 신고할 겁니다.

★ turn ~ over to - ~을 -에게 넘기다

08   show one's true colors
본색을 드러내다

우리말의 '본색을 드러내다'와 비슷하게 영어에서도 'show one's true colors(자신의 진짜 색을 보이다)'라고 한다.

예시   **She's after your money. She'll show her true colors once she has a ring on her finger.**
그녀는 당신의 돈을 노리고 있어요. 결혼 반지만 끼면 본색을 드러낼 겁니다.

09   show ~ the ropes
~에게 요령을 가르쳐 주다

배에서 로프(rope)를 이용하여 돛을 올리고 내리는 상황에서 유래하여 'show ~ the ropes(~에게 로프를 보여 주다)'는 '~에게 요령을 가르쳐 주다'라는 뜻으로 쓰인다.

예시   **"How was your first day on the job?" – "It was great. There was lots to learn, but one of the teammates was kind enough to show me the ropes."**
"첫 출근 어땠어요?" – "괜찮았어요. 배울 것이 많았는데, 팀원 중 한 명이 친절하게 일하는 요령을 가르쳐 주었습니다."

Collocations

STAND

동사 **stand**는 대부분 '서다' 정도로 알고 있다. 그러나 '서다'를 제외하면 **stand**는 용례에서 여러 가지 차이가 있다. 우리는 생소하지만 원어민들은 일상적으로 쓰는 stand 용법의 비밀을 벗겨 보자.

MP3 듣기

01 something stands

~이 서 있다

; a woman, a house...

stand의 가장 기본적인 의미는 '서 있다'이다. 주어는 사람, 동물 또는 건물이 가능하다. 뒤에 up을 붙여 stand up이라고 하면 '앉은 상태에서 일어나다'가 된다.

예시

You see **the woman standing** next to Jimmy? She kind of looks familiar, but I can't place her.

지미 옆에 서 있는 여자 보여? 낯이 익은 것 같은데 누군지 잘 모르겠어.

The house was built in the 1700s. It's surprising that it's still **standing** after over 300 years.

그 집은 1700년대에 지어졌어요. 300년이 지났는데도 아직 서 있다는 게 놀라워요.

You're too drunk. **You** can't even **stand up**.

자네 너무 술 취했어. 제대로 일어서지도 못 하잖아.

I heard someone scream. A horrible scream. It made **the hair stand up** on the back of my neck.

누군가 비명을 지르는 소리가 들렸어요. 끔찍한 비명 소리였죠. 제 목 뒤 머리카락이 쭈뼛 설 정도로요.

02 stand guard

보초를 서다, 감시하다

; sentry...

우리말의 '서다'는 보통 자동사이고, 가끔 '타동사'로 쓰일 때가 있는데 이때 쓰이는 예시는 '보초를 서다'이다. 영어도 똑같이 'stand guard'나 'stand sentry'라고 한다. guard는 말 그대로 사람이나 장소를 '지키는 사람'을 뜻하고, sentry는 주로 군 시설 입구에서 '출입을 통제하는 보초'를 뜻한다. 일상 회화에서는 'stand guard' 뒤에 over를 붙여서 '~을 보호 감시하다'는 뜻으로 쓴다.

예시

We have two police officers **standing guard** outside his hospital room.

그 사람 병실 밖에 두 명의 경찰관이 보초를 서고 있습니다.

Mom, you can't protect me forever, and I don't need somebody **standing guard** over me all the time.

엄마, 엄마가 저를 평생 보호해 줄 수 없잖아요. 그리고 난 누가 항상 나를 보호 감시하는 것을 원하지 않아요.

03 things stand

상황이 (어떠)하다

우리말에서는 '서다'의 주어는 사람, 동물 또는 건물이지만, 영어 stand는 자동사로 things(상황, 일)가 주어가 되어 '상황이 어떠하다'라는 의미로 쓰인다. 보통 'as things stand', 'the way things stand'의 형태로 '현재 상황으로 봐서는'이라는 뜻을 표현하거나 'where things stand(어느 상황이 서 있다)'라는 형태로 '현재 상황이 어떠하다'라는 뜻을 표현한다. 이 경우 미드에서는 things가 남녀 간의 관계를 뜻하는 경우가 많다.

예시
"Ron, I can't see you anymore. Steve and I ..." – "I get it. I know where **things stand** with you and Steve. I won't get in your way."

"론, 더 이상 당신을 만날 수 없어요. 스티브와 나는 …" – "무슨 말인지 알겠어요. 당신과 스티브가 어떤 관계인지 알아요. 당신의 앞길을 가로막지 않을게요."

Where do **things stand** with the Watertown Development Project? Is it on track?

워터타운 개발 사업은 현재 상황이 어떤가요? 예정대로 진척되고 있습니까?

★ on track 예정대로 진행 중인

The way[=As] **things stand**, it's too risky to put your mother on the stand.

지금 상황으로 봐서는 당신 어머니를 증인으로 부르는 것은 상당한 위험이 있습니다.

★ put ~ on the stand ~을 증인석에 앉히다, ~을 증인으로 부르다

04 someone stands

입장이 (어떠)하다

우리말에서는 상대방의 입장을 물어볼 때 "당신(you)은 어디에 서(stand) 있습니까?"라고 하지 않지만, 영어에서는 "Where do you stand?"라고 한다. 이 경우 〈사람+stand〉 조합에서 stand는 '입장(position)'을 의미한다.

예시
I'd like to know where **you stand** on this issue.

이 문제에 대하여 당신의 입장을 알고 싶습니다.

"Where does **Hellen stand** on this?" – "I have yet to talk to her about it."

"이것에 대한 헬렌의 입장은 무엇인가요?" – "아직 헬렌과는 이야기를 해 보지 못했습니다."

05 the offer still stands
제안이 아직 유효하다
; the deal, the invitation, the order...

우리말에서는 '제안이 서 있다'라고 하면 이상하지만, 영어 stand는 offer를 주어로 쓸 수 있다. 이 경우, stand는 '유효하다'라는 뜻이고, 대부분 stand 앞에 still(아직)이라는 부사어를 붙여 쓴다. 이런 의미의 stand와 자주 어울리는 다른 명사로는 the deal(거래 합의), one's rule(~가 정한 규칙), the invitation(초대), the order(명령) 등이 있다.

예시

The offer still stands. If you persuade your father to drop the charges, I won't go after your company.
아직 내 제안은 유효합니다. 아버님을 설득해서 고발을 취하하면, 당신 회사를 건드리지 않겠습니다.

★ drop the charges (against ~) (~에 대한) 고발을 취하하다 / go after ~ ~을 표적으로 공격하다

If **your dinner invitation still stands**, I'd like to take you up on it.
저녁 초대한 것이 아직 유효하다면, 그 초대를 받아들이고 싶습니다.

The restraining order still stands. You're not to come near me and Cathy.
법정 금지 명령은 아직 유효해요. 당신은 나와 캐시 근처에 오면 안 돼요.

06 can't stand the thought of ~
~라고 생각하니 못 참겠다
; the sight, the idea, the way, thing...

우리말의 '서 있다'와 달리 영어 stand는 타동사로 쓸 수 있다. 가장 많이 쓰이는 의미는 '~을 참다'로, 보통 'can't stand ~(~을 참지 못하겠다, 못 견디겠다)' 형태로 사용한다. 같은 의미를 가진 다른 동사로는 bear가 있는데, 이는 좀 더 문어적이다. stand 뒤에 the thought이나 the idea를 붙이면 '~라고 생각하니 못 참겠다'가 된다. stand와 자주 어울리는 명사로는 the sight(광경, 모습), the fact(사실), the way ~(~하는 방식), the suspense(궁금함)가 있고, him, man, people 같은 사람을 붙여서 쓰기도 한다.

▶ thought, idea, sight 뒤에 어떤 생각이나 장면인지를 설명하려면 전치사 'of -ing'를 붙인다. 가령, "평생 감옥에 있을 생각을 하니 못 견디겠다."는 "I can't stand the thought of being in prison for life."라고 한다. 이것은 내가 감옥에 있는 경우이고, '그(he)'가 감옥에 있을 것이란 생각을 '내(I)'가 못 참겠다고 한다면 he의 목적격 him을 써서 "I can't stand the thought of him being in prison for life."처럼 of 뒤에 넣으면 된다.

▶ 의미가 비슷해서 헷갈리는 표현으로 'not stand for ~'가 있는데, 이것은 '~을 더 이상 용납하지 않다(=not tolerate)'라는 뜻이다. 가령, "그녀의 건방진 태도를 더 이상 용납하지 않겠다."는 "I won't stand for her arrogance."라고 하고, 좀 더 문어적인 표현으로 "I won't tolerate her arrogance."라고 해도 좋다.

I can't help but be worried about Suzan. I **can't stand** [=bear] **the thought of** her being alone in a foreign country.

나도 모르게 수잔이 자꾸 걱정돼요. 혼자 외국에 나가 있는 것을 생각하니 불안해 죽겠어요.

I'm still in love with you, and I **can't stand the idea of** you being with another man.

난 아직 당신을 사랑해요. 당신이 다른 남자와 같이 있다는 것은 생각하기도 싫어요.

He's a medical doctor, and he **can't stand the sight of** blood. Is that funny or what?

그 사람은 의사인데 피를 보면 기겁해요. 웃기지 않아요?

You just **can't stand the fact** that she has chosen me over you. Just admit it.

당신은 그녀가 당신 대신 나를 선택했다는 사실을 못 견뎌하고 있어요. 솔직히 인정하라고요.

Come on. Tell me. I **can't stand the suspense**. What happened that night?

그러지 말고 말해 줘. 궁금해 죽겠다. 그날 밤에 무슨 일이 있었는데?

I **can't stand the man**.

그 남자는 정말 꼴불견이에요.

07 stand a chance
(성공할/이길/생존할) 가능성이 있다

타동사 stand는 chance와 어울려서 'stand a chance'의 형태로 '가능성이 있다'라는 뜻으로 쓰인다. 이때 stand는 동사 have로 바꿔도 된다. chance 앞에 다른 수식어를 붙이기도 하는데, 예를 들어, '~할 3%의 가능성이 있다'는 'stand a 3-percent chance of ~'라고 하고, '~할 가능성이 전혀/거의 없다'는 'stand zero/little chance of ~'라고 한다. chance 앞에 붙는 수식어에 따라 정관사 a/an이 붙는 경우도 있다.

I can't guarantee anything at this point, but your daughter **stands**[=has] **a good chance** of getting off on self-defense.

이 시점에서 어떤 것도 장담할 수 없지만, 선생님 따님은 정당방위로 풀려날 가능성이 높습니다.

The state is a Democratic stronghold where a Republican doesn't **stand**[=have] **a chance** (of winning in an election).

그 주는 민주당 텃밭이라서 공화당 후보는 (선거에서 이길) 가능성이 없습니다.

We're outnumbered four-to-one. We don't **stand**[=have] **a chance** against them.

우리는 4대 1로 수적 열세에 있습니다. 그들에게 상대가 안 됩니다.

I've got PCOS. I **stand**[=have] **little chance** of getting pregnant.

저는 다낭성 난소 증후군을 갖고 있어서 임신할 가능성이 거의 없습니다.

08 stand trial
재판을 받다, 재판에 넘겨지다

우리말에서 '재판을 받다'라고 하는데, 이를 직역해서 'receive trial'이라고 하면 콩글리시가 된다. 영어에서는 '받다' 대신에 동사 stand를 써서 'stand trial'이라고 한다.

예시 I'm sorry I have bad news. The grand jury handed down an indictment. Your brother's going to **stand trial**[=be tried] for murder.

안 좋은 소식이에요. 대배심원단이 기소 판정을 내렸습니다. 형님은 살인 혐의로 재판을 받게 되었습니다.

★ hand ~ down (심사 위원회, 판사 등이 결정이나 판결을) 내리다

She **stood trial**[=was tried] for a crime she didn't commit and is now locked up in jail.

그녀는 자신이 저지르지 않은 범죄로 재판을 받고 감옥에 수감되어 있습니다.

★ locked up (감옥에) 갇혀 있는

09 stand one's ground
입장을 고수하다, 물러서지 않다

영어에서 stand 뒤에 'one's ground'를 붙여서 '입장을 고수하다', '물러서지 않다'라는 뜻으로 표현한다. 자신이 서 있는 ground를 그대로 지킨다는 의미이다. 무엇에 대하여 'stand one's ground'하는지를 표현하려면 뒤에 with나 against를 붙인다.

예시 You have the upper hand here. **Stand your ground**, and don't back down.

당신이 (협상에서) 유리한 고지에 있어요. 입장을 고수하고 물러서지 마세요.

★ back down (대치 상태에서) 뒤로 물러서다, 양보하다

I'm impressed by the way you **stood your ground** with him.

당신이 그에게 맞서 물러서지 않는 것을 보고 감탄했어요.

10 stand on ceremony
격식을 차리다, 예법을 지키다

영어에서 'stand on ceremony(예식 위에 서 있다)'라고 하면 사람을 대하는 데 '격식이나 예법을 차리다'라는 뜻으로 쓴다. 보통 not을 붙여 서로 '캐주얼하게 대하자'라고 제안할 때 쓴다.

예시

"It's a great honor to meet you, Ambassador." – "Same here, but let's not **stand on ceremony**. Just call me Clara."

"대사님, 만나 뵙게 되어 영광입니다." – "저도 반갑습니다. 그런데 너무 격식을 차리실 필요 없습니다. 그냥 클라라라고 불러 주세요."

줄을 서다

stand the line (X)
stand in line / wait in line (O)

우리말에서는 '줄을 서다'라고 하니까 영어에서도 stand 뒤에 바로 line을 붙여 'stand the line'처럼 말할 수 있는데, 이는 틀린 표현이다. 영어의 경우는 stand를 자동사로 써서 'stand in line(줄 안에 서다)'이라고 해야 한다. 마찬가지로 '줄 서서 기다리다'도 'wait in line'이라고 한다. 다른 사람에게 "새치기하지 말고 줄 서세요."라고 할 때는 "Get in line."이라고 한다. 순서를 기다리려고 줄 서는 것이 아니라 그냥 일렬로 줄 서는 것은 'line up'이라고 한다.

ex You'll have to **wait in line** like everyone else.
다른 사람들처럼 줄 서서 기다려야 해요.

Get back **in line**.
줄 서는 곳으로 돌아가서 기다리세요.

All right, everyone. **Line up**.
자, 모두들. 한 줄로 서세요.

보증을 서다

stand guarantee (X)
cosign / stand surety / act as guarantor (O)

우리말 '보증을 서다'에서 '서다'를 타동사로 말하니까 영어에서도 stand 뒤에 바로 guarantee(보증)라는 명사를 붙여 말하기 쉽지만, 이 표현 자체가 콩글리시이다. 영어에서 대출이나 임대 계약 등에 보증을 서는 것은 일반적으로 cosign이라고 한다. 법률적인 용어로는 'stand surety'라고 한다. '보증인'은 cosigner 또는 guarantor이다.

ex My aunt has agreed to **cosign** for the house.
이모께서 집 계약의 보증을 서 주시겠다고 했어요.

Do you have a third party who can **cosign** the lease?
임대 계약서에 보증을 서 줄 제3자가 있으신가요?

Verb 40

TAKE

영어 **take**의 가장 기본적인 의미는 '손을 뻗어 무엇을 잡다'이다. 또 상대방이 주는 것을 잡는 경우에는 '받다'가 된다. 여기서 의미가 확장되어 뒤에 전치사 to, off를 붙이기도 하고, 부사어를 붙이기도 한다. 그렇지만 take는 우리말의 '잡다', '가져가다', '데리고 가다'로는 불가능한 명사들과 짝을 이뤄 훨씬 다양한 용도로 사용된다. 우리는 잘 쓰지 못하지만 원어민들은 일상적으로 사용하는 'take + 명사' 조합의 비밀을 풀어 보자.

MP3 듣기

01 take one's hand
~의 손을 잡다

; one, two, a copy...

take의 가장 기본 의미는 무엇을 '잡다'이다. 맥락에 따라 '잡아서 가지다'라는 의미도 된다. 이런 의미에서 take는 a cupcake(컵케이크), a copy(한 권) 등 손으로 잡을 수 있는 모든 사물과 어울려 쓰인다. 수량을 나타내는 one, two 같은 명사도 자주 함께 쓰인다.

> ▷ 영어에는 '잡다'라는 의미의 동사가 여러 개가 있다. 날아오는 것을 '잡다'는 catch, 힘을 주어 '꽉 잡다'는 grab, 잡은 후에도 계속 '잡고 있다'는 hold라고 한다. 가령, "내 손을 잡아요."도 손을 잡아 누구를 일으켜 주려는 맥락이라면 "Take my hand."이고, 연인 간의 애정 표현이나 불안해하는 사람을 안심시키기 위하여 손을 잡는 맥락이라면 "Hold my hand."라고 해야 한다.

예시
"Carrot cupcakes! Can I take one?" – "Sure. Take two or three if you want."
"당근 컵케이크네요! 하나 먹어도 돼요?" – "물론이죠. 원하면 두세 개 가져가세요."

These are all the case files. Everybody, take a copy.
이것들이 사건 파일 전부입니다. 모두 파일 하나씩 집으세요.

02 take money
돈을 받다

; advice, a job, an order, a deal...

take는 상대방이 주거나 제안한 것을 '받다', '받아들이다(=accept)'라는 의미로 사용된다. 이 경우 '돈을 받다'처럼 money(돈), a check(수표) 같은 눈에 보이는 사물뿐만 아니라 advice(충고), a job offer(일자리 제안), an order(주문), a deal(거래 협상안) 같이 추상적인 명사도 take의 목적어가 된다.

예시
I appreciate the thought, but I can't take money from you. It's against my principles.
생각해 주는 것은 고맙지만 당신에게 돈을 받을 수 없어요. 그것은 제 원칙에 어긋납니다.

I took your advice and sent my manuscript to a publisher.
당신의 충고를 받아들여 출판사에 원고를 보냈어요.

I decided not to take the job. The pay was great, but I didn't want to spend too much time on commuting.
그 직장에는 안 가기로 했어요. 보수는 괜찮은데 출퇴근에 너무 많은 시간을 빼앗기고 싶지 않았어요.

You aren't my boss. I'm not taking orders from you.
당신은 내 상사가 아니에요. 내가 당신에게서 명령을 받을 이유가 없어요.

Don't be foolish. Take the deal.
바보같이 굴지 마요. 협상 제안을 받아들여요.

03 take something (to ~)
…을 (~에) 가져가다, 갖다주다, 데리고 가다

; him, one's baby...

동사 take 뒤에 전치사 to ~(~에)나 home(집으로), away(다른 곳으로) 같은 방향을 나타내는 전치사나 부사를 붙이면 '잡다'라는 의미가 확장되어 '~로 가지고 가다', 사람의 경우는 '~로 데리고 가다'라는 뜻이 된다. 'take ~ away'는 맥락에 따라 '~을 빼앗아가다'라는 뜻도 된다.

예시
Bob, take this document to Karen in Litigation, pronto.
밥, 이 서류를 지금 당장 소송부의 캐런에게 가져다주세요.

★ pronto 빨리, 당장

Read him his rights, take him down to the station, and put him in a holding cell.
그에게 권리를 고지한 후에 경찰서로 데리고 가서 유치장에 넣어.

"I'll get my driver to take you home." – "It's okay. I'll Uber."
"운전사에게 집까지 데려다주라고 할게요." – "괜찮아요. 우버 불러 타고 갈게요."

He'll do everything in his power to take my baby away from me. Please help me stop him.
그는 모든 수단을 동원해서 내 아이를 빼앗아가려 할 거예요. 그렇게 못하게 도와주세요.

04 take a look (at ~)
(~을) 보다, 검토하다, 점검하다

; a glance, a glimpse, a listen...

무엇을 '보다'는 기본적으로 동사 look을 써서 'look at ~'으로 표현한다. 그런데 look을 명사로 써서 take와 짝을 맞춰 'take a look at ~'으로 표현할 수도 있다. 'look at ~'은 단순히 보는 행동을 묘사하는데 반해, 'take a look at ~'은 좀 더 자세히 들여다보는 의미가 있다. 따라서 우리말로는 '검토하다', '살펴보다', '점검하다' 같은 동사로 해석된다.

look을 명사로 쓰면 'take a close look(자세히 보다)', 'take a quick look(잠깐 살펴보다)', 'take a long/hard look(오래 자세히 보다)'처럼 look 앞에 다양한 형용사를 붙여 쓸 수 있는 장점이 있다.

> ▶ 명사 look은 take 외에도 have, get과 어울려 쓰인다. have와 take는 비슷하지만 take가 보는 동작이 좀 더 강조되고, got은 우연히 보거나 의도적으로 찾아가 보는 느낌이 있다.

예시
Someone told me about this big Buddha statue at the temple. So, I went to take a look. Boy, it was truly gigantic.
누군가에게서 그 절에 있는 커다란 불상 이야기를 들었어요. 그래서 한번 보러 갔죠. 와, 정말 거대하더라고요.

Can you **take a quick look at** this report and see if anything stands out to you?

이 보고서 좀 보고 뭔가 눈에 띄는 것이 있는지 봐 줄래요?

> ★ stand out to ~ (책의 내용, 전시물 중에 특정한 것이) ~의 눈에 확 띄다

"Did you hurt your knee? Let me **take a look at** it." – "I'm fine. I just scraped it."

"무릎 다쳤어? 내가 한번 봐 줄게." – "괜찮아. 그냥 긁힌 것뿐이야."

05 take a break

잠깐 쉬다

; a rest...

어떤 일을 하다가 '잠깐 쉬다'는 동사 break를 써서 "Let's break for lunch.(점심 먹고 합시다.)"처럼 표현할 수 있다. 그러나 보통은 break를 명사로 써서 take와 함께 'take a break'라고 표현한다. 어떤 일을 하다가 쉬는지를 표현하려면 뒤에 전치사 from을 붙여서 'take a break from work(직장/일에서 잠시 쉬다)'처럼 표현한다. 'take a little break(잠깐 쉬다)', 'take a long break(오래 쉬다)'처럼 break 앞에 형용사를 붙여 쓰기도 한다. a break 외에도 a rest를 명사로 써서 'take a rest'라고 할 수도 있다. rest는 get과도 어울린다.

예시

You've been working too hard. You need to **take a break**. Take the rest of the day off. Go home and rest.

너 너무 과로했어. 좀 쉬어야 해. 조퇴하고 집에 가서 쉬어.

> ★ take (the rest of the day) off (하루의 남은 부분을) 쉬다

"Are you seeing anyone now?" – "No. I'm **taking a break** from the dating game right now. I have a new job and a big project I need to concentrate on."

"지금 누구 사귀는 사람 있어?" – "아니. 데이트 놀이는 좀 쉬고 있어. 새로운 직장에 취직했는데 집중해야 할 큰 프로젝트가 있거든."

I'm burned out. Maybe I should **take a long break** from work and get away.

번아웃이 와서 일에 의욕이 없어. 직장에 긴 휴가를 내서 어디 좀 다녀올까 봐.

> ★ get away (휴식이나 휴가를 위해) 여행 가다

You don't look so good. Why don't you lie down and **take a rest**?

안색이 안 좋아 보이네. 좀 누워서 쉬는 게 어때?

06 take a shower
사워하다

; a bath, a walk, a nap...

'샤워하다'는 영어에서도 shower라는 동사를 쓴다. 또는 shower를 명사로 쓸 수 있는데, 이때 '하다'에 해당하는 영어 동사는 do가 아니라 take이다. 이런 맥락에서 take와 짝을 맞춰 쓰는 단어로는 bath(목욕), walk(걷기), nap(낮잠) 등이 있다. 이처럼 〈take+명사〉 형태로 쓰면 'take a long shower(샤워를 오래 하다)', 'take a hot bath(뜨거운 물에 목욕하다)', 'take a nice walk(즐겁게 산책하다)', 'take a little nap(잠깐 낮잠 자다)' 처럼 명사 앞에 형용사를 붙여 쓸 수 있다.

> ▷ 'take a shower'는 구어체에서는 'grab a shower'라고도 한다.
> ▷ a walk와 자주 어울리는 다른 동사로는 'go for a walk(산책하러 가다)'가 있다.
> ▷ a nap은 get, catch와도 어울려 쓴다. 'catch a nap'은 잠깐 쪽잠을 자는 맥락에서 쓴다. 'get a nap'은 낮잠을 자려고 노력하는 상황에서 쓴다.

예시

Let me just **take[=grab] a quick shower**, and then we'll go, all right?
빨리 샤워할 테니까 그 다음에 가자. 괜찮지?

I'm dog-tired. I can't wait to go home, **take a hot bath**, and hit the sack.
나 녹초 상태야. 빨리 집에 가서 뜨거운 욕조에 몸 좀 담그고 잤으면 좋겠다.

I think I'm going to **take a walk** and get some air.
산책 나가서 바람 좀 쐬야겠어요.

I'm going to go upstairs and **take[=catch] a nap** before my headache gets worse.
두통이 심해지기 전에 2층에 올라가서 잠깐 눈 좀 붙여야겠어요.

07 take a step
한 발짝 가다

발걸음을 떼어 움직이는 동작은 step을 동사로 써서 표현한다. 가령, "뒤로 물러서라."는 "Step back.", "밖에 나가서 이야기합시다."는 "Why don't we step outside and talk?"이라고 한다. 그런데 step을 명사로 써서 'take a step'이라고 하면 '한 발짝 가다'가 된다.

예시

Stay right there. Don't take another step.
그 자리에 가만히 있어. 더 이상 발을 떼지 마.

Sometimes, you need to take a step back and try to see the bigger picture.
때로는 한 발 뒤로 물러서서 더 큰 그림을 보려고 해야 합니다.

We shouldn't rush things. Let's take one step at a time.
일을 서두르는 것은 좋지 않아요. 한 번에 한 발짝씩 천천히 하자고요.

08 take a fall
넘어지다

우리말 '넘어지다'에 대응하는 영어 동사는 fall이다. 또는 fall을 명사로 써서 'take a fall'이라고 한다. 이 경우 'take a bad fall(심하게 넘어지다)'처럼 fall 앞에 형용사를 붙여 쓸 수 있다.
이와 관련된 관용 표현으로 'take the fall'이 있는데, '다른 사람 대신 책임을 뒤집어쓰다'라는 뜻이다. 가령, "나 대신 네가 책임을 지게 할 수 없어."는 "I can't let you take the fall for me."라고 한다.

예시

I took a fall snowboarding and broke a rib.
스노우보드를 타다가 넘어져서 갈비뼈가 부러졌어요.

Olivia took a bad fall off of her horse. But the doctor says she's going to be fine.
올리비아가 말에서 심하게 넘어졌어요. 그런데 의사가 괜찮을 거라고 하네요.

09 take control (of ~)

(~을) 장악하다, 통제하다, 책임지고 나서다

무엇을 '통제하다'에 해당하는 영어 동사는 control로, '감정을 자제하다'는 'control one's emotions'라고 한다. 그런데 control을 명사로 써서 동사 take와 함께 'take control (of ~)'의 형태로 표현할 수 있다. 무엇을 '책임지다', '장악하다', '통제하다'라는 의미로 쓴다.

예시
Don't let others make decisions for you. This is your life. So, take control and make your own decisions.
다른 사람에게 자신의 결정을 맡기지 마. 네 인생이잖니. 그러니까 네가 책임지고 네가 결정해야지.

Jack has enough directors on his side to take control of the board, fire Henry, and appoint himself to take his place.
잭이 헨리를 해고하고 자신을 후임자로 임명할 수 있을 만큼 이사들을 자기 편으로 포섭해 놓았습니다.

10 take action

행동에 나서다, 조치를 취하다

; steps, measures...

'행동하다'라는 의미의 영어 동사는 act와 behave가 있다. "Stop acting[=behaving] like a child.(아이처럼 굴지 마.)"에서처럼 비슷하게 쓰일 때도 있지만, act는 문제를 해결하거나 어떤 일을 벌이는 맥락에서 '행동하다'인데 반하여, behave는 태도나 자세, 행동 방식 면에서 '행동하다'라는 뜻이다.

이 두 동사 중 act는 action이라는 명사 형태로 take와 함께 'take action'이라는 조합으로도 자주 사용된다. 맥락에 따라 어떤 일을 벌이려고 '행동에 나서다', 문제에 대하여 '조치를 취하다'라는 의미를 갖는다. 후자 '조치'의 경우, action 대신에 steps, measures 같은 명사도 쓸 수 있다. 대화에서 사용 빈도는 steps>actions>measures 순이다.

예시
Stop moping around. Get off your butt and take action. Take the bull by the horns.
그렇게 침울하게 앉아 있지 마. 일어나서 행동에 나서. 문제에 정면으로 부딪치라고.

★ take the bull by the horns 문제에 정면으로 부딪치다

This deal can fall apart and cause enormous financial losses. You need to take steps to protect yourself.
이 거래가 무산되어 엄청난 재정 손실을 야기시킬 가능성이 있어요. 자신을 보호할 조치를 취해야 해요.

I've already taken measures to remedy the situation.
이미 (문제) 상황을 바로잡을 조치를 취해 놓았습니다.

11 take one's pick
(옵션 중에) 골라 선택하다

우리말에 '선택하다'에 해당하는 영어 동사는 choose와 pick이 있다. 두 동사는 의미가 비슷하지만 pick은 좀 더 즉흥적이고, 눈 앞에 있는 여러 옵션 중에 선택하는 의미가 있다. 따라서 '장소'나 '시간' 등을 '선택하다'라고 할 때는 choose와 pick을 둘 다 쓸 수 있지만, 인생에 있어 중요한 것을 선택할 때는 pick은 어울리지 않는다.

이 두 동사는 각각 choice, pick이라는 명사로 'make a choice', 'take one's pick' 의 형태로 쓸 수 있다. 'take one's pick'은 주로 상대방에게 "Take your pick.(네가 선택해.)"이라고 명령하는 형태로 사용된다.

예시

We have the whole mansion to ourselves. There are eight rooms, so you can take your pick.

이 맨션 전체를 우리만 쓰게 되어 있어. 방이 8개니까, 마음에 드는 걸 골라.

Either you are with me or against me. Take your pick.

나와 같이 행동하든지 나에게 반대하든지. 결정하라고.

12 take a breath
숨을 쉬다

'숨 쉬다'는 한 단어로 동사 breathe가 있다. 가령, "숨을 들이쉬었다가 내쉬세요."는 "Breathe in, and then breathe out."이라고 한다. 그런데 breathe의 명사형 breath(숨쉬기)를 동사 take와 짝을 맞춰 'take a breath'로 표현할 수 있다. 이렇게 하면 'take a long breath(길게 숨 쉬다)', 'take an easy breath(마음 놓고 편히 숨 쉬다)', 'take one's dying breath(마지막 숨을 거두다)'처럼 breath 앞에 다양한 형용사를 붙여 쓸 수 있다.

우리말의 '숨+쉬다'처럼 'breathe+breath'라고 표현할 수도 있지만, 이 경우에는 'breathe one's last breath(마지막 숨을 쉬다)'라는 고정된 표현에서만 사용되고, breath를 생략하기도 한다.

예시

Take a breath and relax. Clear your mind and focus on your breathing.

숨을 한 번 들이쉬고 몸의 긴장을 푸세요. 마음을 비우고 호흡에 집중하세요.

I want you to take a deep breath and calm down. Getting all worked up isn't going to do any good.

숨을 깊이 들이마시고 진정해요. 흥분해서 좋을 일이 하나도 없습니다.

★ get all worked up 감정적으로 흥분하다 / do good 도움이 되다, 이롭다

13 take a car
차를 타고 가다

; the subway, a taxi, a cab...

차를 '타다'는 맥락에 따라 달리 표현해야 한다. 차에 올라타는 동작을 표현할 때는 'get on a bus(버스에 타다)', 'get into a car(승용차에 타다)', 'board an airplane(비행기에 타다)'처럼 표현한다. 또 정류장에 가서 버스 등을 타는 것은 'catch the bus(버스를 타다)'처럼 catch를 쓴다. 반면에 무엇을 '타고 어디까지 가다'라는 뜻이라면 take를 쓴다. 'take the bus(버스를 타고 가다)', 'take the subway(지하철을 타다)'처럼 사용한다.

예시

"I suggest we all go in one car." – "Okay. Shall we take my car or yours?"
"우리 모두 한 차로 가는 것을 제안합니다." – "좋아요. 제 차로 갈까요, 당신 차로 갈까요?"

If you just drop me off at my office, I'll take[=catch] the bus home after work.
제 사무실에 그냥 내려 주시면 일하고 나서 집에 버스 타고 갈게요.

Take the subway to Amory Street and then take bus number 36 to City Hall.
아모리가까지 지하철을 타고 간 후 시청까지는 36번 버스를 타세요.

From the airport, you can take a cab or the airport shuttle to your hotel.
공항에서 호텔까지는 택시를 타거나 공항 셔틀을 타시면 돼요.

14 take a highway
고속도로로 가다, 고속도로를 타다

; a detour, a parkway, an exit...

우리말에서는 운전할 때 '고속도로를 타다', '고속도로로 가다'라고 하는데, 이런 맥락에서 highway 같은 명사와 어울리는 영어 동사는 take(잡다)이다. 여기서 take는 '선택하다'라는 의미가 있다. a parkway(조경이 된 고속도로), a detour(우회로) 같은 도로명 외에도 an exit(고속도로 출구)로 나가라고 할 때도 take를 쓴다.

예시

From Monterey, take Highway 68 east to Salinas.
몬터레이에서 동쪽 방향 68번 고속도로를 타고 살리나스까지 가세요.

We took a detour on the way back through wine country and stopped at a small café for lunch.
우리는 돌아오는 길에 와인 재배 지역을 통과하는 우회로를 선택해서 작은 카페에 들러 점심을 먹었습니다.

There are four King Stone Mountain exits. Take any of them and get on Highway 25.
킹스톤 산으로 빠지는 출구는 4개가 있는데, 아무 출구로 타고 나와서 25번 고속도로를 타세요.

15 take a[one's] seat
자리에 앉다

앉는 '자리'는 seat라고 하는데, 영어에서 seat와 어울리는 동사는 have 또는 take이다. 상대방에게 "Take a seat."라고 하면 약간 명령하는 느낌이 있다. 이에 반하여 "Have a seat."는 자리를 권하는 좀 더 공손한 느낌이 있다. 또 "Take your seat."라고 하면 이미 맡아 놓은 자리에 앉으라는 뜻이 된다. 참고로 "앉으세요."는 "Please be seated."라고 도 한다.

예시

Everybody, please get inside and take a seat. Dinner is about to be served.
모두 안으로 들어와서 착석해 주십시오. 곧 저녁 식사가 나옵니다.

Mr. Baker, please take your seat. I will not tolerate any more outbursts like this in my courtroom.
베이커 씨, 자리에 앉으세요. 이 법정에서는 지금 같은 격한 발언을 더 이상 용납하지 않겠습니다.

★ outburst 감정적 폭발, 격한 발언

참고

Please come in. Have a seat and make yourself comfortable. Mrs. Brown will be here shortly.
어서 들어오세요. 편하게 앉으세요. 브라운 여사가 조금 있으면 오실 겁니다.

16 take a picture (of ~)
(~의) 사진을 찍다

; a photo, a selfie, a video, a shot...

무엇을 '사직 찍다'를 영어에서 하나의 동사로 표현하려면 photograph를 쓰는데, 일상적인 사진보다는 직업적 또는 공식적인 상황에서 사진을 찍는 맥락에서 주로 사용된다. photograph는 명사로도 쓰이는데, '사진 찍다'라는 표현으로 쓸 때는 photo로 줄여서 동사 take와 함께 'take a photo (of ~)'의 형태로 쓰인다. 같은 의미로 photo보다는 picture를 더 많이 쓰고 a shot, a snapshot이라고도 하며, a selfie, a video 등의 단어도 쓸 수 있다.

예시

Do you remember the picture Dad took of us two swinging together in the backyard of our old home in Colorado?
콜로라도 옛집 뒤뜰에서 우리 둘이 그네 타는 걸 아빠가 찍은 사진 기억나?

We did the sunset horseback ride with dinner. The scenery was spectacular. We took many videos and photos with our phones.
우리는 저녁 식사가 포함된 일몰 말 타기를 했어요. 경치가 정말 아름다웠습니다. 휴대폰으로 비디오와 사진을 많이 찍었어요.

Do you mind having **a picture taken** together?

사진 같이 찍을래요?

This is a great spot for **taking selfies** with a panoramic view of the mountains in the background.

이곳은 파노라마처럼 펼쳐진 산맥 풍경을 배경으로 셀피를 찍기에 좋은 곳이에요.

Our guide knew all the best photo spots and **took some great shots** for us.

저희 가이드가 멋진 사진 나오는 장소를 다 알고 있었고, 우리를 위해 멋진 사진들을 찍어 주었습니다.

17 take a class
수업을 듣다, 과목을 수강하다

; a course...

우리말에서는 수업을 '듣다', 과목을 '수강하다'라고 해서 영어로 어떤 동사를 써야 할지 막막할 수 있는데, a class나 a course와 어울리는 영어 동사는 take이다.

예시

I was at the YMCA the other day and decided to **take a yoga class** on a whim.

지난번에 YMCA에 갔다가 즉석에서 요가 수업을 수강하기로 결정했어요.

"Are you **taking Prof. Miller's accounting class**?" – "No. I dropped out of it."

"너 밀러 교수님 회계학 수업 듣고 있니?" – "아니. 수강 신청 취소했어."

★ drop out of ~ (학교에서) 자퇴하다, (수강 신청)을 취소하다

I'm **taking some online business courses** at a local community college to get a head start on college credits.

저는 대학 학점을 미리 쌓아 두려고 이 지역 2년제 대학에서 온라인 경영 수업을 듣고 있습니다.

★ get a head start on ~ ~을 미리 시작하다

18 take a trip
여행 가다

우리말에서는 여행(trip)을 '가다'라고 하지만, 영어에서 trip과 어울리는 동사는 take이다. 우리말처럼 go(가다)를 쓰려면 'go on a trip'이라고 해야 한다. 'a business trip(출장)', 'a road trip(자동차 여행)', 'a family trip(가족 여행)', 'a ski trip(스키장 가기)', 'a camping trip(캠핑 여행)', 'a long trip(장기 여행)' 등 trip 앞에 다양한 수식어를 붙여 쓸 수 있다.

예시   I've arranged for all of us to **take a family trip** to Hawaii next month.
다음 달에 우리 모두 하와이로 가족 여행을 떠나도록 준비해 놨어요.

Jack and I are planning on **taking a camping trip** this weekend. If you're interested, you can join us.
이번 주말에 잭과 나는 캠핑 여행을 갈 계획이야. 관심 있으면 같이 가자.

"Do you remember the **ski trip** we **took** to Lake Tahoe?" – "You mean where you fell and broke your arm?"
"타호 호수에 스키 여행 갔던 것 기억나요?" – "당신이 넘어져서 팔이 부러졌던 여행이요?"

19 take notes
메모하다, 노트하다

우리말에서는 '메모하다'라고 하는데, 영어에서 memo는 다른 사람에게 보내는 '쪽지'라는 의미로 쓰인다. 그래서 memo는 "Did you get my memo?(내가 메모 남긴 것 봤어?)"처럼 쓴다. 내가 읽으려고 무언가를 적어 두는 것은 note라고 하고, '노트하다'라고 하려면 'take notes'라고 한다.

예시   I **take notes** on my phone whenever an idea comes to me.
저는 아이디어가 생각날 때마다 휴대폰에 메모를 해요.

I **took notes** on what was said in the meeting.
회의에서 나왔던 이야기들을 메모했습니다.

20 take medicine

약을 먹다

; medications, aspirin, pain pills…

우리말에서는 약도 '먹다'라고 하지만, 영어의 eat은 음식에만 쓴다. medicine(약)과 어울리는 동사는 take이다. 약은 medication이라고도 하며, 보통 셀 수 없는 물질 명사로 쓴다. 그렇지만 "I'm taking several medications.(여러 종류의 약을 복용하고 있다.)"처럼 종류를 말할 때는 복수로 표현한다. 이 두 단어는 흔히 줄여서 meds라고 한다. aspirin은 some aspirin처럼 셀 수 없는 명사, one aspirin, two aspirin(s)처럼 셀 수 있는 명사로 둘 다 쓰이며, 복수일 때도 -s를 붙이지 않는 경우가 많다. 약을 복용 중이라고 할 때는 "I'm taking ~" 대신에 "I'm on ~"을 더 많이 쓴다.

예시

I forgot to take my medicine[=medication/meds] this morning.

아침에 약 먹는 것을 잊었어요.

I've stopped drinking because of the medication[=medicine/meds] I'm **taking**[=on].

지금 복용 중인 약 때문에 음주를 중단했습니다.

"Are you all right? You look pale." – "Just a little headache. That's all. I'll **take some aspirin**."

"괜찮아요? 안색이 창백한데." – "약간 두통이 있을 뿐이에요. 아스피린을 먹을 거예요."

It's been five hours since she **took a pain pill**. It's going to wear off soon.

그녀가 진통제를 먹은 지 5시간이 되었어요. 곧 약효가 없어질 거예요.

★ wear off (약효가) 천천히 없어지다

21 take time

시간이 걸리다

; hours, days, weeks, months, years…

시간(time)이 '걸리다'라는 우리말 동사에 해당하는 영어 동사는 take이다. time뿐만 아니라 hours(시), minutes(분), days(일) 등 시간을 나타내는 모든 명사와 어울린다. '…하는 데 ~이 걸리다'라고 할 때는 'It takes ~ to…' 구문을 사용하여 "It takes two hours to reach the top.(정상에 도달하는 데 2시간 걸린다.)"처럼 표현한다. 이 경우 '우리가' 그렇게 하는 데 시간이 걸렸다고 하려면 "It took us two hours to reach the top."처럼 take 뒤에 us를 넣는다.

예시

It **takes time** to build up your customer base, but it's vital to achieving success in business.

고객 기반을 구축하는 것은 시간이 걸리지만, 비즈니스에서 성공하려면 필수적인 일입니다.

He suffered a serious trauma, and it **took** him **a long time** to get over it.

그는 심각한 트라우마를 겪었는데, 극복하는 데 오랜 시간이 걸렸습니다.

The store is so huge (that) it **takes hours** to check out the whole place.

그 상점은 엄청 넓어서 전체를 다 돌아보는 데 몇 시간이 걸립니다.

Baking sourdough bread is an art form that **takes years** to master.

사워도우 빵을 굽는 것은 마스터하려면 수년이 걸리는 하나의 예술입니다.

22 take courage
용기가 필요하다

; experience, strength, patience, bravery...

용기(courage)가 '필요하다'를 영어로 한다면 동사 need를 생각하기 쉽다. 그런데 need는 "You need courage to be a leader.(지도자가 되려면 용기가 필요하다.)" 처럼 사람을 주어로 써야 한다. 'to be a leader'를 주어로 표현하려면 need 대신 take 를 쓴다. 이런 맥락에서 take는 courage 외에 experience(경험), patience(인내심), determination(결단력), imagination(상상력), creativity(창의성) 같은 단어와 자주 어울린다.

예시
It **takes a lot of courage** and determination to fight for justice.

정의를 위해 투쟁하는 것은 많은 용기와 결단력이 필요합니다.

It **takes a lot of imagination** and creativity to be a good fashion designer.

훌륭한 패션 디자이너가 되려면 상상력과 창의력이 풍부해야 합니다.

23 take a[one's] chances (on ~)
(잘 되겠지 믿고 ~에) 모험을 걸다

우리말의 '모험을 걸다'를 영어로 잘못 직역하면 try(시도하다), adventure(모험) 같은 단어를 쓰기 쉽다. 그런데 adventure는 '새로운 것을 시도해 보다'라는 의미의 모험이다. 어떤 사람 또는 상황을 잘 모르지만 '괜찮겠지'라는 가능성에 모험을 걸 때는 chance라는 명사를 쓴다. 그리고 이런 맥락에서 '걸다'는 동사 take를 쓴다. 'take a chance on ~' 뒤에 사람을 넣으면 그 사람이 잘 할지 모르지만 '한번 믿고 기회를 주다'라는 뜻이 된다.

예시

When you were down and out, Joan took a chance on you. And this is how you repay her?
당신이 빈털터리가 되었을 때 조안이 당신을 믿고 기회를 줬잖아요. 그런데 이런 식으로 갚나요?

There was a motel right off the highway. It was close to midnight and freezing cold, so I decided to take a chance on it.
고속도로 바로 옆에 모텔이 있었어요. 자정이 가까웠고 날씨도 매우 추웠죠. 그래서 모험적으로 가 보기로 했어요.

"If this deal goes wrong, you could lose millions of dollars." – "But if it works, it could be a big cash cow. I'll take my chances."
"이 계약이 잘못되면 수백만 달러를 잃을 수도 있어요. "– "그렇지만 잘 되면 회사의 큰 돈벌이 사업이 될 수도 있지요. 그 가능성에 모험을 걸어 보겠습니다."

If you want to make it in this field, you have to be willing to take chances. Nothing ventured, nothing gained.
이 분야에서 성공하려면 모험을 걸 줄 알아야 해요. 산에 가야 범을 잡는다잖아요.

It could be nothing, but you can't take chances with your health when you're pregnant. I think you should see a doctor.
아무 일도 아닐 수 있지만, 임신 중에는 건강 문제는 괜찮겠지 하고 넘어가면 안 돼요. 진찰을 받아 보세요.

24 take a risk
위험을 감수하다

'take a risk'는 'take a chance'와 매우 유사하고, 비슷한 맥락에서 사용되기도 한다. 가장 큰 차이점은 'take a chance'는 '괜찮겠지' 하는 가능성을 믿고 어떤 시도를 하는 것'이고, 'take a risk'는 '어떤 위험 요소가 있는지 알면서 그런 위험이 발생하지 않을 가능성을 받아들이는 것'이다.

예시 You're just like your father. You aren't afraid to **take a risk** to get what you want.

넌 네 아버지와 (성격이) 똑같아. 원하는 것을 얻기 위하여 위험을 마다하지 않거든.

There's a chance that this could backfire and ruin your reputation. Are you willing to **take that risk**?

이 일이 역효과를 내서 네 명성을 훼손할 가능성이 있어. 그런 위험을 마주할 용의가 있어?

★ backfire 부메랑 효과가 나다

25 take responsibility (for ~)
(~에 대한) 책임을 지다

; the blame...

책임(responsibility)을 '지다'에 해당하는 영어 동사는 bear이다. 그렇지만 bear는 격식체로, 캐주얼한 대화에서는 잘 쓰지 않는다. 대신 동사 take와 짝을 이뤄 'take responsibility'라고 한다. 비슷한 맥락에서 take와 어울리는 다른 단어로 blame이 있다. 'take the blame for ~'라고 하면 어떤 일에 대하여 누구 탓(책임)인지를 따지는 상황에서 '그 책임을 받아들이다', '떠맡다'가 된다.

예시 I've made my choice, and I'll **take**[=bear] **responsibility for** its consequences.

내가 일단 선택한 일이니까 그 결과에 대해서는 내가 책임지겠습니다.

Stop making excuses and shifting the blame to others. Own up and **take responsibility for** what you did.

변명을 늘어놓고 다른 사람에게 책임 전가를 하지 마세요. 잘못을 인정하고 자신의 행동에 책임지세요.

★ own up (to ~) (~한 잘못을) 인정하다

I can't let others **take the blame for** the mistakes I made.

내 잘못에 대하여 다른 사람이 책임지게 할 수 없어요.

26 take sides with ~ / take one's side
~의 편을 들다

편(side)을 '들다'는 '선택하다'라는 의미에서 영어 choose와 유사하다. "너 편을 잘못 선택했어."는 "You took the wrong side."라고 할 수 있다. 그런데 일반 대화에서 side와 가장 빈번하게 어울리는 동사는 take이다. 'take one's side' 또는 'take side with ~'라고 해서 '~의 편을 들다'라고 표현한다.

예시

Please don't misunderstand. I'm not **taking sides (with anyone)** here. I'm just saying this as a friend.
오해하지 마. 지금 누구 편을 들려는 것이 아니야. 친구로서 이 말을 해 주는 것뿐이라고.

I'm not asking you to **take my side**. I'm just asking you to be impartial.
내 편을 들어 달라는 것이 아니에요. 공정하게 일을 처리해 달라는 것뿐이라고요.

27 take credit (for ~)
(~에 대한) 공을 차지하다

우리말에서 어떤 일에 대한 공(credit)을 '차지하다'에 대응하는 영어 동사는 claim(자신의 권리/재산이라고 주장하다)이 있다. 직역식 표현 'claim credit'은 주로 신문 등 문어체 글에 쓰인다. 실제 대화에서는 take를 써서 'take credit'이라고 하는 것이 훨씬 자연스럽다.

예시

"Your idea worked brilliantly. It saved us hundreds of manhours." – "Great, but I can't **take credit for** that. The idea came from a friend of mine."
"네 아이디어가 매우 효과적이었어. 그 때문에 우리가 수백 시간의 인력을 절약할 수 있었어." – "잘됐네. 그런데 그것은 내 공이 아닌데. 그 아이디어를 낸 사람은 내 친구거든."

As much as I'd like to **take credit for** that, Rick is the one who did the heavy lifting, and I only played a minor part.
그 공을 제가 차지하고 싶지만, 릭이 대부분의 힘든 일을 했고, 저는 단지 부분적 역할만 했을 뿐입니다.

★ heavy lifting 어떤 작업에서 가장 힘든 일

28 take a hint

눈치로 알아차리다, 눈치껏 행동하다

상대방이 간접적으로 의사를 표현한다는 의미에서 '눈치'는 hint라고 하고, hint를 알아차린다고 할 때는 동사 take를 써서 'take a hint'라고 한다.

예시

Do you really need me to tell you how I feel? You can't **take the hint**?

내가 꼭 내 감정을 말로 해야겠어요? 눈치껏 알아차리지 못하나요?

"It's kind of late, and I have an early meeting tomorrow." – "All right. I can **take a hint**. You're tired and want to go to bed early."

"시간이 좀 늦었네. 나는 내일 아침 일찍 회의도 있고." – "알았어. 나도 눈치가 있는 사람이야. 피곤해서 일찍 자고 싶다는 거잖아."

29 take a leave of absence

휴직하다, 휴가를 내다   ; a sick leave, a maternity leave, a vacation...

우리말에서는 직장에서 휴가(leave of absence)를 '내다'라고 하는데, 영어로 적절한 동사를 생각하기 어렵다. leave와 어울리는 영어 동사는 take로, 'take a leave' 형태로 표현한다. 비슷한 맥락에서 take와 어울리는 다른 명사는 'a sick leave(병가)', 'a maternity leave(출산 휴가)', 'a paternity leave(남편 출산 휴가)', 'a vacation(휴식을 위한 휴가)' 등이 있다. take 외에 휴가를 '가다'라는 의미로 'go on ~'이 있다. '출산 휴가를 가다'는 'go on maternity leave'라고 한다. 이 경우에는 leave 앞에 관사 a를 쓰지 않는다.

예시

She **took a leave of absence** from work to care for her elderly mother.

그녀는 노년의 어머니 간호를 위해 직장에서 휴가를 냈습니다.

He has **taken a temporary leave of absence** from running the research center.

그는 연구소 소장직에서 잠시 휴직했습니다.

He **took a sick leave** from his teaching job and never went back.

그녀는 교사직에서 병가를 냈다가 그 후 복직하지 않았습니다.

I'm burnt out. Maybe I should **take a vacation** and go to a meditation place in India.

난 번아웃 상태야. 휴가를 내서 인도에 명상 센터라도 가 봐야 할까 봐.

30 take a test

검사를 받다, 시험을 보다

; an exam...

우리말에서는 의학 검사(test)를 '받다', 시험(exam)을 '보다'라고 하는데, 직역식으로 해서 accept(받아들이다), receive(보낸 것을 받다), see(눈으로 보다) 같은 동사를 쓰면 콩글리시가 된다. 영어에서 a test나 an exam과 어울리는 동사는 take이다.

예시

I **took a blood test** last week. Everything came back normal.

지난주에 혈액 검사를 받았어요. 전부 정상으로 나왔더라고요.

It's my fault I missed **the exam,** but is there any way I can still **take it**?

시험을 못 본 것은 제 불찰입니다. 지금이라도 시험을 볼 수 있는 방법이 있을까요?

31 take one's pulse

맥박을 재다

; one's blood pressure...

우리말에서 맥박(pulse)을 '재다'라고 해서 measure(측정하다) 같은 동사를 쓰면 콩글리시가 된다. 이런 맥락에서 pulse와 어울리는 영어 동사는 take이다. blood pressure (혈압)를 '측정하다'도 마찬가지이다.

예시

Here, let me **take your pulse**. I also need to **take your blood pressure**.

자, 맥박 좀 잴게요. 혈압도 재야 하고요.

32 take a warning (seriously)

경고를 (심각하게) 받아들이다, 생각하다

어떤 경고, 소식 등을 어떻게 '받아들이다'는 직역해서 receive 같은 동사를 쓰면 틀린다. receive는 단순히 보낸 것을 '받다', '접수하다'라는 뜻이고, 이 맥락처럼 경고나 소식에 대한 반응이나 태도를 표현할 때는 take를 써야 한다. 이 경우 〈take+명사〉 뒤에 'take ~ seriously(심각하게 받아들이다)', 'take ~ lightly(가볍게 생각하다)', 'take ~ hard(소식을 듣고 매우 힘들어하다)', 'take ~ for granted(당연하게 생각하다)'처럼 추가적인 말을 붙여 사용한다. 이런 맥락에서 사용되는 명사는 매우 다양하다.

예시

You made the mistake of **taking his friendship** for granted. You **took it** for granted (that) he'd be loyal to you under any circumstances.

넌 그의 우정을 당연시하는 우를 범했어. 그가 어떤 상황에서든 우정을 지킬 거란 것을 당연시했지.

"I warned you, didn't I?" – "Yes, but I didn't **take you** seriously."

"내가 경고했지?" – "그래. 그런데 네 말을 심각하게 생각하지 않았어."

I don't **take any decisions** lightly, especially those that involve the safety of children.

저는 어떤 결정도 가볍게 생각하지 않습니다. 특히 아이들의 안전과 관련된 결정은 더 그렇죠.

"How did she **take the news** about her grandmother's death?" – "She **took it** extremely hard."

"그녀는 할머니의 죽음에 대한 소식을 어떻게 받아들였나요?" – "소식을 듣고 매우 괴로워하더군요."

"You're just going to have to **take my word** for it." – "That's not good enough for me. I need concrete proof."

"너는 그냥 내 말을 믿어야 해." – "그 정도로는 안 되지. 구체적인 증거가 있어야 해."

TALK

동사 talk은 대부분 'talk about ~(~에 관하여 이야기하다)'처럼 자동사로 알고 있다. talk이 일반적으로 자동사로 쓰이는 것은 맞지만, 원어민들은 talk 뒤에 바로 명사를 붙여서 타동사로 쓰기도 한다. 'talk+명사' 조합으로 원어민들이 자주 사용하는 형태를 알아보자.

MP3 듣기

01 talk (to someone) about ~
~에 관하여 (─와) 이야기하다

talk은 기본적으로 자동사로 '말하다'라는 뜻을 갖고 있다. 흔히 뒤에 전치사 about을 붙여서 '~에 관하여 말하다', '논의하다'라는 뜻으로 많이 쓰인다. 또 중간에 'to someone' 같은 전치사구를 넣어 '누구에게 말하다'라는 뜻도 표현한다.

예시

You've been through a lot. If you need to **talk about** anything, I'm here.
당신은 많은 어려움을 겪었어요. 어떤 문제이건 누구와 이야기하고 싶다면 내가 상대가 되어 줄게요.

★ be through ~ ~을 겪다

I don't have time to **talk about** this right now. Can we do this tomorrow after the board meeting?
지금 이 문제에 대하여 이야기할 시간이 없는데. 내일 이사회 끝나고 얘기하면 안 될까요?

"What are you **talking about**? Are you saying I'm being jealous?" – "No. What I'm saying is (that) you're poking your nose into where it doesn't belong."
"지금 무슨 말 하는 거야? 내가 질투한다고 하는 거야?" – "아니야. 내 말은 네가 쓸데없이 남의 일에 간섭하고 있다는 거야."

★ poke one's nose into where it doesn't belong 남의 일에 간섭하다

Can we meet after work? There's something I need to **talk to you about**.
오늘 일과 후에 만날 수 있어요? 당신과 논의할 게 있어요.

02 talk (about) business
사업에 관하여 이야기하다

; shop, strategy, dollars...

'사업에 관하여 이야기하다'는 'talk about business(사업에 관하여 이야기하다)'처럼 talk을 자동사로 쓰면 되지만, about을 생략하고 'talk business'라고 하는 경우도 많다. 이 경우 talk은 타동사가 되는데, 우리말에서는 '사업을 말하다'라고 하지 않기 때문에 쉽게 생각하지 못하는 용법이다. 'talk (about) business'는 관용적으로 'talk shop'이라고도 한다. (여기서 유래해서 '사업 이야기'는 'shop talk'이라고 한다.) 미드에서 〈talk+명사〉 형태로 자주 등장하는 다른 예는 'talk strategy(전략에 대하여 이야기하다)', 'talk money(돈 이야기를 하다)', 'talk marriage(결혼 이야기하다)' 등이 있다. 물론 이 경우에 전부 'talk about ~'을 써도 좋다.

예시

"Can we **talk (about) business**?" – "Hey, there's no sense ruining a fabulous meal with shop talk."

"사업 이야기 좀 할 수 있을까요?" – "저기요, 사업 이야기로 좋은 식사 분위기를 깰 필요 없잖아요."

★ There's no sense -ing ~할 필요가 없다, ~해야 소용없다

"Are you guys **talking shop** again?" – "No. Brad was telling me about an amazing fishing trip he went on last month."

"또 사업 이야기하고 계신 거예요?" – "아니요. 브래드가 지난달에 갔던 엄청난 낚시 여행에 관해 말해 주고 있었죠."

Let's **talk (about) strategy**. The DA has a strong case against you. We've got to find a way to punch holes in it.

전략에 관해 이야기합시다. 검찰은 당신 혐의를 입증할 상당한 증거를 갖고 있습니다. 그런 상황을 깨부술 방법을 찾아야 합니다.

★ punch holes in (a theory/idea/argument) (이론/아이디어/주장 등을) 무너뜨리다, 허점을 찾다

03 talk trash (about ~)

(~을) 헐뜯다, (~에 대하여) 험담하다

; nonsense...

앞의 표현은 '~에 관하여 말하다'라는 의미에서 talk 뒤에 바로 명사를 붙이는 경우였는데, 여기서는 '~을 말하다'는 의미로 talk을 타동사로 쓰는 예이다. 미드에 가장 많이 등장하는 예는 'talk trash(쓰레기를 말하다)'로, 실제 의미는 '험담하다'이다. 뒤에 about을 붙여서 누구에 관하여 그렇게 말하는지를 표현한다. 또 'talk nonsense(난센스를 말하다)'도 있는데, '말도 안 되는, 터무니없는 말을 하다'라는 뜻이다.

예시

I'm sick and tired of you **talking trash about** Bruce. What do you have against him?

네가 브루스에 대하여 험담하는 것이 듣기 지겨워. 브루스에게 무슨 앙심이 있는데 그러니?

"I'm not joking. I'm sure Joan was the one who leaked the information to the press." – "Stop **talking nonsense**. Joan would never do such a thing."

"농담이 아니야. 조앤이 그 정보를 언론에 유출한 사람인 것이 분명해." – "허튼소리 하지 마. 조앤은 절대 그런 짓을 할 사람이 아냐."

04 talk sense (into ~)
(~에게) 합리적인 말을 하다, (~가) 알아듣게 설득하다

talk 뒤에 바로 명사가 붙어 대화에서 자주 쓰이는 예로 'talk sense'가 있다. 여기서 sense는 '합리적인 말', '생각'이라는 의미로, 'talk sense'의 뜻은 '합리적인/이성적인 말을 하다'가 된다. 또는 뒤에 전치사 into를 붙여서 'talk sense into ~'라고 하면 '~가 알아듣게 설득하다'라는 뜻이 된다.

예시

Give her some time. She'll come around and see you're talking sense.

그녀에게 시간을 좀 줘요. 생각이 달라져서 당신 말이 합리적이란 것을 깨달을 거예요.

★ come around 반대하거나 싫어하는 입장이 바뀌다

Thank you for talking sense into me.

제가 잘못 생각하고 있다는 것을 깨닫게 해 주셔서 감사합니다.

Maybe you can talk some sense into him. He worships you, so he'll listen to you.

네가 그를 좀 알아듣게 설득해 보면 좋을 텐데. 걔는 너를 매우 따르니까, 네 말을 들을 거라고.

★ worship ~을 숭배하다, 우상처럼 받들다

05 talk things over[through]
상황에 관하여 논의하다, 자세히 논의하다

앞에서 설명한 형태 외에 talk 뒤에 a problem(문제), a situation(상황)과 같은 명사가 붙어 쓰이는 경우가 있는데, 이때는 뒤에 over나 through 같은 부사가 반드시 붙는다. 'talk ~ over'는 '~을 논의하다(=discuss)'라는 뜻이고, 'talk ~ through'도 비슷하지만 좀 더 '자세히/면밀하게 논의하다'라는 뜻을 갖고 있다. 가령, "이 문제를 잭과 논의하겠다."는 "I'll talk this problem over with Jack." 또는 "I'll talk over this problem with Jack."이라고 한다. 그런데 실제 대화에서는 앞에 나온 내용을 it으로 받아서 "I'll talk it over with Jack."처럼 쓰는 경우가 많다. 목적어가 it 같은 대명사인 경우에는 'talk over it'처럼 it을 over 뒤에 넣으면 틀린다.

예시

"If we proceed with this, we could expose ourselves to criminal charges or a lawsuit." – "I'm concerned about that, too. I'll talk things over with Bill tomorrow morning."

"우리가 이 일을 밀고 나가면 형사 처벌이나 소송을 당할 위험이 있습니다." – "나도 그 점이 우려되기는 하네. 내일 아침에 빌과 이야기를 해 보도록 하지."

★ proceed with ~ ~을 진행하다, 시작하다 / expose oneself to ~ 자신을 ~에 노출시키다

Before you make any change to the pitch deck, make sure you **talk it over** with Sam.

사업 설명 프레젠테이션 내용을 바꾸기 전에 반드시 샘과 논의를 하도록 하세요.

★ make sure (that) ~ 꼭 ~하도록 하다

This isn't something to take lightly. We need to **talk it through** before we decide what to do about it.

이것은 간단하게 생각할 문제가 아닙니다. 이 일에 대하여 어떻게 할 것인가를 결정하기 전에 면밀한 논의가 필요합니다.

Collocations

THROW

동사 throw는 '던지다'라는 기본 의미를 갖고 있다. 그런데 원어민들은 우리 말 '던지다'와 어울려 쓰지 않는 명사를 목적어로 붙여 쓰는 경우가 있다. 원어민이 아니면 잘 쓰지 못하는 throw의 다양한 쓰임을 알아보자.

MP3 듣기

01 throw (someone) a ball
(~에게) 공을 던지다

; a box...

throw의 기본적 의미는 무엇을 '던지다'이다. throw는 give(주다), send(보내다)처럼 'throw B A(B에게 A를 던지다)'의 형태로 간접목적어 B를 붙이거나 그냥 'throw A'처럼 목적어 A만 붙여 쓸 수 있다. 이런 의미로는 던질 수 있는 모든 사물뿐만 아니라 사람도 throw의 목적어가 될 수 있다. 가령, 'throw ~ in jail'은 '~을 감옥에 처넣다'가 된다. 이 경우 throw하는 주어는 '경찰' 등 사법 주체가 된다. 일반인이 "내가 너를 감옥에 처넣을 거야."라고 할 때는 "I'll have you thrown in jail.(내가 너를 감옥에 처넣어지게 할 거야.)"처럼 수동태로 써야 한다.

예시 **You do your homework first. After that, I'll teach you how to throw a ball.**
먼저 숙제를 하렴. 그 후에 공 던지는 법을 가르쳐 줄게.

He blew up and threw the jewelry box out the window.
그는 버럭 화를 내고는 보석함을 창밖으로 집어 던졌습니다.

★ blow up (폭발하듯) 화를 버럭 내다

If you don't leave now, I'll call the cops and have you thrown in jail.
지금 당장 이곳에서 나가지 않으면, 경찰에 전화해서 너를 감방에 처넣을 거야.

02 throw someone (for a loop)
~을 놀라게 하다, 당황하게 하다, 당혹스럽게 하다

throw의 목적어로 me, you 같은 인명 또는 인칭대명사를 쓰면 진짜로 사람을 던진다는 뜻일 수 있지만, 미드에서는 종종 예상치 못한 행동, 말, 소식 등이 '~을 놀라게 하다', '어안이 벙벙하게 하다'라는 의미로 쓰인다. 'throw someone'이라고만 해도 되지만, 뒤에 'for a loop'를 붙여 쓰기도 한다.

예시 **She threw a fit. She started throwing things, screaming, and stomped out. It completely threw me (for a loop). I've never seen that side of her before.**
그녀가 화를 벌컥 냈어요. 소리 지르고 물건을 막 던지더니 씩씩거리며 나가 버렸어요. 저는 완전히 어안이 벙벙했습니다. 그녀의 그런 모습을 본 적이 없었거든요.

"You look troubled. Did something happen with Adam?" – "No. It's something he said this morning, and it threw me (for a loop)."
"걱정스러운 표정인데. 아담과 무슨 일 있었어요?" – "아니요. 오늘 아침에 아담이 한 말 때문에요. 듣고 머리가 멍했거든요."

03 throw (someone) a party
(~을 위해) 파티를 열다

; a fund raiser, a parade...

파티(party)를 '열다'를 직역식으로 open(열다)이라고 하면 콩글리시가 된다. 영어에서 파티를 '열다'라는 뜻으로 가장 많이 사용되는 동사는 have와 throw이다. 특히 throw는 "We're throwing Jane a party."처럼 사람을 간접목적어로 넣어서 "제인에게[제인을 위한] 파티를 열어 줄 거야."라는 의미를 표현할 수 있다. '열다'라는 뜻의 throw와 어울리는 다른 명사로는 a fund raiser(기금 모금 행사), a parade(퍼레이드) 등이 있다.

예시

"We're throwing a going-away party for Anna Friday evening. Can you come?" – "Sure. I wouldn't miss it for the world."
"금요일 저녁에 애나의 환송회 파티를 여는데, 올 수 있어?" – "물론이지. 반드시 가야지."

★ a going-away[good-bye/farewell] party 환송회

This year, we didn't **throw a fundraiser**, but we managed to raise a lot of funds online.
올해는 기금 모금 행사는 하지 않았지만, 온라인에서 많은 기금을 마련했습니다.

★ raise a fund 자금[기금]을 마련하다

04 throw accusations (at ~/around)
(~을) 비난하다

'~가 —을 잘못했다고 비난하다'는 영어로 'accuse ~ of -'라고 한다. 가령, "그는 내가 엠마 편을 든다고 비난했어."는 "He accused me of being on Emma's side."가 된다. 그런데 누구에게 가서 잘못을 따지거나 비난하는 것을 명사형 accusation(비난, 질책)을 써서 'throw accusations'라고 하기도 한다. 이 경우, 뒤에 at을 붙여서 비난하는 상대방을 언급하거나 around를 붙여서 '마구 비난하다'라는 뜻으로 쓴다. 우리말에서는 비난을 '던지다'라고 하지 않기 때문에 쉽게 생각하기 어려운 표현이다.

예시

"Why can't we just have a normal conversation like two adults?" – "My point. We aren't talking. You're throwing accusations at me."
"왜 우리는 성인들처럼 정상적인 대화를 할 수가 없죠?" – "내가 할 말이네요. 우린 지금 대화하고 있는 것이 아니에요. 당신이 내가 잘못했다고 비난하고 있는 거지."

How can you barge into my office and **throw accusations around** without any explanation?
어떻게 내 사무실에 처들어와서 다짜고짜 비난을 늘어놓을 수 있나요?

★ barge into ~ (허락 없이) ~에 들어가다

05 throw a fit
(발작하듯이) 화를 내다

; a (temper) tantrum...

a fit은 '발작' 또는 '발작하듯 버럭 화내기'라는 명사로, 영어에서 a fit을 throw(던지다)한다는 것은 '버럭 화내다'라는 뜻이 된다. 비슷한 뜻으로 a fit 대신에 'a (temper) tantrum'을 붙일 수도 있는데, 이 단어는 어린 아이들이 뜻대로 안 되면 울고불고하며 떼를 쓰는 것을 뜻한다. 따라서 어른에게 이 표현을 쓰면 '아이처럼 땡깡을 피우다'라는 함축적인 의미도 동시에 전달하게 된다.

예시 **Out of the blue, he started throwing a fit, causing a scene. So, I had to call security.**
그가 느닷없이 발작하듯 화를 내며 난리를 쳤어요. 그래서 경비를 불러야 했어요.

★ out of the blue 느닷없이, 갑자기

I know you're upset, but throwing a (temper) tantrum like a child isn't going to change anything.
당신이 언짢은 것은 알겠는데, 아이처럼 화를 내며 난리를 친다고 달라지는 것은 없어요.

06 throw business one's way
~에게 일거리를 주다

영어로 '일거리'는 business 또는 work라고 한다. 누구에게 '일거리를 주다'는 동사 give를 써도 되지만, 원어민들은 주로 throw를 써서 '일거리를 던져 주다'라고 한다. 이 경우, 항상 'throw business one's way'의 형태로 쓴다.

예시 **My nephew just started a private contracting company, and I'd appreciate if you'd throw some business[=work] his way.**
제 조카가 개인 시공 업체를 막 차렸어요. 그 아이에게 일감을 좀 주시면 감사하겠습니다.

"What do I owe you?" – "Nothing. You throw a lot of business [=work] my way, and I won't charge you for this little work."
"비용은 얼마를 드리면 되나요?" – "됐어요. 저에게 일거리를 많이 주시는데, 이런 작은 일을 하고 돈을 받을 수는 없지요."

07 throw one's life away
인생을 허비하다, 인생의 기회를 포기하다

'throw ~ away'는 '~을 버리다'라는 뜻으로, 'throw one's life away(인생을 버리다)'
는 '많은 기회를 가질 수 있는 창창한 앞날을 포기하다', '어떤 일에 매달려 인생의 다양한
재미를 포기하다'라는 뜻으로 쓴다.

예시   "You don't want me to be happy." – "No. It's not that. I just
don't want you to **throw away your life** over a man you just
met."

"넌 내가 행복해지는 것을 원하지 않는 거지." – "아니. 그게 아니야. 만난 지 얼마 안 되는 남자 때문에 네 인
생의 다른 기회들을 포기하지 않았으면 하는 거지."

08 throw in the towel
포기하다

이 표현은 권투에서 코치가 본인 쪽 선수가 더 이상 경기를 진행하지 못할 상황이 되었을
때 링 안으로 흰 수건을 던지는 것에서 유래하여, '포기하다(give up)'의 의미로 쓴다.

예시   "We're done. It's a dead-end. Let's just pull the plug and
cut our losses." – "No. We aren't **throwing in the towel**, yet.
We'll find a solution."

"우리는 끝났어. 막다른 골목이야. (사업을) 중단하고 더 이상의 손해를 막자고." – "아니야. 아직은 포기할 단
계가 아니야. 우리는 해결책을 찾을 수 있어."

★ be done   끝장나다 / pull the plug (on ~)   (~을) 중단시키다

09 throw the book at ~
~에게 중형을 선고하다, 강력하게 처벌을 내리다

'~에게 책을 던지다'로 직역되는 이 표현에서 the book은 '법전'으로, 판사가 '~에게 중
형을 선고하다'라는 뜻에서 시작되어 누구에게 '강한 처벌을 내리다'라는 일반적 뜻으로도
쓰인다.

예시   Judge Baldwin has so far been lenient to you. But if you
get into trouble and violate your parole again, he'll have no
choice but to **throw the book at** you.

볼드윈 판사가 지금까지는 당신에게 너그러운 판결을 내렸죠. 근데 또 문제를 일으키고 보석 조건을 위반하면
당신에게 강력한 처벌을 내릴 수밖에 없을 겁니다.

★ have no choice but to ~   ~할 수밖에 없다

10   throw one's weight around
(직위를 이용해) 영향력을 행사하다, 거들먹거리다, 위세를 부리다

'자신의 체중을 여기저기에 던지고 다니다'로 직역되는 이 표현은 직위나 권위를 내세워 아래 사람이나 주위 사람에게 '거들먹거리다', '위세를 부리다', 또는 직위를 이용해 '영향력을 행사하다'라는 뜻으로 쓰인다.

예시   **You're the number two man in the CIA. You can throw your weight around and get Jack released from the holding cell.**
당신은 CIA 2인자잖아요. 영향력을 행사해서 잭을 유치장에서 풀려나게 할 수 있잖아요.

Ever since she was promoted to VP, Olivia has been throwing her weight around like a tyrant.
부사장으로 승진한 이후부터 올리비아가 마치 폭군처럼 위세를 부리고 다닙니다.

11   throw a (monkey) wrench into ~
(계획 등을) 망치다, 방해하다

'~ 속에 멍키 렌치를 던지다'로 직역되는 이 표현의 원래 형태는 'throw a monkey wrench in the works'로, 여기서 the works는 서로 맞물려 돌아가는 기계의 톱니바퀴를 뜻한다. 톱니바퀴들 속에 렌치를 던지면 기계가 멈춰 설 것이다. 이런 맥락에서 어떤 계획(plan), 꿈(dreams) 같은 것이 실현되는 것을 '방해하다', '망치다'라는 뜻으로 쓴다.

예시   **We planned a romantic train trip, but the strike threw a monkey wrench into the plan.**
우리는 로맨틱한 기차 여행을 계획했는데, 파업 때문에 계획이 수포로 돌아갔습니다.

12   throw caution to the wind
조심하는 태도를 버리고 모험을 걸다

'바람에 주의를 던지다'로 직역되는 이 표현은 '조심하고 망설이는 태도를 버리고 어떤 일을 저지르다'라는 의미로 쓴다. 우리말로 치면 '에라 모르겠다' 하고 어떤 일을 시도하는 상황을 뜻한다.

예시   **I'm not an adventurous eater. But for once, I decided to throw caution to the wind and ordered a dish I hadn't tried before. And I'm glad I did because it was amazing.**
저는 음식에 관해서는 모험적이지 않아요. 하지만 이번은 그런 조심스러운 태도를 버리고 전에 먹어 보지 않은 것을 주문하기로 했죠. 그렇게 하기를 잘했어요. 정말 맛있었거든요.

13 throw money at ~
(문제 해결 등에) 많은 돈을 쓰다

'~에 돈을 던지다'로 직역되는 이 표현은 주로 문제(issue, problem) 또는 문제가 되는 상황(situation)을 해결하기 위하여 '많은 돈을 쓰다', '돈으로 문제를 해결하려 하다'라는 뜻으로 쓴다. 또 위험(risk)에도 불구하고 어떤 사업이나 사람에 '많은 돈을 투자하다'라는 뜻으로도 쓴다.

예시

So, John's going to throw money at the problem? That's typical of John.
그러니까 존이 돈으로 문제를 해결하겠다는 거죠? 존다운 발상이네요.

Johnson will be a free agent in 2024, and NBA teams are already lining up to throw money at him.
존슨은 2024년에 프리 선수가 되는데, 큰돈을 써서라도 영입하려는 NBA 팀들이 벌써 줄 서고 있습니다.